"十四五"职业教育国家规划教材

微课版

连锁企业门店运营管理
（第四版）

主　编　杨高英　王忆南
副主编　蔡保鹏　周　彤

大连理工大学出版社

图书在版编目(CIP)数据

连锁企业门店运营管理 / 杨高英，王忆南主编. --4 版. -- 大连：大连理工大学出版社，2023.12
ISBN 978-7-5685-4875-5

Ⅰ.①连… Ⅱ.①杨… ②王… Ⅲ.①连锁商店－运营管理－高等职业教育－教材 Ⅳ.①F717.6

中国版本图书馆 CIP 数据核字(2023)第 249176 号

大连理工大学出版社出版

地址：大连市软件园路 80 号　邮政编码：116023
发行：0411-84708842　邮购：0411-84708943　传真：0411-84701466
E-mail：dutp@dutp.cn　URL：https://www.dutp.cn
辽宁星海彩色印刷有限公司印刷　大连理工大学出版社发行

幅面尺寸：185mm×260mm　印张：17.25　字数：397 千字
2011 年 12 月第 1 版　　　　　　　　　2023 年 12 月第 4 版
2023 年 12 月第 1 次印刷

责任编辑：夏圆圆　　　　　　　　　　责任校对：刘丹丹
封面设计：对岸书影

ISBN 978-7-5685-4875-5　　　　　　　　　定　价：55.00 元

本书如有印装质量问题，请与我社发行部联系更换。

前　言

《连锁企业门店运营管理》(第四版)是"十四五"职业教育国家规划教材、"十三五"职业教育国家规划教材、"十二五"职业教育国家规划教材。

20世纪80年代,连锁经营方式从国外引进中国,在四十多年的发展历程中,中国连锁经营已取得了突飞猛进的发展,在零售业中占有主导地位。连锁企业门店是连锁企业非常重要的组成部分,因为连锁企业门店是连锁企业利润的创造者,其管理质量直接影响连锁企业的经营绩效。为了适应连锁经营进一步发展的需要,更好地培养高素质、高技能型连锁经营管理人才,我们组织修订了本教材。

本教材根据高等职业教育的特点,坚持以能力为本位,按照连锁企业门店各个岗位工作要求和能力要求设计内容,对门店运营管理进行了全面的阐述。教材首先介绍与连锁企业门店运营管理相关的收银、理货、盘点的工作流程,让学生认识和了解这些作业的重要性;然后把理论知识和实践相结合,以模拟实践为基础,让学生以不同的角色处理不同的工作任务;最后使学生能够完全熟悉门店的整个工作流程,如商品进货、商品销售、收银、防损、绩效评估等,加强学生门店的运营管理知识和技能,使学生毕业后能够迅速为连锁企业门店服务。

本教材在编写过程中主要突出了如下特色:

1. 突出门店运营的系统性。本教材介绍的连锁门店运营管理理论体系比较完整,内容覆盖了连锁门店的各个工作岗位,前后顺序设置由简单到复杂,符合一般认知规律。

2. 贴近门店运营管理实际,便于学生零距离上岗。从整个教材的布局、项目任务的安排,到案例的选取、能力的训练,都贴近门店运营管理的实际情况,能激发学生的学习兴趣,增强其就业信心。

3. 每个任务后都配有能力训练题,可操作性强。学生在学习完整个任务之后,应用理论知识进行独立思考,培养分析问题、解决问题的能力,从而提高实践能力,强化门店运营管理的技能。

4.增设具有特色的小栏目,丰富学生知识。本教材结合项目的具体内容,增设了"课堂阅读""知识拓展""案例分析""业务指导"等小栏目,把优秀的门店运营管理实践案例和提高管理技能的知识等呈现给学生,激发学生的阅读兴趣。

本教材由河北建材职业技术学院杨高英、南京城市职业学院王忆南任主编,由南京城市职业学院蔡保鹏、北京联合大学周彤任副主编,河北建材职业技术学院房运良、上海永辉超市有限公司张卫东参与了部分内容的编写。具体编写分工如下:杨高英编写项目三、项目四、项目八,王忆南编写项目六、项目七,蔡保鹏编写项目二、项目九,周彤编写项目一,房运良编写项目五,张卫东编写项目十。

在编写教材的过程中,我们得到了许多单位和个人的帮助,在此感谢杭州联华华商集团有限公司、上海华润万家超市有限公司、北京物美商业集团股份有限公司、苏宁云商集团股份有限公司北京分公司、柒—拾壹(中国)商业有限公司北京分公司等单位的相关专家给予的大力支持。此外,我们参阅了大量文献并引用了其中的一些资料,在此向相关文献的作者致以谢意。请相关著作权人看到本教材后与出版社联系,出版社将按照相关法律的规定支付稿酬。

由于编者水平和精力有限,书中仍可能存在缺陷和不足,敬请读者和各位同人在使用过程中给予理解和关注,欢迎批评指正,以便不断修正、完善。

编　者

2023年12月

所有意见和建议请发往:dutpgz@163.com
欢迎访问职教数字化服务平台:https://www.dutp.cn/sve/
联系电话:0411-84707492　84706671

目 录

项目一　走进连锁门店运营管理 ·· 1
  任务一　了解连锁门店的特征与运营范围 ·· 1
  任务二　认知连锁门店的组织结构 ·· 5
  任务三　熟知连锁门店运营管理目标与标准 ·· 9

项目二　连锁门店卖场设计 ·· 17
  任务一　设计前方卖场 ·· 17
  任务二　设计中央卖场 ·· 22
  任务三　设计后方卖场 ·· 34
  任务四　设计卖场货位 ·· 36
  任务五　配置卖场商品 ·· 40

项目三　连锁门店商品陈列 ·· 50
  任务一　明确商品陈列的目的与原则 ·· 50
  任务二　熟知商品陈列方法与技巧 ·· 56
  任务三　理货服务作业 ·· 68

项目四　连锁门店商品管理 ·· 81
  任务一　采购商品 ·· 81
  任务二　管理门店进货 ·· 88
  任务三　管理门店存货 ·· 96
  任务四　管理畅销商品 ·· 100
  任务五　淘汰滞销商品 ·· 103
  任务六　引进新商品 ··· 109
  任务七　盘点商品 ·· 113

项目五　连锁门店顾客服务管理 ·· 123
  任务一　收银服务作业 ·· 123
  任务二　销售服务作业 ·· 135
  任务三　处理顾客投诉 ·· 149

项目六　连锁门店专柜管理 157
　　任务一　选择专柜 157
　　任务二　签订、履行专柜经营合同 161
　　任务三　管理专柜 165

项目七　连锁门店促销活动的组织与实施 172
　　任务一　策划促销活动 172
　　任务二　实施、评估促销活动 186

项目八　连锁门店损耗与安全管理 196
　　任务一　认知连锁门店损耗产生的原因 196
　　任务二　防范及处理连锁门店损耗 199
　　任务三　熟知连锁门店安全事故发生的原因 208
　　任务四　预防、处理连锁门店安全事故 211

项目九　连锁门店经营绩效评价 219
　　任务一　认知连锁门店经营绩效评价体系 219
　　任务二　调查连锁门店顾客满意度 223
　　任务三　熟知连锁门店运营绩效财务评价 233
　　任务四　改善连锁门店财务安全性 239

项目十　走近连锁门店店长 245
　　任务一　分析连锁门店店长的角色和素质 245
　　任务二　熟知连锁门店店长的岗位职责与工作流程 251
　　任务三　掌控连锁门店店长作业化管理重点 257

参考文献 267

项目一 走进连锁门店运营管理

项目介绍

连锁企业门店是连锁经营企业的经营单位,连锁经营企业的规模效益、竞争优势是通过其下属的若干门店的有效运营实现的。连锁经营体系下的门店是以总部为核心,组成统一、规范、标准化的经营网络,在市场竞争中形成规模化优势。一个连锁企业能否取得成功,与连锁门店的数量、连锁门店的运营质量密切相关。门店数量多,则可以给连锁企业带来规模效益;门店运营质量高,则可以增强单店的赢利能力,进而提升连锁企业整体的赢利能力。可以说连锁企业门店是连锁经营企业的经营细胞和利润源。

学习目标

知识目标:熟悉连锁门店的功能、特征及运营范围;了解连锁门店组织结构;明确连锁门店运营管理的目标与标准。

能力目标:能根据连锁企业的不同业态和经营状况建立组织结构;能根据门店实际情况制定经营管理目标;能根据经营状况寻找实现目标的途径;能协助总部制定门店运营标准。

素养目标:强化标准和规范意识,理解连锁企业部分与整体关系,树立企业全局观;培养精益求精的服务精神和义利协同、诚信为本的经营理念;培养团队协作能力;提高解决问题的能力。

任务一 了解连锁门店的特征与运营范围

连锁门店是指众多小规模的、分散的、经营同类商品和服务的同一品牌的零售店,在总部的组织领导下,采取共同的经营方针、一致的营销行动,实行集中采购和分散销售的有机结合,通过规范化经营实现规模经济效益的联合。

工作任务

资料

香港、台湾地区连锁事业的发展

在香港地区,一些较知名的连锁式超级市场有百佳及惠康,而屈臣氏及万宁是香港知名的连锁式保健及美容专门店,连锁式百货公司包括马莎百货、吉之岛等。7-11 和 OK 便利店是香港知名的便利店。另外,大家乐、大快活、美心快餐则为较知名的本地连锁快餐店。零食物语等店铺是在香港知名的零食连锁专卖店。此外,在香港亦都有一些集团以连锁式酒楼经营。

在台湾地区,连锁事业极为发达,从食、衣、住、行、育、乐,样样都有连锁店。由于市场多元,因此,除了本地业者发展连锁事业外,也有不少外来业者进入台湾市场从事连锁经营,连锁的方式也是相当多样性的,有直营连锁、委托加盟、特许加盟等,就以便利商店而言,在台湾就 7 000 家以上,其中,由统一超商所经营的 7-11 在市场上占有率为一半以上,近 4 200 家,其他依序是全家、莱尔富、OK 及福客多等。在其他的连锁业者中,较为知名的本地业者有诚品书店、康是美药妆店、大润发量贩店、NET 服饰、生活工场杂货等。

要求:
1. 上述资料中涉及的连锁门店分别属于什么类型?
2. 你还知道哪些行业的连锁门店?
3. 这些连锁门店共同的特征有哪些?

相关知识

一、连锁门店的功能及特征

(一)连锁门店的功能

连锁门店是连锁经营的基础,主要职责是按照总部的指示和服务规范,承担日常销售业务。门店在其总部的统一规划下,通过分散的销售,实现规模效益;通过统一规划的外观设计、招牌、橱窗、内部设计、商品组合、服务标准等具体手段,吸引顾客,具体体现在以下几个方面:

1. 门店外观吸引力

门店外观要素有:招牌、橱窗、出入口以及停车场等。门店外观会给顾客留下第一印象,这一定程度上决定了顾客是否会停留,进而进店浏览购物。

2. 门店内部环境刺激力

幽雅、舒适的购物环境,可以让顾客心情愉快,把购物当成休闲娱乐。门店通过合理的卖场布局、商品陈列、灯光照明、背景音乐、色彩搭配等创造出良好的卖场气氛,温馨的环境,顾客会流连忘返,实现冲动性购买。

3. 店内商品影响力

丰富丰满的商品陈列、品种齐全的商品组合,能满足顾客的一站式购齐的需要;开放式销售模式会使顾客有自得其乐的感觉。

4. 服务表现力

营业员表现出来的细致、周到、真诚,会让顾客感觉自己是上帝,感受到购物中的满足感。

(二)连锁门店的特征

1. 店名、店貌、服务标准化

连锁企业下属的所有门店都使用统一的店名、店貌和标识,并为顾客提供标准化的商品和服务。

知识拓展

连锁门店标准化的意义

连锁经营应该遵循三大原则,简单化、专业化和标准化,其中最重要的就是标准化。那么,什么是标准化呢?

标准化是对商品或服务设定合理又理想的状态条件及能反复运作的经营系统。连锁经营的标准化,是商品、服务、企业整体形象的标准化,前提是各门店的标准化。个性化的门店会造成事实上的单店经营,难以实现真正意义上的连锁管理。

我们看看几个优秀的连锁企业实行标准化管理的范例。

先看看屈臣氏。原本它只是一家大药房。这家问世于1828年的大药房,1989年才在香港开出第一家个人护理用品商店。1994年首次进入内地,在广州江南西开了第一家分店。屈臣氏通过多年来对内地零售市场的深入研究和钻研,制订了一套完善的标准化执行方案,并随着市场形势的发展进行适当的调整,目前在店铺装饰和门店VI视觉识别系统等方面执行的是第五代标准。品牌定位思路清晰,无论你到了哪个地区的哪一家屈臣氏分店,除了店铺经营面积的大小有差异,你很难发现其他方面的变化,店铺门面、墙壁的颜色、店铺布局、员工的服装、门店宣传物料、促销形式、店铺招牌等都一模一样。这种标准化显示出来的品牌化效应,使屈臣氏迅速扩张,真正实现规范化的控制和标准化的复制。

快餐巨头麦当劳、肯德基等知名企业在标准化上更是做足了文章,外在形象、行为操作规范、流程运营都有相应的标准,麦当劳甚至做到一个厕所的打扫都有具体的"一、二、三……"不难看出跨国连锁巨头在标准化管理上的严谨和理念上的精细。标准化的东西才有可能得到快速复制和推广,像沃尔玛、麦当劳等跨国连锁巨头的成功在一定程度上都得益于此。

标准化要做到"形连神也连",形神兼备,"形"指的是硬件部分,即外在的统一的形象和标识,连锁经营门店统一的视觉识别系统会产生规模效应,无论顾客走到哪里,都能看到统一的门店形象,这样会增加他们对公司品牌的认同,有利于培养顾客的忠诚度。"神"指的是软件的部分,即店面的产品品质、技术水平、运营流程、服务质量、销售统一话术、员工的业务素质和精神面貌等,这是店面的软实力,是店面核心竞争力的体现。

2.数量众多,规模经营

门店是连锁企业有计划设立在不同地点的分散的经营网点,少则十几家,多则几千家,通过统一、专业、规范及标准化的运营管理,实现规模经营。

3.统一分销

连锁企业将大部分采购、配送等业务集中于总部,门店在总部的统一管理下分销商品,从而实现门店经营简单化。

4.经营规模各异

连锁门店的经营规模小到几十平方米(比如便利店),大到几万平方米(比如大型百货商场、大型超市),经营规模不尽相同。

5.经营方式多样

不同的连锁业态,经营方式明显不同。百货商场、专卖店采取柜台销售和开架面售相结合的方式;超市、便利店采取顾客自助服务、统一结算的方式,大型购物中心则采取各经销店独立开展经营活动的方式。

二、连锁门店的业态范围

目前,我国连锁门店的经营业态非常广泛,几乎涉及了各行各业,充分发挥了它的优势,其主要涉及的行业如下:

(一)餐饮业

具体包括:大型餐饮(大饭店、大酒店等),普通餐饮(大众餐饮、商务酒店等),主题餐饮(海鲜、火锅等),休闲餐饮(肯德基、麦当劳等),休闲美食(民俗小吃、特色风味等),西点、面包房、咖啡厅、茶坊、酒吧等。

(二)时尚生活中心

美容美发店,减肥美体、养生保健店,护肤、彩妆、美甲店,饰品、礼品、工艺品店,眼镜店、钟表店、书店、音像店、烟酒店,家居饰品店,汽车用品店、洗车中心、浴场、早教中心、宠物超市,银行、通信营业厅、便利店、小型超市、水果店、药店、摄影馆等。

(三)流行购物中心

服饰店,皮具、箱包、鞋帽店,香水、化妆品店,花饰、花艺店,珠宝首饰店,孕婴童服装店等。

(四)休闲娱乐

大型影城、小型数字影院,电子娱乐、动漫城、会所、KTV、桑拿浴场、健身房、酒吧、溜冰场、台球吧、网吧、儿童乐园等。

(五)大型卖场

家居生活广场(大润发、欧尚、联华、乐购、家乐福、沃尔玛等);建材家具广场(红星美凯龙、第六空间、居然之家等);家电广场(苏宁电器、国美电器等);数码城(友通数码港等);大型购物广场(泰华商城、奥特莱斯、四季青等)。

立足社区商业
建设便民生活圈
促进城市经济
"微循环"

知识拓展

门店的"多渠道零售"模式

当前,众多的连锁企业以互联网为平台实行了无店铺销售和店铺销售相结合的销售模式,部分连锁企业在此基础上创新出了全新的"多渠道销售"模式,或者叫"复合销售"模式。

多渠道模式一:目录销售+网络销售+门店销售+电话销售

代表企业:麦考林

多渠道模式二:实体门店+目录销售+网络销售

代表企业:乐友孕婴童专卖店

多渠道模式三:实体门店+目录销售

代表企业:贝塔斯曼

多渠道模式四:实体仓储店+直销

代表企业:安利

能力训练

4~5人一组,调查所在城市的连锁门店,分析这些门店属于的行业及类型,分析总结这些门店的特点。

任务二　认知连锁门店的组织结构

连锁门店的组织结构是描述连锁门店内各构成要素以及它们之间的相互关系。管理者的计划、指挥、控制等职能的顺利实现,一定程度上依赖于适宜的组织结构。

工作任务

资料

国美电器的组织结构

组织结构是企业一切经营管理活动的载体,是其竞争优势得以充分发挥的物质基础,是战略目标全面实现的根本保证。因此,组织的架构必须要符合提高内部效率和增强外部适应性的基本要求。当外部环境、技术、规模或竞争战略发生变化时,过去行之有效的组织结构也许就不太有效了。此时,对组织的重新架构变得十分必要。

按照连锁经营的要求,国美电器将其组织机构划分为总部、分部、门店三个层次:

总部负责总体发展规划等各项管理职能;分部依照总部制定的各项经营管理制度、政策和指令负责对本地区各职能部门、各门店实行二级业务管理及行政管理;门店是总部政策的执行单位,直接向顾客提供商品及服务。

这种组织结构兼顾了以职能划分和以经营区域划分两种组织架构的优点：一方面，能够突出业务重点，确保高层主管的权威性，使之能有效地管理组织的基本活动，而且符合活动专业化的分工要求，能够有效地发挥员工的才能，有利于管理目标的实现；另一方面，把一部分责权下放到地方，可以鼓励地方参与决策和经营，使其能够直接面对本地市场的需求灵活决策。

一个企业的组织结构决定着企业资源的分配、利用，决定着企业决策权的使用，决定着企业内部信息的合理流动。这样的一切又决定着企业的工作效率的高低，生产经营能否顺利进行，所取得的效果的大小。可以说企业的组织结构是完成企业目标的基石，它把企业的一切可供利用的资源统合起来，对其进行协调分配，发挥出资源利用的整体优势，最大限度地减少它们的消耗浪费，来实现其最大价值。

要求：

1. 根据案例，分析国美电器组织结构形式，并指出该组织结构形式的优缺点。
2. 你还知道哪些组织结构形式？它们各有哪些特点？

相关知识

一、组织结构的基本类型

（一）职能型组织结构

按照职能将具有相同专业背景的人员归入同一部门，以减少资源浪费。如图1-1所示。

职能型结构分工细密、注重专业化管理的长处，从而有助于提高管理工作的效率。

图1-1 职能型组织结构

其缺点是各职能部门由于工作专业化程度高，对组织的整体动作缺乏了解，易引发部门间矛盾。

（二）分店型组织结构

分店型组织赋予各分店负责人在运营方面的绝对权力，每个分店类似于一个职能型组织，总部对分店提供相关的支持，并对其监控。如图1-2所示。

分店型组织结构的优点是把分店作为利润中心，有利于提高管理效率、提升经营效益，总部可以针对地区性经营环境的变化，改进产品的生产和销售方式。

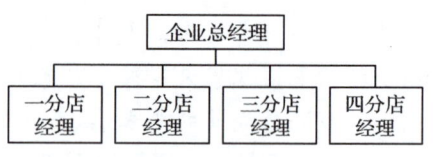

图1-2 分店型组织结构

其缺点在于各分店之间横向联系，不利于生产要素在区域间的流动；部门的重复设置，增加企业管理成本、造成效率的下降。

(三)简单型组织结构

简单型组织通常是小型组织,人员较少,没有严格的规章制度,决策制定权通常集中在一个人手中,其优点在于经营手段灵活,对市场反应敏捷。

(四)矩阵型组织结构

矩阵型组织是对职能型组织与分部型组织结构的一种综合。其优点在于可以更好地配置各项资源,总部可以对各个项目所需资源、进度与成本等进行统一协调与平衡,促进经营目标的达成。其缺点是容易造成组织内部的多重领导,产生矛盾。

(五)网络型组织结构

网络型组织与其他组织按照合同关系完成运营环节的大部分经营活动。其缺点是网络型组织以合同为基础,各部门之间的联系不紧密,存在一定的隐患。

二、连锁零售企业典型组织结构

(一)小型连锁企业的组织结构

小型连锁企业的组织结构一般可以采用直线型,这种组织结构适用于门店数目不多(10~20家)、门店面积不大、经营商品较少、经营区域集中的连锁企业,主要是初创期的连锁企业。由于连锁企业在初创期规模较小,管理并不复杂,可以由总经理一人负责所有总部业务,各分店经理对总经理负责。小型连锁企业的组织结构如图1-3所示。

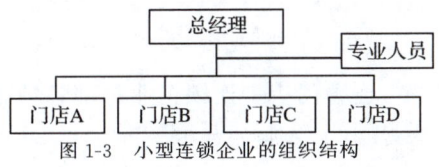

图1-3 小型连锁企业的组织结构

(二)中型连锁企业的组织结构

当连锁企业进一步发展,规模不断扩大,商品品种不断增加,经营区域也不断扩大,直线型组织形式将无法适应,需要增加相应的职能部门,此时的连锁经营组织将过渡到职能型组织。

大体上,中型连锁企业在组织体系上一般分为两层:上层是总部管理整体事业的组织系统,下层是门店。中型连锁企业组织结构如图1-4所示。

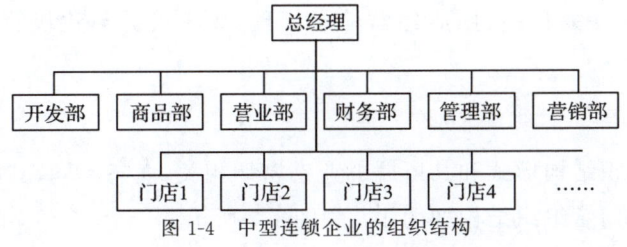

图1-4 中型连锁企业的组织结构

(三)跨区域大型连锁企业的组织结构

对于跨区域连锁企业,宜采用三级组织模式,即总部——地区管理部——门店。在三级管理中,连锁总部主要承担对企业政策和发展规划的制定,监督执行,协调各区域管理部统一职能活动。地区管理部拥有自己的经营管理组织,在总部指导下负责本地区经营发展规划,处理本地区门店日常的经营管理。地区管理部实际上是总部派出的管理机构,不具备法人资格,仅有管理与执行能力,在许多重大问题上的决策仍由总部做出。跨区域大型连锁企业的组织结构如图 1-5 所示。

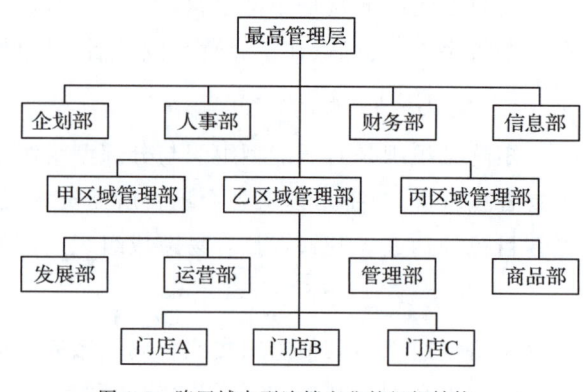

图 1-5 跨区域大型连锁企业的组织结构

三、连锁门店的基本职能与结构

(一)连锁门店的基本职能

连锁门店是连锁企业总部各项政策、制度、标准、规范的执行单位,也是利润的直接创造者,其基本职能如下:

(1)销售管理。主要包括:跟进市场销售情况、发展趋势并提出对策与建议;制订销售计划,提出促销建议,落实促销方案;总结促销工作,为企业制订销售计划提供依据。

(2)店面环境管理。主要包括:店头的外观管理以及气氛营造、卫生管理、经营设施管理等店内的环境管理。

(3)人员管理。主要包括:员工管理、顾客管理以及供应商管理。

(4)商品管理。主要包括:商品质量、商品缺货、商品陈列、商品盘点、商品损耗以及商品销售活动的实施等方面的管理。

(5)现金管理。主要包括:收银管理和进货票据管理等。

(6)信息管理。主要包括:门店经营信息管理、顾客投诉与建议管理、竞争者信息管理等。

(二)连锁门店典型组织结构示例

连锁门店的组织结构形式和其所属的业态密切相关,业态不同,其门店组织结构也不相同。比较常见的门店组织结构如图 1-6 和图 1-7 所示。

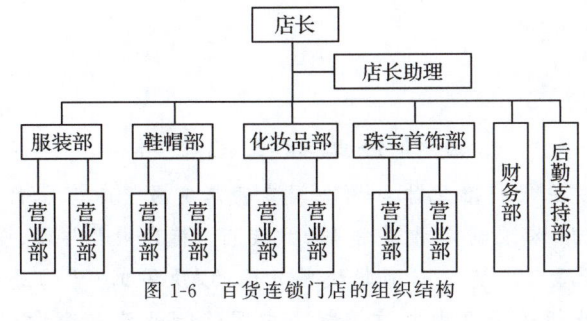

图 1-6 百货连锁门店的组织结构

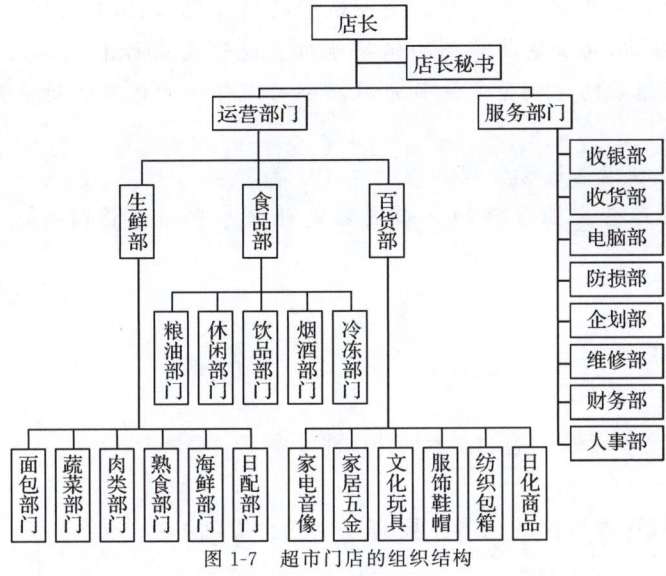

图 1-7 超市门店的组织结构

能力训练

选择一家大型连锁企业的门店,调查门店有哪些部门,做出该门店的组织结构图,并分析该组织结构的优缺点。

任务三　熟知连锁门店运营管理目标与标准

企业存在的前提就是获得利润,连锁企业经营的主要目标就是实现长期利润,并使利润最大化。连锁经营的规模效益和连锁企业的利润是通过连锁门店的发展得到的。

管理标准对于连锁经营企业具有核心作用,如果管理标准跟不上连锁门店的规模发展,那么规模越大效益越差,门店开得越多,产生的亏损面可能越大。而管理标准和管理活动本身就是维系连锁经营统一运作的根本,因此明确的门店管理目标与严格的管理标准是驱动连锁经营企业规模发展的核心。

工作任务

资料

连锁企业标准化之路

在餐饮连锁业，建立了标准化体系的全国直营店突破200家。目前，不少中式快餐已意识到这一问题。大娘水饺制定相关手册，规定了"标准化"内容，如每10千克馅使用1袋调料、每6只饺子重120克。而丽华快餐开设的"快餐工厂"引进米饭自动生产线，大米淘洗、加水、蒸制、出饭等全部由电脑控制。中国连锁业已充分意识到标准化体系的重要性，许多行业的领头品牌都开始加大企业运营的精细化工程，其所制定的标准化体系甚至成为行业的标准，从而加固其市场的领导地位。连锁企业标准化体系的制定是其走向成熟的标志，越来越多的连锁企业把目光对准公司内部运营体系的规范升级与提升。

要求：

1. 如何制定连锁门店运营管理标准？
2. 你认为连锁经营企业管理的核心内容是什么？它与连锁门店运营管理的核心一致吗？

相关知识

一、连锁门店运营管理目标的内容

连锁门店运营管理目标的内容主要有以下三个方面：

（一）销售收入最大化

如果运营成本不变，销售收入最大化意味着实现了门店利润最大化。为了圆满达到目标，应重点抓销售，因为销售本身就是门店的主要业务，只有尽可能地扩大销售额，才能实现门店的利润目标；而销售的最大化并不是盲目地或单纯地运用各种促销策划方式来达到的，而是必须通过正常的标准化运营作业来实现。

（二）成本最小化

提高销售额似乎是每个门店努力的目标，但是不管提高了多少，如果不严格控制门店各个环节的成本费用的话，门店可能只有很低的利润，甚至没有利润乃至亏损，所有的努力都是白费，因此，损耗最小化同样是提高经营绩效的一条重要途径，是门店运营管理的主要目标。

（三）利润最大化

实现利润最大化是企业的最终目标，影响的因素很多，主要有两个方面：一是扩大产品收入，利润是收入创造的，没有收入上量的保障，利润是无从谈起的；二是严格控制成本和费用支出，在利润增加的同时，成本和费用支出越少，利润就越大。

需要指出的是：无论哪一个连锁企业，要成功地实现利润最大化，必须满足消费者的需求。企业要根据消费者的需求进行经营，这就是"消费者主权"（或者"消费者是第一位的"）的含义。因此，企业在进入市场之前必须了解消费者的需求，在推出一种新产品或服务之前，必须进行需求预测。

二、连锁门店运营管理目标的实现

（一）开店前的细心测算和精心策划

各地消费水平、物价水平的差异，门店的坐落位置，连锁门店规模的大小及费用的高低，应在开店前加以细心测算和精心策划。例如，门店的面积选得过小，可能影响日后的营业规模；反之，店面选得过大，装修面积就大，布灯就多，配置营业人员就要多，就会影响到随后的店铺租金、装修费用、人员工资、水电费等一系列的经营费用开支规模，甚至连税务部门也是根据店面大小核定定额税收的多少。可见，日后的营业规模和费用规模，往往在店面选址的一刻，就被确定下来了。因而，开店前的细心测算和精心策划，对于日后的经营目标实现与否有着至关重要的影响，甚至起着决定性的作用。

（二）经营目标的日常管理

要实现目标，首先，应对经营目标进行分解，落实到班，责任到人，做到经营者有目标，营业员有目标，天天有目标、月月有目标，让整个团队共同努力，去实现目标；其次，经营者要时刻关注这些目标的实现情况，定期对目标实现的结果进行计算、考评，及时发现问题，积极采取措施，不断改进经营，才能达到或超越目标；最后，当投资全部收回后，可以取消投资回收期目标，只设置利润目标和营业额目标。

（三）寻找实现目标的途径

首先，要明确影响门店经营效益的因素是营业额、毛利率和营业费用。营业额的高低取决于店址、门店规模、员工素质和营销策略等因素，毛利率的高低取决于进货价、零售价和打折程度，营业费用的高低则取决于开店的策划和经营中的控制。经营者应从这些因素入手，挖掘潜力，提升经营水平，实现目标。其次，必须熟知经营目标之间的内在关系，扬长避短，实现关键目标。制定营业额目标是为了实现利润目标，而利润目标的高低决定了投资回收期的长短，因而利润目标是关键性目标。当营业额目标难以实现时，可通过提高毛利率和节省营业费用来实现利润目标；当毛利率下降或经营费用上涨时，则应通过提高营业额来实现利润目标。

知识拓展

连锁门店价值构成

连锁门店是一种特殊价值的房地产形式，它并不仅仅依附于某一特定的房地产价值来体现自己的价值，而是与所在地区的城市规模、经济发展水平、人口数量、购买者的消费能力、消费倾向等诸多非房地产因素有着密切的关系。

连锁门店的商业价值是门店房地产价值之外的价值,并不以实物形式存在,它是门店价值中的主要价值成分,与房地产价值一起构成门店价值。门店价值是门店房地产价值与门店商业价值之和。构成门店商业价值的因素主要有区域因素、商圈因素、商业企业因素以及购买因素等。

门店的价值主要体现在以下几个方面:

第一,所处的位置是否有吸引力。包括店铺地理环境好坏,交通条件是否方便,周围设施是否对店铺有利,服务区域的人口情况,目标顾客的收入水准、消费意识及品位等。

1.店铺地理环境的好坏有两种含义:一是周围的卫生状况,例如,美容院不能开在公厕、垃圾堆、臭水沟等怪味溢发的地方附近,也不要店外尘土飞扬,人声鼎沸;二是店铺外所处位置的繁华程度。一般讲,店铺若处在商业区或人口密度高的地区或同行业集中的街上,这类开店环境具有比较大的优势。

2.交通条件是否便利。顾客到店后停车是否方便,从其他地段到店里乘车是否方便。交通条件方便与否对店铺的销售和经营有很大影响。

3.周围设施对店铺是否有利。有的店虽开在干道旁边,但干道两边的栅栏却使生意大受影响。因此,选择邻街铺面时要充分注意这点。典型的街道有两种:一种是只有车道和人行道,车辆在道路上行驶,开车人的视线很自然地能扫到街两边的铺面;行人在街边行走,很自然地进入店铺,这种街道开店比较好。但街道宽度若超过30米,则位置又将打折扣,街道太宽有时反而不聚人气。据调查研究,街道为25米宽,最易形成人气和顾客潮。另一种是车道、自行车道和人行道分别被隔开,其实这是一种封闭的交通,选择这种位置开店不太好。

4.服务区域的人口情况。一般情况开店位置附近人口越多、越密集越好。目前,大中城市都相对集中形成了各种区域,如商业区、旅游区、高校区等。

5.目标顾客的收入水准。例如,在富人聚集的地段开设美容院便是瞄准了目标顾客高收入这一特点。城市周边建设的各种商业别墅或有档次的小区都是富人聚集的地方。

第二,商品组合、包装、搭配、摆设、价位等是否有吸引力。商品组合决策是一个十分复杂的问题,有一些优化商品组合的有效方法,如商品环境分析法、商品系列平衡法、四象限评价法、资金利润率法等。

第三,店铺卖场面积、广告诉求及顾客服务都会影响店铺生意。

三、连锁门店运营管理标准

门店运营管理必须在整体规划下进行明确的专业化分工,在分工的基础上实施集中管理,以使连锁门店在激烈的竞争中能快速反应,领先于对手。

(一)门店运营管理标准的制定主体

制定门店运营管理标准是连锁经营企业总部的主要工作之一。连锁经营企业内部通过总部与分店的分工,实现了决策与作业的分工。通过做好分工,减少了总部与门店的不协调因素,总部和门店有机地结合为一个整体。由连锁经营企业总部统一制定门店运营管理标准,实质上就是说连锁经营总部是决策中心,而门店则是作业现场。门店根据总部制定的运营管理标准,实施具体的作业化程序,最终实现连锁店的协调运作。

门店管理工作面对的,一方面是每日必须完成的一定类别和数量的工作,另一方面是一定数量的、具有不同操作技能和经验的员工。连锁经营企业的门店既要保证每日的工作圆满完成,又要合理安排员工,充分发挥和利用人力资源。因此,总部制定的运营管理标准,实质上就是详细、周密的作业分工、作业程序、作业标准和作业考核。

(二)门店运营管理标准的制定步骤

(1)确定作业的对象分工。只有通过合理的分工,才能把这些工作具体落实下来,保证正常的运营水平。

(2)确立标准化作业的程序。标准化作业程序在明确分工、出勤计划的基础上,通过具体操作表来明确各项工作的具体操作规则。

(3)记录作业情况。这样便于总部进一步比较分析,进而灵活地加以运用,最终使运营管理标准健全化。

(4)制定作业标准。标准化是连锁经营企业成功的基础,科学的管理标准的制定是一项长期而艰苦的工作,要使连锁经营企业的规模发展既快速又健康,管理标准就一定要合理。企业的管理标准除了必须考虑到标准所具有的先进性和客观性的特征外,还必须经过长期的艰苦探索和实践去制定,试图在短期内用抄袭的方法去复制是不现实的。因此,借鉴、消化、创造是连锁经营企业制定标准的正确之路。

(三)门店运营管理标准的控制

"控制"是管理的一项重要内容,有了控制职能,才有了人、财、物等资源能量的最有效的发挥。

1. 商品布局与陈列的控制

门店的商品布局与陈列是根据总部的商品布局图与配置表来实施的,其中反映了连锁经营企业的商品经营策略思想与营业目标。如果总部所确定的商品布局与陈列被门店做了很大的变动,就无法实现连锁经营统一的目标,所以要把控制门店商品布局与陈列同实现总部营业目标联系起来。

2. 商品缺货率控制

商品缺货率的控制主要是对主力商品缺货率的控制。缺货率控制在什么比例下,各连锁经营企业可自定,一般确定为低于2%是恰当的。

3. 单据控制

门店每天都可以有大量的商品送到,不管是配送中心还是供应商送来的货物都必须有送货单据,要严格控制单据的验收程序、标准、责任人、保管、走单期限等。单据的控制是为了控制违规性签单,违规性保管、违规性走单,保证货单一致的准确性,保证核算的准确性和供应商利益,同时杜绝门店的舞弊现象。

4. 盘点控制

一是检查盘点前的准备是否充分,但要防止在盘点开始前几天普遍发生的门店向配送中心要货量大幅度下降的状况;二是检查盘点作业程序是否符合标准,是否实行了交叉盘点和复盘制度;三是实行总部对门店的临时性抽查制度,有条件的连锁经营企业可以成立专业的盘点队伍,专职进行门店的盘点和抽查。

5. 缺损率控制

缺损率是失窃率和损耗率的统称,缺损率失去控制就会直接减少门店的赢利水平。目前,国内大部分连锁经营企业实行缺损率承包责任制的方法,落实到人。这种方法虽然很有效,但也要注意负面影响,今后的方向是在加强责任制的同时,还要注重设备的保养和先进技术的应用。

6. 服务质量控制

"门店连锁经营唯一产品就是服务",服务的质量是连锁经营在竞争中制胜的法宝,直接关系到连锁经营企业的信誉和市场影响力,从根本上决定了门店的生存现状与发展前景。对门店服务质量的控制应注意两个方面:一是增强服务意识,进行教育培训,这是控制服务质量的重要手段;二是实行明查与暗查相结合的控制方法。

7. 经营业绩控制

对门店经营业绩的控制主要是考核目标销售额的完成情况,通常采取基本工资加奖金的方法来进行这一控制,即基本工资固定,再按月销售额提取一定比例的奖金。利用这一方法进行经营业绩控制时应注意两点:一是月销售额目标要根据不同门店的实际情况来加以确定,体现目标的科学性;二是要确定月销售额目标的正确含义。实际上,每一个目标都可以作为考核的基础,连锁经营企业可以把这些指标综合起来考核,或者根据自身的实际情况和业态模式的特征来加以确定。

能力训练

1. 选择一家大型连锁企业的门店,调查门店有哪些部门,做出该门店的组织结构图。
2. 从单店营销的角度讲,强调本土化思想是非常正确且非常必要的。但是从连锁经营的角度讲,标准化更有利于市场开拓和管理控制。怎样处理本土化与标准化的关系?

综合案例分析

星巴克的门店奥秘

30岁的徐丽娟是星巴克上海金桥碧云店的门店经理。碧云国际社区的客人来自世界各地,他们在欧洲、澳洲或地球的任何其他地方,也许都曾有过喝星巴克咖啡的体验。对于徐丽娟和她的伙伴们来说,挑战在于能做出和其他地区门店口味一致的咖啡吗?能为顾客提供品质相当的服务感觉吗?

顾客进入星巴克消费就是基于其"可期性"——星巴克的服务是可以期待的,你能知道你将品尝到什么样的产品、享受到什么服务。"可期性"的实现也是顾客"自我确认"的过程。

现在,星巴克已经在全球50多个国家开设了1.7万家星巴克的门店。按照星巴克的要求,无论在哪里,每一家门店都要和其他1.7万家门店一样,提供统一口味的咖啡,热情的微笑,并拥有共同的价值观。

要使上海金桥碧云店,甚至任何一家地级市的星巴克门店与西雅图派克市场店的咖啡品质和服务保持一致,依靠的是强大的组织能力——基于星巴克的价值观和管理制度,使产品品质、服务标准进入每个星巴克人的心里。

连锁零售和服务业的最大挑战,就是对不断扩张的门店进行有效管控和支持,保持品质和服务的一致性。星巴克是怎样做到的呢?

店长的"关系网"

——伙伴。星巴克所有员工互称伙伴,门店的伙伴包括咖啡师、值班经理、店副理,其中店长、值班经理和店副理又组成门店的管理组。管理组每周开会2次,对运营中的问题进行沟通。店长80%的工作时间负责和伙伴们沟通,以组织门店运营。

——区经理。区经理管理6~8家门店,每天的工作就是不断巡店和稽核,了解门店经营状况,对物料使用、财务进行稽核。店长20%的时间是和区经理沟通。对门店遇到的问题,区经理会和店长分析原因,制订行动计划,追踪改善的成果。比如,如果牛奶使用过多,则意味着门店可能产生浪费;如果使用量低于平均水平,则可能是店员偷工减料。区经理必须对门店出现的诸如此类的问题提出改正意见。如果门店出现紧急事态,店长首先求助的对象也是区经理。区经理从资深店长提拔而来,是店长的导师。

——区域经理。星巴克一位区域经理管理10位左右区经理,管理80~100家门店,区域经理的上级主管就是中国区营运总监,区域经理大概一年时间能把所有门店巡视一遍。

——公司营运部门。财务、稽核、人力资源等部门都会巡店,主要对具体业务进行沟通和了解,营运部门也会召集店长会议。

——开放论坛。星巴克总部的高管来中国,巡店之外的工作之一就是组织开放论坛,类似于中国企业的"座谈会"。开放论坛可以是邀请制,也可以由员工申请,店长往往是被邀请的重点。

——帮助热线。帮助热线是店长和公司支持系统沟通的重要途径。店长反映管理问题,不一定通过区经理逐层向上汇报。比如,有顾客抱怨说星巴克出售的水果块过硬,口感很差,星巴克上海分公司当天就对该产品做出了下架处理。

在管理链条之外,店长们还必须和外部产生联系

——顾客。店长每个月要完成至少3个白班、3个晚班的吧台工作,因此有足够的时间去倾听顾客的声音。店长也会经常和熟客聊天,倾听他们的意见。

——外包供应商。包括物流、设备维修等业务,星巴克选择了服务外包,蛋糕甜品的供应也使用本地供应商,门店和供应商之间互动密切,但结算则由支持部门负责。

仆人式沟通和互动,沟通文化是星巴克门店的润滑剂

在星巴克的管理链条上,店长处于整个零售系统管理链条的中间。并且,由于区经理和区域经理并没有独立的管理团队,也没有经理助理,中间环节被大大压缩了,避免了官僚主义。同时,绝大部分店长都从店副理提升,区经理从资深店长提升,区域经理又从优秀的区经理提升,管理阶层之间有共同经历,能够积极地沟通。

另一方面,星巴克提倡仆人式的领导,要求管理者对伙伴态度和蔼可亲,能够支持和体验他们的工作,和伙伴保持畅通的沟通。如果管理者不是"仆人式领导"而是"命令式领导",其他的伙伴可以向区经理或者区域经理反馈。

让价值观到达门店

  星巴克咖啡的口味掌握在员工的手里,"绿色美人鱼"LOGO绽放的微笑要写在员工的脸上,当门店迅速扩张时,服务标准和激情必须有新的驱动力来完成,这并非简单的奖惩措施所能做到。尽管星巴克产品品质可以标准化,但世界上最温情的那些东西恰恰是不能量化的。比如,应该给新来的顾客一个怎样的笑脸?是机械地喊出"欢迎光临",还是像奥运礼仪小姐一样咬着筷子练微笑?抑或从心中微笑?

  "员工第一"是星巴克的首要价值观。比如,有一年星巴克中国的支持部门高管以下的员工一直没有下发绩效奖金。当时公司已经做出预算准备发放,但同时发现,这一年物价飞涨,服务业的薪资水平随之飙升,星巴克的门店薪水已经缺乏竞争力,于是公司决定把这笔预算优先用于给一线员工加薪。

  星巴克最有名的员工福利还包括:星巴克为包括兼职员工在内的所有员工购买健康保险;星巴克为本土直营店的员工发放"豆股票"。

  在星巴克内部,如果一位伙伴打翻了牛奶,不但其他伙伴要帮忙清理,还要安慰他说没关系,自己也出过这种状况,以此来体现公司对员工的尊重。而国内许多餐饮业的员工遇到此类情况,恐怕会担心要被扣掉工资了。

  热情服务是星巴克的价值观之一,有些门店营业到深夜12点,而星巴克年轻的店员们却精神饱满。实际上,星巴克规定,高峰时段2小时后前台必须到办公室休息,或者做一些整理工作。这能保证顾客看到的总是热情而精力充沛的星巴克员工。如果员工真的不开心,比如遇到失恋之类的事情,值班经理应该临时调整岗位,让他换岗去做桌面清理之类的工作,避免和顾客直接接触。

  星巴克的员工收入一般只设定在区域同行业收入的中位值,也就是中等水平。但是,企业文化成为员工评价工作收益的一部分,得到的尊重和信任,和谐的工作环境,透明的提升空间成为星巴克吸引和保留员工的重要筹码。

思考问题:

1. 请根据案例,画出星巴克的组织结构图。
2. 星巴克的连锁经营管理制度给你哪些启示?

项目二

连锁门店卖场设计

项目介绍

商品是无声的推销员,有效的商品陈列是从合理的卖场布局开始的。卖场布局是一个商品、设施、操作三者如何实现最佳配合的问题。通过新颖、活泼、更具吸引力的卖场设计和合理的布局,能够直接或间接地提高连锁企业门店的营业效率。

学习目标

知识目标:了解前方卖场、后方卖场设计内容和要求;熟知中央卖场设计内容与要求;掌握货位布局的原则、要点、类型;掌握通道设计的原则、模式。

能力目标:能够对门店进行货位布局;会进行超级市场主要区域的设置;能够对门店进行通道设计。

素养目标:培养创新思维和精益求精的敬业精神;培养团队协作能力;培养发散思维,提高创新意识。

任务一 设计前方卖场

从某种程度上来说,门店前方卖场设计也代表着门店的形象。是否有方便泊车的停车场、独具特色的招牌、方便顾客出入的进出口,对于一个店面来说都有着很重要的作用。

工作任务

资料 ▶▶▶

家乐福的出入口设置

家乐福卖场入口一般能够直接通向主通道,这样设计可以保证顾客购物时可以经过每节货架、每个商品,以便增加顾客的随机购买机会。家乐福的音像图书、玩具等用品一般是在入口附近,而出口处则陈列顾客习惯性购买的商品。如家用百货、清洁洗化用品等,其原因是家用百货和清洁洗化用品等很容易丢失,尤其是洗化类的化妆品,放在出口的地方,人流特别多,小偷就很难偷窃了。

要求:
1. 家乐福出入口设计的特点是什么?有没有更好的设计方法?
2. 除了出入口之外,前方卖场还包括哪些内容?这些内容的设计要求分别是什么?

相关知识

一、设计停车场

当人们离门店入口越来越近时,总免不了一边张望一边猜测:还有停车位吗?这个过程顺利与否几乎决定了人们一天心情的基调。如果从公路到入口走得很顺利,人们就会觉得无比喜悦。如果遇到了阻碍,人们的购物活动就会以不快开始。一项购物心理调查表明,人们面对排队停车,心理等待的限度是3至5分钟,超过这一时间,许多人会重新寻找新的停车地点,所以一定要创造停车的便利性。

(一)停车场位置设计的原则

总原则:方便泊车、方便顾客进出店铺、方便顾客将商品转移至车内。

具体来说要做到以下几点:

(1)停车场要设在公路附近,但出入口不要选择在主干道上,要选择在次干道离主干道较近的位置,这是大城市规划的基本要求;

(2)停车场出入口要面向道路,并留有足够的宽度;

(3)车辆出入应避开十字路口;

(4)出口与入口要用明显的标识区别;

(5)停车场与店铺入口在180°范围内;

(6)应用箭头和副线排定停车顺序。

(二)停车场设计应注意的问题

(1)我国大部分地区的机动车为靠右侧行驶,右转进入与左转进入的停车场相比,前者更受欢迎。因此,停车场必须设计右转进入,并有明显的指示。

(2)由于驾驶技术欠佳的女性顾客数量不断增加,而且四轮驱动汽车也经常光顾商场的停车场,所以与狭窄、停车不方便的停车场相比,顾客更喜欢去那些能够轻松停车的地方购物。

(3)无论是为顾客设置的自行车停车场,还是汽车停车场,停车场的位置与入口的关系一定要从顾客行动的路线出发进行仔细考虑、严密设计。

例如,一个商店不一定只有一个入口,从店铺面积、周围环境考虑,设计多个入口也是很普遍的,甚至主要入口也并不在正面。有一家商店,它的门面是面向大街的,因此就在面向大街的这一面开了两个入口。因为是在正面,店家就把这两个入口作为主入口,并把主要的宣传精力和费用都花在了这两个临街的入口上。但大多数购物的顾客并非从这两个主要入口进来。由于前来购物的顾客比较多,这些顾客在商店旁边的停车场把车停好后,都不会绕道从正门进入商店,而是就近通过店员出入的方便门直接进入店中。但这里与正门的情形完全不同,没有任何用以宣传的展示品,库存的商品散落一地,与商店试图给顾客的印象将会大相径庭。

(4)一般来说,在购物中心里如果有超市和百货商场,那么超市最好不要靠近百货商场。据统计,购物者通常花 30 分钟在超市购物,而花两三个小时在百货商场里浏览。二者相邻而设,百货商场的顾客占据停车场时间很长,会妨碍超级市场顾客使用停车设施。同理,货运区域停车区域必须在卖场后面,避免出现顾客动线与后勤动线的交叉,影响顾客的进店率。因此,商家需要在入口处的物理和心理两方面为顾客提供最大程度的便利。

二、招牌设计

(一)招牌的种类

1.额头招牌

以小型卖场为例,额头招牌(图 2-1)通常固定在一楼卖场正上方(离地面 3 米),其长度与卖场门面同宽(4 米),宽度以 1.2 米为理想尺寸。

注意:若卖场紧邻的街道太狭窄,额头招牌的广告效果就会大打折扣。

2.骑楼招牌

考虑骑楼高度会影响消费者通行,一般骑楼招牌(图 2-2)都设计成小型招牌,并仅以简单易懂的字样作为诉求。

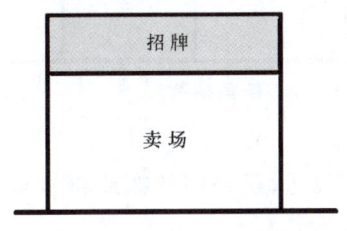

图 2-1　额头招牌

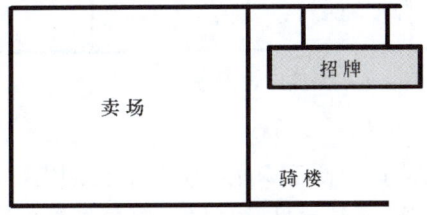

图 2-2　骑楼招牌

3.立式招牌

以小型卖场为例,立式招牌(图 2-3)通常固定在两建筑物共用墙壁的 1/2 壁厚,规格以长 4.5 米、宽 1.2 米为标准。

立式招牌的视觉方向刚好弥补额头招牌的不足,能吸引卖场左右方向人潮的注意力,广告效果并不会受到街道宽窄的影响。

4.外伸招牌

外伸招牌(图 2-4)具有弥补额头招牌不足、与立式招牌互补的作用,常在无法使用立式招牌或立式招牌无法凸显局部诉求之时使用。

应慎重评估其结构安全性和设置的合法性。

5. 顶楼招牌

顶楼招牌(图 2-5)视觉上又高又远,一般通过大面积看板和强烈的视觉刺激素材(如霓虹灯)发挥广告作用。

顶楼招牌的制作成本很高,其表现内容以笔画简单及单色的大字体为主。

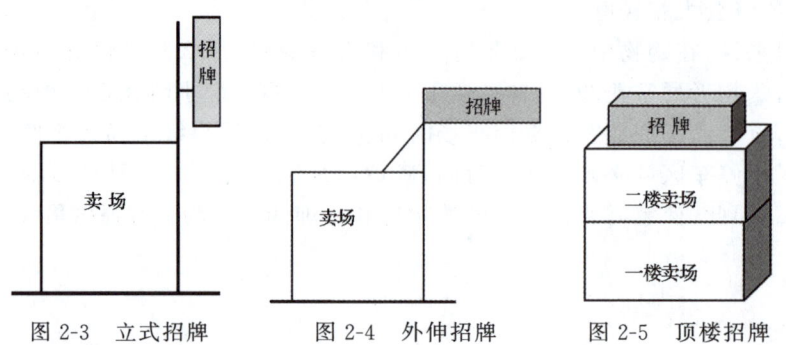

图 2-3　立式招牌　　　图 2-4　外伸招牌　　　图 2-5　顶楼招牌

6. 大型广告看板

在第二层建筑物正面上方设置大型广告看板(图 2-6)可以弥补其他招牌广告的不足。该类看板大多设计为活动式。

7. 街角招牌

一般来说,街角招牌(图 2-7)以小尺寸为主,以不影响道路安全为原则。

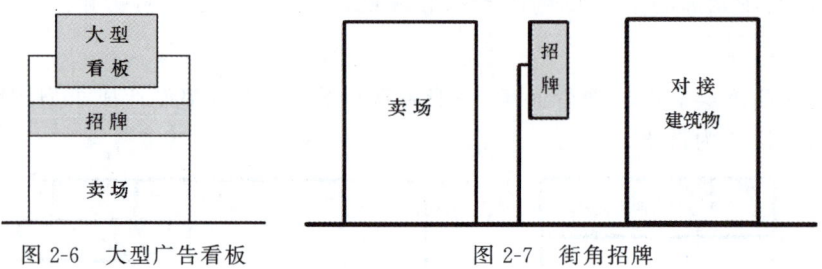

图 2-6　大型广告看板　　　图 2-7　街角招牌

(二)招牌的设计要求

为了使消费者便于识别,不管店标是用文字来表达,还是用图案或符号来表示,其设计要求要达到:容易看见、容易读、容易理解和容易联想。

另外,栏架或垂吊招牌的色彩必须符合企业的标准色。消费者对招牌识别往往是先识别色彩再识别店标的。色彩对消费者会产生很强的吸引力。而当把这种设计要求一致性地推广到各个连锁门店时,更会使消费者产生对企业的认同感,从而有利于企业的规模化发展。

三、出入口的设计

在卖场设计中第一关便是出入口的设置。招牌漂亮只能吸引顾客的目光,而入口开阔才能吸引顾客进店。入口选择的好坏是决定零售店客流量的关键,不管什么样的商店出入口都要易于出入。

商店的出入口设计应考虑商店规模、客流量大小、经营商品的特点、所处地理位置及安全管理等因素,既要便于顾客出入,又要便于商店管理。一般情况下,大型商场的出入口可以安置在中央,小型门市的出入口设置在中央是不妥当的,因为店堂狭小,直接影响了店内实际使用面积和顾客的自由流通。小店的进出口,应设在门店的左侧或右侧。

店铺出入口设计总的要求是:易于出入,便于管理。

(一)出入口规划

(1)紧邻单一街道的卖场,出入口设置在面向街道的一侧。小型卖场一般只设一个出入口,以便管理,面宽的中大型卖场,可以在左右两侧设置一进一出的单独门。

(2)两侧临街,应以人潮流量决定出入口的位置。比如,主街道人潮流量70%以上的一侧设出入口,30%以下的一侧无须设立出入口,但可设计玻璃橱窗。再比如,主街道人潮流量60%一侧设主出入口(如双开门);40%一侧设立次要出入口(如单开门)。

如果两侧人潮流量均等时,应将主要出入口设置在卖场面积较宽的一侧,或者是面对主要街道的一侧,另外设置次要出入口在卖场另一侧。

大卖场除设置多个临街出入口外,还需要设置靠近停车场的出入口。

呈直线型的前后门关系容易流失顾客,应当避免。

(二)出入口的类型

1.封闭型

此类设计的入口尽可能小些,面向大街的一面,要用陈列橱窗或有色玻璃遮蔽起来。顾客在陈列橱窗前大致品评之后,进入零售店内部,可以安静地挑选商品。在以经营宝石、金银器等商品为主的高级商店,因为不能随便把顾客引进店内,又要顾客安静、愉快地选购商品,所以应在封闭型的适用范围内。这些零售店大都店面装饰豪华,橱窗陈列讲究,从店面入口既可给顾客留下深刻印象,又可使到这里买东西的顾客具有与一般大众不同的优越感。

2.半开型

入口稍微小一些,从大街上一眼就看清零售店内部。倾斜配置橱窗,使橱窗对顾客具有吸引力,尽可能无阻碍地把顾客吸引到店内。经营化妆品、服装、装饰品的中级商店,比较适合半开型。购买这类商品的顾客,一般都是从外边看到橱窗,对零售店经营的商品发生了兴趣,才进入店,因而开放度不要求很高,顾客在零售店内就可以安静地挑选商品。

3.全开型

全开型是把商店的前面,面向马路一边全开放的类型,使顾客从街上很容易看到零售店的内部和商品。顾客出入商店没有任何阻碍,可以自由地出入。出售水果、蔬菜、鲜鱼等副食品商店,因为是经营大众化的消费商品,所以很多门店都采用这种类型。这种类型的门店前面很少设置障碍物,在店内要设置橱窗,前面的柜台要低些。并且,不要把商店内堵塞得很满,影响顾客选购商品。门店前不要放自行车、摩托车等,不要把门口堵了,影响顾客出入。

4. 出入分开型

出入分开型即指出口和入口通道分开设置，一边是入口，顾客进来之后，必须走完商场才能到出口处结算，这种设置对顾客不是很方便，有些强行的意味，但对商家管理却非常有利，有效地阻止了商品偷窃事件发生。这种出入设置往往适用于经营大众化商品的商店。一些著名的外资零售企业如沃尔玛等，便是采用这种方式。也有一些商场，由于商品陈列和营业厅的配置比较困难，一般都把一面堵起来，就像附近的超级市场那样，店内可以自由走动，到各个货架买货都方便。零售店的一面是入口，另一面是出口，顾客出入商店也很自由，这种类型对顾客的接待效率也很高。

能力训练

4~5人一组，去所在城市或地区，考察一家知名连锁门店，观察停车场、招牌以及出入口设计的状况，指出该连锁门店在这些方面存在的优点和不足，并提出调整意见。

任务二　设计中央卖场

中央卖场设计是门店布局设计的核心，一般包括设计通道，设计音响，设计光线，设计色彩，设计气味卫生，设计通风调温，设计天花板、墙壁、地板等内容。这些内容设计合理、美观，能给顾客提供一个优雅、舒适的购物环境。

工作任务

资料 ▶▶▶

家乐福的卖场设计

家乐福的卖场区是其主要的经营区域，一般是首先安排的。从现代超级市场发展趋势来看，卖场区域的比例越来越大，其他区域越来越小。家乐福的一些商品加工区直接设在卖场内，像北京方庄店、方圆店、中关村店等的生鲜加工区的面包房、鲜肉加工房、鸡鸭烧烤店铺等，都是将加工区域设在卖场。

家乐福卖场的布局，包括卖场主次通道、卖场商品布局以及各收款台的设置等，处处体现了家乐福设计的初衷——方便顾客。

1. 主通道设置

顾客经过入口进入卖场内能否逛完整个卖场，将由通道设置线路来决定。为了让顾客把店内整个商品都浏览一遍，通道路线的设置就必须能够让顾客转遍店内的每个角落，并且具有循环性。因为只有让顾客转遍整个卖场，商品陈列所表现出的吸引力对顾客才具有意义。通道的宽度必须适合顾客选购商品及多人通过时人与人之间的安全距离；一般主通道宽度设置在1.5~2米及以上；次通道设置在1~1.5米及以上，辅助通道设置在0.9米以上。低于这个距离会给人压抑感，顾客购物时不但显得很不方便，还会影响顾客选购商品的耐心。

2. 其他通道设置

除主通道之外,次通道的设置也极其关键。在卖场次通道设计过程中,要尽可能延长客流线,增加顾客在店内的逗留时间,保证顾客能够走到店内的最深处,保证顾客看到每一种商品。一定不要设置不规则的线路,以免增加顾客思维成本。

家乐福的通道设计一般是主通道直通卖场,此通道会引导顾客逛完整个卖场。这种设计使得顾客在卖场停留的时间达到最长。在各通道上,家乐福还有专门的标签为顾客导购,所以顾客大可不必担心迷路。

3. 收款台的设置

一般来讲,顾客从大门进入卖场后,由于通道的设置"迫使"其将整个卖场转遍,通道的设计使卖场的"目的"达到了,也同样使顾客尽兴购物了,把收款台设置在这个"尽兴"的位置,就是最佳的位置。也就是说,根据主通道的设置、具有吸引力的商品的陈列,将收款台设置在客流的延长线上,就是比较合适的位置。收银台的位置是顾客最集中的地方,可以在收款台周围摆放一些畅销商品,这是提高销售额的一个好方法。家乐福卖场的收款台一般放置容易携带的口香糖、洗发水等,这些商品有时会特价,以便吸引顾客的眼球,因为对每个顾客来说,逛完整个卖场快到收款时,应该有比较累的感觉,而此时只有特价促销能唤起顾客的购物冲动,这也是商品设置的技巧之一。

要求:
1. 根据上述资料,总结通道设计的原则、模式。
2. 如何进行商品摆放位置的设计,以引导顾客购买商品?设计的原则是什么?
3. 什么是顾客动线?如何设计能让顾客流畅地走完卖场,增加销售量?

相关知识

一、通道设计

通道是指顾客在卖场内购物行走的路线。卖场的通道划分为主通道与副通道。主通道是诱导顾客行动的主线,而副通道是指顾客在店内移动的支流。良好的通道设置,就是引导顾客按设计的自然走向,走向卖场的每一个角落,接触所有商品,使卖场空间得到最有效的利用。

通道设计总原则:"引"+"畅"——引导+畅通。

(一)卖场通道设计的具体原则

通道设计是在考虑出入口和客流量的基础上进行的。良好的通道设计应该能够引导顾客按设计的通道自然走过卖场的每一个角落,以方便顾客接触所有商品,使卖场空间得到最有效的利用,从而有效地提高零售店铺的营业效益和营业设施的使用率。

通道在设置时应注意以下几项原则:

1. 足够的宽度

通道应符合卖场整体动线要求,营业面积小于200平方米的折扣店和便利店的通道宽度应保持在0.9米以上,仓储会员店、大型超市的通道应在1.6米以上(超市不少于1.5米)。

足够的宽度即要保证顾客提着购物筐或推着购物车能与同样的顾客并肩而行或顺利地擦肩而过。不同规模超市卖场通道宽度的基本设定值,见表2-1。

表2-1 卖场通道宽度的基本设定值

单层卖场面积/平方米	主通道宽度/米	副通道宽度/米
300	1.5~1.8	1.2~1.3
1 000	1.8~2.1	1.2~1.4
1 500	2.0~2.7	1.4~1.5
2 000以上	2.0~3.0	1.4~1.6

通道宽敞可以减慢顾客行走的速度,使顾客有更多的机会浏览通道两侧的商品,但也会减少空间利用率,因此应根据卖场的规模和客流来设计通道,同时设计收银台周围通道的宽度,以保证收银台顾客排队的通畅性。

2. 主通道笔直

主通道要尽可能设计成笔直的单向道且尽量长,途中可拐弯的地方应尽可能少,需要时应借助于不间断连续展开的商品陈列线来调节,以对顾客产生吸引力。

3. 副通道通畅

副通道应与主通道平行或垂直交叉布局,以保持各方向畅通。货架应以商品不重复、顾客不走回头路的设计方式布局,以最大限度地展示商品、突出经营特色。

4. 地面平坦

通道地面应保持平坦,不要有台阶,否则会使购物车不能通过,也容易使顾客绊倒。

5. 少拐角

事实上一侧直线进入,沿同一直线从另一侧出来的店铺并不多见。这里说的少拐角是指拐角尽可能少,即通道途中可拐弯的地方和拐的方向要少。有时需要借助于连续展开不间断的商品陈列线来调节。

6. 灯光明亮适度

通常通道上的照明度要比外部照明度强5%,尤其是主通道,由于相对空间比较大、客流量大、利用率高,灯光明亮便于顾客浏览商品,但应以舒适为度。

7. 无障碍物

通道要保持流畅,避免有死角,在通道内不能陈设、摆放一些与陈列商品或促销商品无关的器具或设备,以免阻断卖场的通道、损害购物的环境。

(二)通道(动线)设计类型

通道设计是卖场布局的重点,其目的在于有效引导顾客到卖场的每一配置区,提高卖场整体的环游性、减少卖场死角,以方便顾客走动、消除顾客的疲倦感。

顾客通道设计应遵循"卖场入口、主要通道、次要通道、收银区、卖场出口"的顺序进行设计。

顾客主要通道为卖场四周的主力商品区;顾客次要通道为卖场中间的次要商品区。

卖场通道设计时也要考虑服务动线和后勤动线。

服务动线是卖场服务人员在提供贩卖服务时所走的路线或所站的位置。大型卖场服务动线经常单独设计,小型卖场服务动线则经常并入顾客动线中。

后勤动线是员工补货及提供相关业务时所移动的路线。大型卖场单独规划后勤动线于立柜后方,小中型卖场以不影响顾客为原则与顾客动线合并设计。

1.靠壁型通道(图2-8)

顾客沿卖场四周的路线进行选购,所有商品顺着动线靠壁陈列,动线末端靠近出口设置的收银服务区。纵深型小卖场适合采用这种通道设计。

2.门字型通道(图2-9)

顾客绕着中央货架且沿着卖场周围的路线进行消费。这种通道设计适用于店面宽度较小的小型卖场。

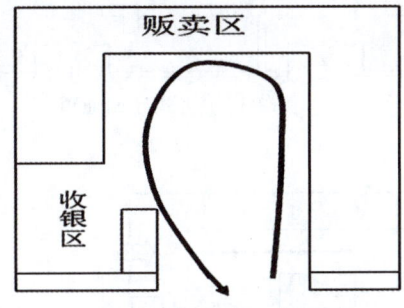
图2-8 靠壁型通道

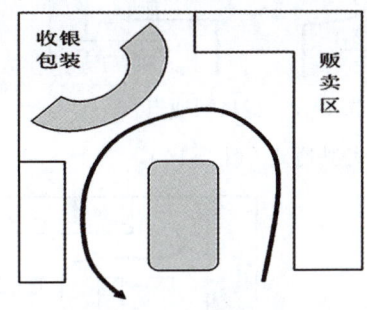
图2-9 门字型通道

3.圆形通道(图2-10)

该通道通常强调连贯性的商品陈列和全方位服务,如服饰店;也适用于面对顾客服务频率较高的行业,如电子产品销售等。

4.直格型通道(图2-11)

设计要求:店面宽度8米以上;商品陈列与动线安排成垂直平行,货架区的规格和动线宽度都力求一致,这种通道适合于自助型较高的卖场。

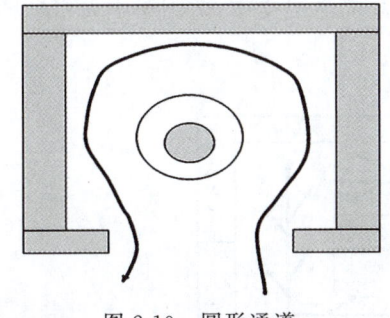
图2-10 圆形通道

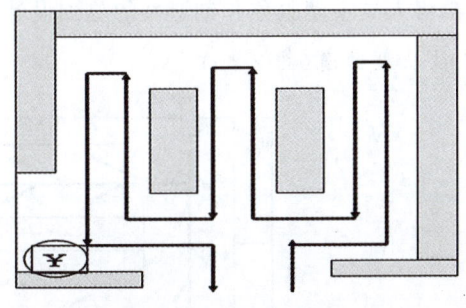
图2-11 直格型通道

5.横格型通道(图2-12)

卖场宽度不足以摆设直线货架,且顾客流量不是很大的行业可设计此种通道。卖场属于半自助式的,顾客选购时需要店员从旁协助,其商品并不需要很强的向外展现力,只需明亮清楚的店内展示,顾客的购买习性也只是局部选购,人潮流量不大,无须预留较大的回转空间的情况下,适用该种动线,如药妆店。

6.格式迂回通道(图2-13)

顾客进入卖场沿主通道线环绕主力商品区,接着来回环游卖场中间的次要商品区,一直到收银结账区,形成有规律的迂回通道;需要定期促销活动拉近与顾客的距离,活跃卖场气氛,带动销售氛围;适合中大型卖场。

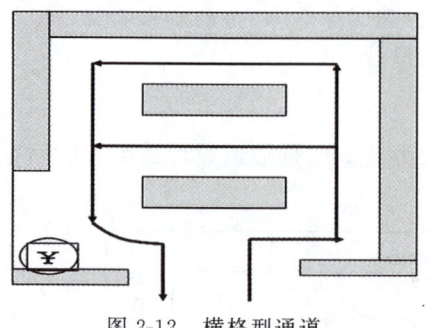

图2-12 横格型通道

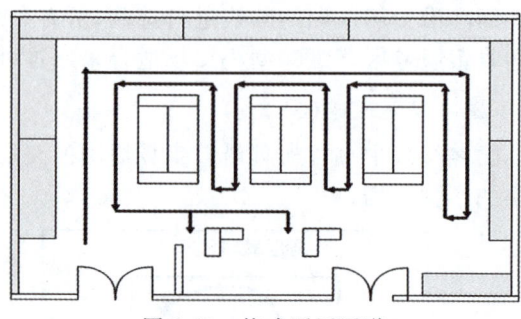

图2-13 格式迂回通道

7.开放型通道(图2-14)

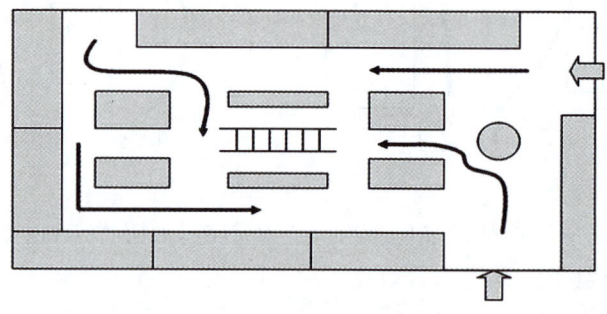

图2-14 开放型通道

商品及陈列设备呈现不规律形式的摆设,采取不隔断完全开放式的视觉形态,顾客可以自由自在地向任意方向走动;顾客无心理压力,但因无特定路线而无法接触到更多的商品;需要由销售人员主动服务和创意性的陈列设计以提高商品成交率;适用于中大型卖场。

8.枝状型通道(图2-15)

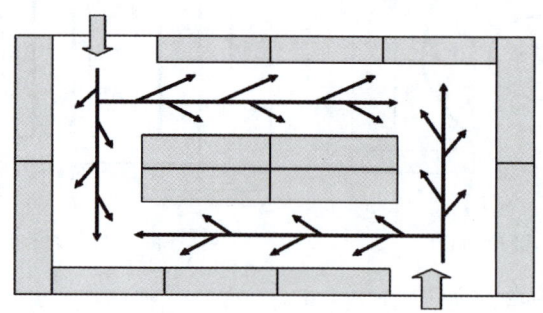

图2-15 枝状型通道(动线)

顾客沿主要路线,自由进出两侧的专柜,但门面采取开放式,使顾客能随意参观选购;此形态下专柜应以样少单纯为商品诉求原则,强调近距离的面对面销售服务;开放式门面使商品监管不易,店面容易出现混乱,阻塞通道。

> **知识拓展**

顾客动线分析

顾客动线是指店内顾客的流动方向,又称"客导线"。店内顾客的流动方向受店方有计划的引导。一般来讲,店铺经营成果主要由两个因素决定:一是来店的顾客数,二是顾客的平均购买单价,这两个数字以店内收款机所统计的数字为准。

店铺销售额＝客流量×停留率×购买率×购买件数×商品单价

顾客购买单价＝流动线长×停留率×购买率×购买件数×商品单价

从以上公式可以看出,超市客流量的多少对销售额有很大影响。要把超市做好,就需要使顾客尽可能多地停留、多买商品,尽可能提高来店顾客数和购买单价。顾客来店后,会形成不同的流动路线。

1. 最佳顾客动线的要求

(1)充分利用商场空间,合理组织顾客流动与商品位置;

(2)顾客从入口进入后,在商场内步行一圈,离店之前必须通过收款台;

(3)避免出现顾客只能止步往回折的死角;

(4)尽可能拉长顾客在商场内的滞留时间,以创造销售机会;

(5)采取适当的通道宽度,以便顾客环顾商场,观察商品;

(6)尽量避免与商品配置流动线交叉。

2. 卖场动线的形式

(1)漫走式。不利用设施强行规定顾客的动线,比较随意、自由、宽松,投资小。

(2)强迫式。利用设施强制规定顾客的动线,不尊重顾客,投资大。

(3)引走式。利用各种手法引导顾客走遍卖场,这是一种较高境界的布局方法。

 **课堂阅读**

百货商场引导客流的方式

1. 汉堡式

把最聚人气的业种和品类放在最低层和最高层,把最赚钱的品类放在中间层,人们在来往低层和高层的过程中,必然会经过中间层,这样就会实现商场客流的立体流动,使商场人气旺盛。东北亚泰富苑购物中心把负一楼做成大型的运动休闲馆,那些青少年很喜欢;把六楼做成品牌折扣店,大家觉得名牌较贵,就来买折扣的品牌。这样,人流在一楼到六楼中间穿梭,这个商场经营得就很好。

2. 淋浴式

把水从低处冲到高处,再把水从高处冲下来,商场的布局也是一样的。如果说一个商场不能把客流从低楼层吸引到高楼层,那么这个商场的布局一定是不成功的。北京西单的华威就把六楼做成小饰品区,女孩子都很喜欢,都往楼上跑。顾客去六楼肯定要经过五楼、四楼,这样就把整个商场浇透了,这就叫"淋浴式"。北京的世纪金源,五楼做的是餐饮,他们生意最好的也是五楼的餐饮,这也是一种淋浴式的引导客流方式。

"淋浴式"和"汉堡式"就是解决客流均匀分布问题的。

3.侧立式

这种方式的出发点主要是考虑建筑设计和投资方式的成本问题。例如,将餐饮区、娱乐区、休闲区都放在物业不同楼层的同一区域,这样上下水问题、管道问题、空调问题、电梯时间管理问题等都比较容易实现,有利于建筑设计和成本节约,整个物业的功能就比较容易配套。所以,"侧立式"从建筑设计和投资方式来讲是最方便的。

二、音响设计

音响是创造商场气氛的一项有效途径,它也影响着消费者情绪和营业员的工作态度。音响运用适当,可以达到以下效果:

(1)吸引顾客对商品的注意,如音乐、广告的播放。

(2)指导顾客选购商品,商场向顾客播放商品展销、优惠出售信息,可引导顾客选购。

(3)营造特殊氛围,促进商品销售。

随着时间的不同,商场定时播放不同的背景音乐,不仅给顾客以轻松、愉快的感受,还会刺激顾客的购物兴趣。如刚开始营业的早晨播放欢快的迎宾乐曲,临打烊时,播放轻缓的送别曲;在气候变化时,播放音乐提示,为顾客提供服务。商场内有各种声音,并不是都会对营业环境产生积极影响,也会有一些噪声,如柜台前的嘈杂声、机械的声响,都可能使顾客感到厌烦,有些虽然可以采用消音、隔音设备,但也不能保证消除所有干扰声响。因此,可以采用背景音乐缓解噪声。背景音乐要选择旋律轻柔舒缓的,以营造温馨的气氛,不要播放节奏强烈的打击乐、迪斯科等,以免影响顾客情绪、打乱售货员工作节奏。

当然具体放什么音乐,取决于经营者想让顾客待多久,顾客不多,想让他们待久一点,就放舒缓的音乐。反之,则放激情的音乐,起到催促的作用。

三、色彩设计

色彩会对人们的心情产生影响,不同的色彩及其色调组合会使人们产生不同的感受。

(一)色彩感觉

1.心理感觉

前进色(凸)——暖色系:红、橙、黄等;退缩色(凹)——冷色系:绿、蓝、紫等。

2.视觉心理感受

面积大——高明度色:淡色(白);面积小——低明度色:浓色(黑)。

轻色（软）——高明度色（中等纯度、中高明度）：浅蓝、粉紫、黄、白（淡黄草绿）等；重色（硬）——低明度色（表面粗糙色）：黑、紫、深蓝等。

3.触觉心理感受

干——暖色系：红、橙、黄等；湿——冷色系：蓝、青、紫等；

暖色——红、橙、黄、褐等；冷色——绿、蓝、紫、白等。

4.听觉心理感受

低音——蓝、青、紫、黑（低明度）；高音——红、橙、黄、白（高明度）。

5.精神心理感受

积极色——欢乐：红、棕、橙、黄等；消极色——忧伤：蓝、紫、黑等；

华丽——彩度高、高明度色；朴实——彩度低、低明度色。

（二）商品形象色

商品的形象色指在不同大类商品上，经常使用的能促进销售和便利使用的色彩或色调。

(1)服装：讲求时尚与适合。男性，则取明快的色调显示活力强、有气魄、粗犷有力；女性，则取和谐、柔和的色调，烘衬温柔的女性美。

(2)食品：安全与营养。多采用暖色系列。

(3)化妆品：护肤美容。多用中性色调或素雅色调。例如，淡淡的桃红色，给人以健康、优雅与清香感。

(4)工矿机电产品：讲求科学、实用与效益。多用稳重、沉静、朴实的色调，稍加有活力的纯色，如红、黑、蓝色，给人以坚固耐用的感觉。

(5)玩具和儿童文具：讲求兴趣与活泼感，多用鲜艳活泼的对比色调。

(6)药品：讲求安全与健康，多采取中性色彩系列。偏冷色调给人以安宁不躁之感；蓝色、银色给人以安全感；浅红、金红色给人以阳光、健康与活力的感受。

（三）不同年龄、性别偏爱的色彩

近年来的研究表明，对于色彩的爱好随年龄的增长会出现由暖色向冷色推移的倾向：

婴儿期——高彩度明色，色彩嗜好的顺序为红、黄、绿、青；

少儿期——色彩嗜好的顺序为青、绿、紫、橙、黄；

成人期——色彩嗜好的顺序为青、红、绿、紫、黄。

男孩喜爱的色彩有集中于绿色与青色系列的倾向，特别是对明亮的青、绿与黄绿。女孩喜爱的则是红色与偏红系列，此外还喜欢柠檬黄与淡青色。随着年龄的增长对红色和黄色的爱好逐渐下降，而对蓝色系的爱好则逐渐上升。

（四）卖场的色彩选择

(1)环境色彩应尽量采用中性色，突出衬托商品，防止出现因补色的影响而改变商品色感的现象。目前，市场销售的商品包装也注意色彩的运用，这就要求商店内货架、柜台、陈列用具为商品销售提供色彩上的配合与支持，起到衬托商品、吸引顾客的作用。如销售化妆品、时装、玩具等应用淡雅、浅色调的陈列用具，以免喧宾夺主、掩盖商品的美丽色彩。

销售电器、珠宝首饰、工艺品等可配用色彩浓艳、对比强烈的色调来显示其艺术效果。

（2）颜色要适合商品销售的季节。在炎热的夏季，商店以蓝、棕、紫等冷色调为主，顾客心理上有凉爽、舒适的心理感受。

（3）门店的装饰色应该与商品相协调，不应造成不和谐之感。食品中很多是黄色的，如面包、糕点等，故黄色常作为食品销售部位的主色调。但是，如果黄色面积比例过大，会给人一种病态的、食品变脏的心理感受，使用时应注意以明黄、浅黄为主，同时避免大面积、单一使用。以紫色为基调，给人一种庄严、高贵、典雅的心理感觉，使人产生敬畏感。紫色调常用于销售高档、贵重商品，如珠宝首饰、钟表玉器等场所。黑色是一种消极性色彩，给人一种沉重、压抑的心理感受，一般在商店不单独使用，但与其他颜色适当搭配，也会产生一定的视觉冲击力。蓝色会使人联想到辽阔的海洋、广阔的天空，给人一种深邃、开阔的心理感受，销售旅游商品时采用效果较好。

（4）色彩运用要在统一中求变化。商店为确定统一的视觉形象，应定出标准色，用于统一的视觉识别，显示企业特性。但是在运用中，对商店的不同楼层、不同位置，又要求有所变化，形成不同的风格，使顾客依靠色调的变化来识别楼层和商品部位，唤起新鲜感，减少视觉与心理的疲劳。

（5）注意卖场内的色彩平衡。整个卖场的陈列面在放置商品的时候，除了要考虑色彩的协调性，更要考虑色彩在明度上的平衡，如果卖场两侧色彩明度差别太大会造成顾客视觉上的不平衡感，好像卖场是倾斜的一样。

四、灯光设计

灯光设计特别强调以灯光加强产品的颜色和质地，就像在剧场里一样，是一种环境气氛。商品有如演员，期待能吸引"观众"的青睐。在运用灯光时，既要考虑自然光线，又要考虑人工采光。自然光线有助于赋予商品自然色彩，但不易控制。而人工采光除了可以用来补充自然光线的不足外，还可用来突出商品，形成视觉中心。例如，可以用强烈的射灯照射促销商品，用柔和的灯光照射婴儿用品等。不同超市照明的配置模型能达到不同的心理效果，照明配置如果与店宽方向平行，能使店面显得广阔；如果点状灯光随机配置，能使销售空间富于变化、气氛生动。

（一）店铺照明的类型

1. 基本照明

这是指保持店堂内起码的能见度，方便顾客选购商品。大多数商店多采用安装吊灯、吸顶灯等，来创造一个整洁宁静、光线适宜的购物环境。设计灯具的原则是灯光不宜平均使用，要突出重点、突出商品陈列部位，总的照明亮度要达到一定强度。能够采用自然光的位置，白天可以不必使用灯光照明。

2. 商品照明

这是为突出商品特质，吸引顾客注意而设置的灯具。如在出售珠宝金银饰品部位，采用定向集束灯光照射，显示商品晶莹耀眼、名贵华丽；在时装出售位置，则采用底灯、背景灯，显示商品的轮廓线条。

3. 装饰照明

这是营业场所现场广告的组成部分,用霓虹灯、电子显示屏或用旋转灯吸引顾客注意。

(二)光源的位置

(1)斜上方照射:自然的气氛。
(2)正上方照射:神秘气氛,适合于高档、高价商品。
(3)正前方照射:不能起到强调商品的作用。
(4)正后方照射:显现商品的轮廓,需要强调商品外形时宜采用此种光源。
(5)正下方照射:受逼迫的、具有危机感的气氛。
(6)理想位置:斜上方、正上方的光源。

(三)卖场不同区域的照明要求

(1)普通走廊、通道和仓库:100~200勒克斯。
(2)卖场内一般照明、一般性的展示以及商谈区:500勒克斯。
(3)店面和卖场内重点陈列品、POP广告、商品广告、展示品、重点展示区、商品陈列橱柜:2 000勒克斯。其中对重点商品的局部照明,照度为普遍照明度的3倍。
(4)橱窗的最重点部位,即白天面向街面的橱窗:照度为5 000勒克斯。

五、天花板、墙壁、地面设计

天花板、墙壁与地面属于店铺卖场的构成要素,而且也是作为营业购物环境的空间因素。因此必须做好装饰设计工作,才能达到整体的良好感觉和效果。

(一)天花板设计

天花板的作用不仅仅是把店铺的梁、管道和电线等遮蔽起来,更重要的是创造美感,创造良好的购物环境。不同的业态,对于天花板的要求不同,就超市而言,超市卖场的天花板力求简洁,在形状的设计上通常采用的是平面天花板,也可以简便地设计成垂吊型或全面通风型天花板。天花板的高度根据卖场的营业面积决定,如果天花板做得太高,顾客就无法在心平气和的气氛下购物;但做得太低,虽然可以供顾客在购物时感到亲切,但也会使其产生一种压抑感,无法享受视觉上和行动上舒适和自由浏览的乐趣。

在天花板设计时要注意的原则:

(1)美观、简洁的风格。天花板的作用不仅在于把店铺的房梁、管道和电线遮蔽起来,还肩负着创造美感、创造良好的购物环境、渲染卖场气氛的职责。所以,店铺卖场的天花板应力求简洁,在形状的设计上通常采用平面天花板,也可以设计成简单的垂吊型或全面通风型天花板。

(2)经济、简便的材料。天花板的材料有多种,如各种胶合板、石棉板或玻璃绒天花板等。胶合板是最为经济、方便的天花板材料,但防火、消音性能差;石棉板有很好的耐热、消音性,但耐水、耐湿性差,经不起冲击;玻璃绒天花板不仅防火、绝热,而且耐水、耐湿,但不易加工等。装修时选择哪一种材料,除了要考虑经济性和易加工性两个要求外,还要根据店铺特点及防火、消音、耐久等要求全面考虑后再进行选择。

(3) 适宜的天花板高度。天花板的高度要根据店铺卖场的营业面积来决定。天花板过高,则令店铺显得过于空旷,甚至使顾客产生受冷落的感觉;若过低,则会产生一种压抑感,无法享受视觉上和行动上舒适和自由浏览的乐趣。所以,合适的天花板高度对卖场环境是甚为重要的,一般而言,在3~4米区间给人感觉最好。

卖场天花板高度标准如下(仅供参考):

营业面积300平方米左右:天花板高度为3~3.3米。

营业面积600平方米左右:天花板高度为3.3~3.6米。

营业面积1 000平方米左右:天花板高度为3.6~4米。

(4) 科学的天花板照明。天花板可以与一定的照明设备配合来美化店铺卖场。通常可以用吊灯和外露灯具装饰,或者用日光灯安置在天花板内,用乳白色的透光塑料板或蜂窝状的通气窗罩住,做成光面天花板。比如光面天花板可以使店内灯火通明,却容易产生逆光现象,如果与垂吊灯具结合使用,则可克服这个缺点。

天花板的设计装潢除了要考虑到其形式和高度之外,还必须将卖场其他与之相关的设施结合起来考虑。如卖场的色调与照明协调、空调机、监控设备(如确实需要)、报警装置、灭火器等经营设施的位置,都应列入考虑范围之内。

(二) 墙壁设计

对墙壁的要求应该是坚固和干净,坚固是从安全性角度考虑,而干净就要选择那些防潮防湿,易于清洗的材料。那种下雨会发潮,墙面脱落的材料最好弃之不用。另外,可以根据自己连锁门店的业态和色调,在墙壁上进行装饰。如星巴克就在墙壁上装饰了一些照片和前卫的壁画,照片的颜色是传统的咖啡色,而那些壁画却充斥着原木色和橙橘色等鲜亮的色彩,与照片乃至整个咖啡店的色彩形成鲜明对比。

(三) 地面设计

1. 地面的图形

地面在图形设计上有刚、柔两种选择。以正方形、矩形、多角形等直线条组合为特征的图案,带有阳刚之气,比较适合经营男性商品的零售店铺使用;而圆形、椭圆形、扇形和几何曲线形等曲线组合为特征的图案,带有柔和之气,比较适合经营女性商品的零售店铺使用。

2. 地板的种类

地板的种类有瓷砖、塑胶地砖、石材、木地板以及水泥等,选材时主要考虑门店形象设计的需要、材料费用、材料的优缺点、安全性等因素。

3. 地板的特点

瓷砖:耐热、耐水、耐火及耐腐蚀,相当的持久性;保温性差。

塑胶地砖:价格适中,施工方便,颜色丰富,易被烟头、利器和化学品损坏。

石材:花岗石、大理石以及人造大理石等,外表华丽、装饰性好、耐水、耐火、耐腐蚀,价格较高。

木地板:柔软、隔寒、光泽好,易脏、易损坏。

水泥地面：价格便宜，但档次较低。

地面最好是用耐久、耐脏、耐磨、防滑、防潮的材料铺成。尤其是餐饮业，如火锅店之类的，应该以易于衬托、易于清洗为首要选择条件，同时可以进行一定程度的人性化处理，如实际脚印等，引导顾客进入店面。

六、卫生、气味设计

店铺是个公共场所，人来人往，顾客很多，环境卫生不好，地面布满灰尘、纸屑，就不能留住顾客。购物环境卫生包括营业场所卫生、商品卫生、营业员个人卫生。保持窗明柜净、商品整洁，为消费者创造一个整洁的购买环境，是文明经商的要求。在营业现场，每天的卫生工作要定人定时，经常打扫，将废旧包装物及时清理收回。陈列用具、展示的商品要每天擦拭，营业员也要着装整洁，讲究个人卫生。

大多数顾客对于气味质量要求也很高，有些气味可以增进人们的愉快心情。例如，花店中花卉的气味，化妆品柜台的香味，食品店的饼干、糖果、蜜饯、干果等的气味等，对促进顾客购买是有帮助的。但是，也有一些令人不愉快的气味，可能会将顾客赶跑。例如，地毯的霉味，洗手间的气味，商店装饰材料的油漆味、塑料味，以及邻近商品飘来的气味等。因此商场保持清洁，排除异味，并定时在营业场所内挥洒一些香水，能吸引顾客停留、增加销售机会。

七、通风调温

商店内可能顾客流量大，空气易污浊，为了保证空气清新，应注意通风设施建设。营业场所的温度对顾客和商品保管都有影响，商店也应考虑空调设施的建设。一般而言，空调本身只有通风和调节温度功能，但有的空调设备还有空气净化、灭菌功能，选用空调来提高营业场所环境质量，可为顾客提供一个舒适、清新的购物环境。

商店的空调应遵循舒适性原则，冬季应使温度达到暖和而不燥热，夏季应达到凉爽而不骤冷。否则会对顾客和售货人员产生不利影响。如冬季暖气太足，温度高，顾客从外面进店都穿着厚厚的棉衣、羽绒服等，在商店内待不了几分钟就会感到燥热难耐，急于离店。夏季空调冷气太强，顾客从炎热的街上进入商店，会受到冷风刺激、不适应，抵抗力弱的顾客还会伤风感冒。

商店在选择使用空调机组时，最好选择那些能够根据楼层不同分别调节温度的设备。否则，就会出现这样的问题。用一个温度，一楼适宜，二楼以上就会感到太热，二楼以上合适，一楼就会感到太冷，这也是目前有些商店空调机组使用的通病，如果解决不好，会带来长期的负面影响。同时要注意以下问题：

一是根据营业面积的大小，解决好一次性投资与长期运行的费用承受能力；二是对空调系统热源进行投资经济效益分析，最好集中供热；三是慎重选择制冷方式、制冷剂类型，减少污染；四是考虑空调的用电负荷。

知识拓展

卖场平面形态与机能配置

1. 宽广型卖场

正面宽度大于深度的卖场;具有面宽显眼的店头广告效果,店内配置时容易分类展示产品,方便顾客选取;适用于食品销售和家庭日用品商店。

2. 正面极宽型卖场

面宽超过深度2倍的卖场;适合全开放式的卖场,可以增加商品展示陈列面积,拉近与消费者的买卖距离。将此型卖场设计成关闭式店面时,动线规划上会浪费较多空间,员工服务动线会降低效率,顾客会感到很空旷。

3. 进深型卖场

卖场深度大于宽度的店面;店头较不显眼,但可塑造精巧安定的气氛,适用于顾客停留时间较长的小型商店。

4. 角型卖场

两面紧邻街道的店面;店型面向马路及路口呈两个或三个展示面,具有很好的广告宣传效果。

能力训练

1. 4~5人一组,虚拟开设一家门店,请对门店的内部布局、商品位置、顾客动线进行设计,课堂小组之间进行交流,相互指出优点和不足之处,并对其他小组的不足之处提出整改意见。

2. 4~5人一组,参观所在城市一家百货商场、一家大型超市,并从照明、色彩、音乐、气味、通风、温度、湿度等方面进行仔细考察,比较这两者的差异,对这两家卖场的氛围设计进行点评,并提出改进意见。

任务三　设计后方卖场

顾客走卖场,常常置身于琳琅满目的商品卖场之中,看不到仓库区、加工区、办公区、辅助区等。然而,这些区域同卖场区一样重要,是门店设计的重要内容。

工作任务

资料

超级市场各区域配比设计

超级市场各区域配比与经济效益息息相关,科学的超市区域配比会获得更多的销售利润;反之,则会降低超市的盈利能力。

1.超级市场的主要区域

经营生鲜食品是超级市场的一大特色。因此,超市的区域设置除了应有卖场区、辅助区、储存区外,还应有生鲜食品加工区,有的超级市场将加工区与储存区合为储存加工区。卖场区是顾客选购商品、交款、存包的区域,有时还包括顾客休息室、顾客服务台、婴儿室等。

储存加工区是储存加工商品的区域,包括商品售前加工、整理、分装间、收货处、发货处、冷藏室等。

辅助区是超级市场行政管理、生活和放置技术设备的区域,包括各类行政及业务办公室、食堂、医务室及变电、取暖、空调、电话等设备用房。

2.超级市场主要区域的配比

超级市场主要区域的配比,应本着尽量增大卖场区域的原则,因为卖场区域的扩大可直接影响销售额。上海一些超级市场不设置储存间,而将货架上方作为储存商品使用,效益大为提高。上海华联超级市场集团努力提高配送效率,使每家店铺的库存降低为零。因此,超级市场里除了设有8平方米的办公室外,全是卖场面积。当然这不是每家超级市场公司都能做到的,它需要高效率的配送。

3.超级市场各区域位置

超级市场各区域的位置,可根据具体建筑结构进行选择,办公及后勤区与卖场关系不大,可最后安排设计,而卖场区、储存加工区是必须要首先安排的。超级市场各区域位置的确定应本着卖场核心原则,各个辅助区域都是为卖场服务的,有效的配置会使货物流转的人工成本尽可能减少,取得更好的效益。

(1)凸凹型设置。所谓凸凹型设置,是指卖场选择凸型布局,而储存加工区选择凹型布局。这种布局的好处是:可以使储存加工区的商品相应地与卖场商品货架保持最短的距离,不必过多走动就能进行上货与补货操作;每类商品储存加工区与卖场区合为一体,便于进行库存量控制和提高储存效率。

(2)并列型设置。所谓并列型设置(也称前后型),是指卖场在前而储存加工区与卖场并列在后的布局。这种布局设置简单,储存加工区相对集中,进货容易,比较适合中小型超级市场选用。

(3)上下型设置。所谓上下型设置,是指卖场设置于地上一层,而储存加工区设置于地下,通过传送带将商品由地下转移到地上。这种布局常是由于地形限制不得已采用的方法。其好处是使卖场得到最大限度的利用;其不足是上货、补货不太方便。同时,还要设置机械传送带。

要求:

1.根据案例信息,总结超级市场有哪些区域?说明这些区域的作用。

2.你认为这些区域所占比例各为多少比较科学合理。

相关知识

一、作业场设计

作业场是将原材料加以分级、加工、包装和标价的场所。在大型超市里通常需要有果菜、水产、畜产以及日配品等加工处理场所，生鲜食品作业场应注意温度的控制以及排水的处理，以合乎卫生条件。另外，位置的安排以及与前场的连接也应该设计得便捷与流畅。

二、生活设施设计

有关员工的生活设施主要有：休息室、食堂、浴室等。优良的生活设施不仅有利于员工的招募，还可以提高员工的工作效率。

三、办公室设计

办公室通常是店长或店内主管办公的场所。此外，店内的财务、人事以及监视系统、背景音乐的播放系统等都在这里管理。

四、仓库设计

后场的仓库仅作为自进货至陈列期间进行短暂储存的场所，而非长期存放，其周期应为一两天，有关仓库的规划，最应考虑的是出入是否方便。

值得注意的是：营业面积应占主要比例，大型商场的营业面积占总面积的60%～70%，实行开架销售的商店比例则更高，仓库面积和附属面积各占15%～20%。此外，顾客占用面积(顾客空间)也不可忽视，如休息区或休闲区或儿童区。

能力训练

假设华润苏果计划在某社区附近开一家2 000平方米左右的社区店，目前物业的基本情况是长40米、宽50米，长面临街(柱间距不考虑)。请试着设计卖场平面图，清楚标出各区域的具体位置及面积分配。

任务四　设计卖场货位

货位是顾客进入门店首先接触到的，也是顾客对门店"第一感受"的主要信息来源。

货位展示了门店的基本结构,也直接关系顾客的购买欲望能否在卖场被最大限度地挖掘和激发出来。

工作任务

资料

如何优化卖场空间

商品摆放在商店的不同位置,其带来利润的能力是不一样的。经过的人越多,说明这个位置就越好。但各个品种不能都占据最好的位置,并且在决定各品种的位置时,还需要考虑各品种之间的相互关系。商店里最好的位置取决于楼层及在某一层中所处的方位。在靠近入口处陈列的商品,应是冲动性购买或购买频次高的商品,特别是对超市而言,商品陈列能否尽快诱发顾客购买商品是很重要的。例如,很多顾客是被超市入口处陈列的个性化、生动化的时令水果所吸引才步入超市的。蔬果陈列正是起到了引导顾客亲近和购买的作用。在超市,人们经常购买的商品是乳制品、面包、冷鲜肉、鲜鸡蛋和食用油等生活必需品,将这几种商品均匀配置在超市环形布局的后方,以尽可能达到引导顾客走入超市内部的目的。

在超市中,端架和堆头所处的主通道是客流量最大、人群走过最多的位置,通常陈列惊爆价商品、DM海报商品。通过端架和堆头商品的陈列诉求着商品促销活动的主题概念。对顾客起引导、提示作用的每个端架、堆头上商品陈列的品种不应太多,但要做到满陈列,给顾客以商品丰富、品种齐全的直观印象。

奢侈品、工艺品、家具等贵重的专用品都拥有相对稳定的顾客群体,它们通常位于远离主通道的角落里或在较高的楼层。寻找这些物品和服务的顾客,无论它处在商店的任何地方都会通过看商店的购物指南后迅速找到,这是因为对这些商品和服务的需求在顾客到达商店之前就已经存在了,所以它们不需要最佳的位置。

卖场是消费者与商品直接接触的场所,是零售商促成顾客购买的场所,是厂商达成产品销售的终端场所。事实证明:合理的商店空间配置、独到的商品货位布局可以创造舒适的购物环境,能够诱导顾客增加购买数量,提高顾客对于门店的认同感。

要求:
1. 货位布局的原则和要点是什么?
2. 如何进行货位布局?
3. 怎样布局才能吸引顾客来到门店?

相关知识

一、货位布局的原则

1. 顾客容易进入

尽管商店可能商品很丰富,价格很便宜,但如果消费者不愿进来或不知道怎样进来,一切努力都将是白费。只有让顾客进来了才是生意的开始,才创造了营业的客观条件。

2.让顾客在店内停留得更久

到门店买预先确定的特定商品的顾客只占总顾客的25%,而75%的消费者都属于随机购买和冲动型购买。因此,货位如何做到使顾客停留长久至关重要。

3.明亮清洁的卖场

顾客往往把明亮清洁的购物环境与新鲜、优质的商品联系在一起。创造明亮清洁的卖场必须注意店内有效空间的利用以及灯光、色彩、音响效果等的配合。

二、货位布局的要点

（1）交易次数频繁、挑选性不强、色彩造型艳丽美观的商品,适宜设在出入口处。如化妆品、日用品等商品放在出入口,使顾客进入门店便能购买。某些特色商品布置在入口处,也能起到吸引顾客、扩大销售的作用。

（2）贵重商品、技术构造复杂的商品以及交易次数少、选择性强的商品,适宜设置在多层建筑的高层或单层建筑的深处。

（3）关联商品可邻近摆设布置,以达到充分便利选购和促进连带销售的目的。如将妇女用品和儿童用品邻近摆放,将西服与领带邻近摆放。

（4）按照商品性能和特点来设置货位。如把互有影响的商品分开摆放。将有异味的商品、食品、音像商品单独隔离成相对封闭的售货单元,能集中顾客的注意力、有效地减少营业厅内的噪声。

（5）将冲动型购买的商品摆放在明显的部位以吸引顾客,或在收款台附近摆放小商品或时令商品,可使顾客在等待结账时随机购买一两件。

（6）可将客流量大的商品部与客流量小的商品部,组合起来相邻摆放,借以缓解客流量过于集中的压力,并可诱发顾客对后者的连带浏览,增加购买的机会。

（7）按照顾客的行走规律摆放货位。我国消费者行走习惯于逆时针方向,即进商店后自右向左观看浏览,可将连带商品顺序排列,以方便顾客购买。

（8）选择货位还应考虑是否方便搬运卸货,如体积笨重、销售量大、续货频繁的商品应尽量设置在储存场所附近。

三、门店卖场面积的划分与卖场布局方式

(一)卖场面积分配方法

（1）陈列需要法:为传统的面积分配法,即连锁门店根据某类商品所必需的面积来确定,服装店和鞋店宜采用。

（2）根据消费支出比例:以数字为基准,做最简单的分配后,再做调整。

（3）利润率法:根据消费者的购买比例及某类商品的单位面积的利润率来决定,连锁

超市和书店宜采用。

(4)参考竞争对手的配置,发挥自己特色。

面积配置不是绝对的,每一地区消费水平、消费习惯都不尽相同,每个经营者必须根据自己所处区域的特点及竞争的状况做出商品面积配置的抉择。

(二)门店卖场布局方式

1.直线式(格子式)

这种布局在国外或国内超级市场中常可以看到,当购物者在走道上推着购物车,转个弯就可以到达另一条平行的走道上,这直直的走道和90度的转弯,可以使顾客以统一方向有秩序地移动下去,犹如城市的车辆依道而行一样。如图2-16所示。

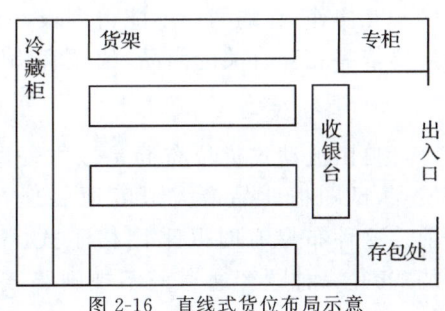

图2-16 直线式货位布局示意

(1)直线式货位布局的优点:创造一个严肃而有效率的气氛;走道依据客流量需要而设计,可以充分利用卖场空间;由于商品货架的规范化安置,顾客可轻易识别商品类别及分布特点,便于选购;易于采用标准化货架,可节省成本;有利于营业员与顾客的愉快合作,简化商品管理及安全保卫工作。

(2)直线式货位布局的缺点:卖场气氛比较冷清、单调;当拥挤时,易使顾客产生被催促的不良感觉;室内装饰方面创造力有限。

2.岛屿式

岛屿式货位布局是在营业场所中间布置成各不相连的岛屿形式,在岛屿中间设置货架陈列商品。如图2-17所示。这种形式一般用于百货商店或专卖店,主要陈列体积较小的商品,有时也作为直线式货位布局的补充。

现在国内的百货商店在不断改革经营手法,许多商场引入各种品牌专卖店,形成"店中店"形式,如图2-18所示。

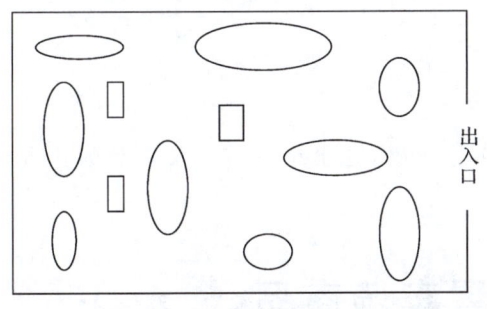

图2-17 岛屿式货位布局示意

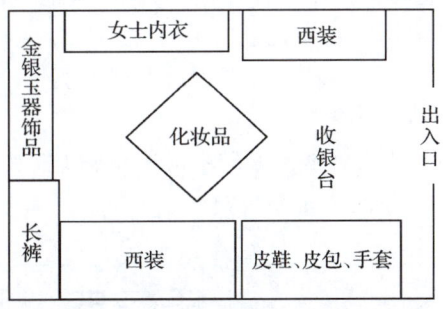

图2-18 店中店式货位布局示意

岛屿式货位布局被改造成专业商店式布局正被广泛使用着,这种布局是符合现代顾客要求的。专业商店式布局可以按顾客"一次性购买钟爱的品牌商品"的心理设置。例如,在顾客买某一品牌的皮革、西装和领带时,以前需要走几个柜台,现在采用专业商店式布局,在一个部门即可买齐。

(1)岛屿式货位布局的优点:可充分利用营业面积,在消费者畅通的情况下,利用建筑物特点布置更多的商品货架;采取不同形状的岛屿设计,可以装饰和美化营业场所;环境富于变化,使消费者增加购物的兴趣;满足消费者对某一品牌商品的全方位需求,对品牌供应商具有较强的吸引力。

(2)岛屿式货位布局的缺点:由于营业场所与辅助场所隔离,不便于在营业时间内临时补充商品;存货面积有限,不能储存较多的备售商品;现场用人较多,不便于柜组营业员的相互协作;岛屿两端不能得到很好利用,也会影响营业面积的有效使用。专业商店式布局要依靠相互有关的商品,给顾客购买带来方便,在一个地方就能满足顾客的购买需求。

3.自由流动式

自由流动式货位布局是以方便顾客为出发点,试图把商品最大限度地展现在顾客面前。这种布局有时既采用格子式,又采用岛屿式,是一种顾客通道呈不规则路线的布局。如图 2-19 所示。

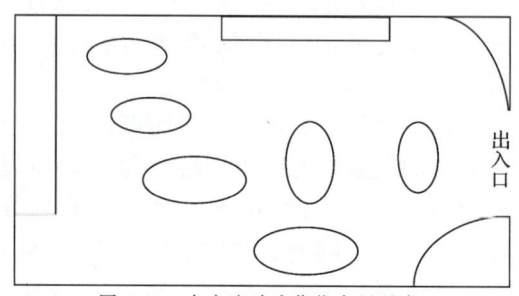

图 2-19　自由流动式货位布局示意

(1)自由流动式货位布局的优点:货位布局十分灵活,顾客可以随意穿行于各个货架或柜台;卖场气氛较为融洽,可促进顾客的冲动性购买;便于顾客自由浏览,不会产生急迫感,增加顾客的滞留时间和购物机会。

(2)自由流动式货位布局的缺点:顾客难于寻找出口,难免心生怨言;顾客拥挤在某一柜台,不利于分散客流;不能充分利用卖场,浪费场地面积;这种布局方便了顾客,但对商店的管理要求却很高,尤其要注意商品安全的问题。

4.陈列式

陈列式即在营业场所中央,设置若干陈列柜、陈列架,展示各种商品,前边摆设若干柜台销售,一般适于服装、衣料等。以上三种形式主要适用于百货、副食、糖烟酒、纺织等商品的经营。另外,水产门店的鲜活鱼池、食品店的肉架等,应视门店规模的大小和营业场地的条件,另行布局。

能力训练

4~5 人一组,联系一家连锁门店,进行实地考察,指出该门店货位布局的优点和不足,针对不足提出整改建议。

任务五　配置卖场商品

商品配置关系到门店经营成败。如果门店商品配置不科学合理,会造成顾客需要的商品没有,不需要的商品却很多,不仅空占了陈列设施,也积压了资金,会导致经营失败。

工作任务

资料

超级市场的商品配置

商品配置要解决两个方面的问题：一是确定各类商品按什么样的结构比例在连锁卖场中进行展示陈列，即对各类商品进行面积分配的问题；二是每种商品应配置在卖场中什么位置。可以说，商品配置是一个承上启下的关键环节和重要工作，它是卖场布局工作的进一步细化，是商品陈列工作的指导。

商品位置的配置应该按照消费者购买每日所需商品的顺序做出动线的规划，也就是说，要按照消费者的购买习惯和人流走向来分配各种商品在卖场中的位置。一般来说，每个人一天的消费总是从"食"开始，所以可以考虑以菜篮子为中心来设计商品位置的配置。通常消费者到超级市场购物顺序是这样进行的：

蔬菜水果—畜产水产类—冷冻食品类—调味品类—糖果饼干—饮料—速食品—面包牛奶—日用杂品。

微课
商品主导运营，谈卖场商品配置

为了配置好超级市场的商品，可以将超级市场经营的商品划分为以下商品部：

第一，面包及果菜品部。这一部门常常是超级市场的高利润部门，由于顾客在购买面包时，也会购买部分蔬菜水果，所以，面包和果菜品可以采用岛式陈列，也可以沿着超级市场的内墙设置。在许多超级市场中，设有面包和其他烘烤品的制作间，刚出炉的金黄色的、热气腾腾的面包，常常让顾客爽快地掏腰包。现场制作已成为超级市场的一个卖点。

第二，肉食品部。购买肉食品是大多数顾客光顾超级市场的主要目的之一，肉食品一般应沿着超级市场的内墙摆放，方便顾客一边浏览一边选购。

第三，冷冻食品部。冷冻食品主要用冷柜进行陈列，它们的摆放既可以靠近蔬菜，也可以放置在购物通道的最后段，这样冷冻食品解冻的时间就最短，给顾客的携带提供了一定的便利性。

第四，膨化食品部。膨化食品包括各种饼干、方便面等。这类食品存放时间较长，只要在保质期内都可以销售。它们多被摆放在超级市场卖场的中央，用落地式的货架陈列。具体布局以纵向为主，突出不同的品牌，满足顾客求新求异的偏好。

第五，饮料部。饮料与膨化食品有相似之处，但消费者更加注重饮料的品牌。饮料的摆放也应该以落地式货架为主，货位要紧靠膨化食品。

第六，奶制品部。超级市场中的顾客一般在其购买过程的最后阶段才购买容易变质的奶制品，奶制品一般摆放在蔬菜水果部的对面。

第七，日用品部。日用品包括洗涤用品、卫生用品和其他日用杂品，一般摆放在超级市场卖场的最后部分，采用落地式货架，以纵向陈列为主。顾客对这些商品持有较高的品牌忠诚度，他们往往习惯于认牌购买。这类商品的各种价格方面的促销活动，会使顾客增加购买次数和购买量。

要求：

1．根据上述资料，连锁门店卖场中的商品配置主要要解决哪些问题？

2.如何做才能制作出最优的商品配置表？

3.结合资料与实际生活中对连锁企业门店的认识，你认为连锁超市商品应该分为哪些部门和种类？

相关知识

知识回顾

磁石理论

磁石理论是指在卖场中最能吸引顾客注意力的地方，配置合适的商品以促进销售，并能引导顾客逛完整个卖场，以提高顾客冲动性购买比重。

1.磁石理论与商品的配置

（1）第一磁石

第一磁石位于主通路的两侧，是消费者必经之地，也是商品销售最主要的地方，此处应配置的商品为：

①消费量大的商品。

②消费频度高的商品。消费量大、消费频度高的商品，是大多数消费者随时要使用的，也是时常要买的，可将其配置于第一磁石的位置以增加销售量。

③主力商品。第一磁石陈列的商品，虽然以主力商品为主，但同业间也大多有这些品项，消费者很容易比较，故如何创造价格的优势非常重要。

（2）第二磁石

第二磁石位于次通路的末端，通常是在门店的最里头，第二磁石商品负有诱导消费者走入卖场最里面的任务。通常消费者走入卖场的最里头，发现缺货的状况非常多，那应如何来配置第二磁石的商品呢？

①最新的商品。消费者总是不断追求新奇：10年间不变的商品，就算品质再好、价格再便宜，也很难贩卖。新商品的引进，当然伴随着风险，必须要有勇气。我们将新商品配置于第二磁石的位置，必会驱使消费者走入卖场的最里头。

②具季节感的商品。具季节感的商品，必定是最富变化的，我们可借节气的变化做布置，也可吸引消费者的注意。

③明亮、华丽的商品。明亮、华丽的商品，通常也是流行、时髦的商品。由于第二磁石的位置都较暗，故需配置较华丽的商品，当然在灯光的补强上，也非常重要。如果一般的灯光是800勒克斯，则第二磁石的灯光应补点1 000勒克斯。

（3）第三磁石

第三磁石指的是端架的位置。端架通常是基本的目标、面对着出口，也就是消费者就要离开了，第三磁石商品就是要刺激消费者、留住消费者。

可配置如下的商品：

①特价品。特价商品，通常以价格便宜来刺激，所以我们要用自有品牌或具季节感的商品来增加利益额。

②自有品牌的商品。

③季节商品。

（4）第四磁石

第四磁石指在陈列线的中间。是要让消费者在长长的陈列线中间引起注意的位置。这个位置的配置，不能以商品群来规划，而必须以单品来规划。

我们可用下述方法，对消费者表达强烈愿望：

①运用辅助陈列器材以吸引消费者，如突出陈列。

②想贩卖的商品，要有明确的说明。

③特意的、大量的陈列。

（5）第五磁石

第五磁石卖场位于结算区（收银区）域前面的中间卖场，可根据各种节日组织大型展销、特卖的非固定性卖场以堆头为主。

一、商品品种配置

（1）按商品的最终用途配置。如连锁男子服饰店可以将商品配置为：衬衫—领带—领带夹；T恤衫—休闲裤—薄型袜子；皮鞋—鞋油等。

（2）按细分市场配置。如商圈范围较大的大型女性服饰连锁店可分为婴儿部、少女部、淑女部和中老年部等部门。

（3）按存放要求配置。如西饼屋可分为室温存放部分、冷藏部分、冷冻部分等。

（4）按消费者的购买和选择条件配置。例如，方便性商品、选购性商品、特殊性商品等。

二、商品品种配置的步骤

首先，根据历史资料或市场调查计算商品库存比例，确定商品库存结构。其次，根据销售数据分析消费者购买取向，确定各商品类别中的品种数。再次，商品品种配置比例的调整，即根据消费者购买比例制定商品品种。最后，执行新品种的预留空间与旧品种的序列淘汰制。

三、常见的配置方法

（1）各楼层经营内容的安排必须遵循自上而下客流量依次减少的原则。

（2）商品位置的配置按照消费者购买每日所需商品的顺序做出动线的规划，按照消费者的购买习惯和人流走向来分配各种商品在卖场中的位置。

（3）日配中的牛奶与果汁，由于购买频度高，销售单价高，已成为现代人生活的必需品，故多数卖场逐渐将该商品往动线之前端移动。

四、商品群配置

（1）按照消费季节组合。如在夏季可将凉席、灭火剂、蚊帐等组合成一个夏令商品群。

（2）按节庆假日组合。如在情人节前夕，可将玫瑰花、巧克力、情侣表、心形工艺品等组合成一个"情人节系列"商品群。

（3）按消费便利性组合。如将罐头、面包、方便面、包装熟食、矿泉水、塑料布、方便袋等组合成一个"旅游食品"商品群。

（4）按商品用途组合。如将浴巾、拖鞋、肥皂、洗发水、沐浴露、剃须刀等组合成"常用沐浴用品"商品群。

（5）按供应商组合。如将"光明乳业"生产的不同品质商品（如鲜奶、酸奶）、不同目标顾客（如婴儿奶粉、学生奶粉、孕妇奶粉、老人奶粉）、不同包装（盒装、袋装、瓶装）、不同容量（250毫升、750毫升）的奶制品组合成一个"光明乳制品"的商品群。

五、商品配置表

（一）商品配置表的含义

商品配置表英文名称为"Facing"，日文名称为"棚割表"。Facing，意为商品排面做恰当管理的意思，而在日文"棚割表"的字面上，棚意指货架，割则是适当的分割配置，即商品在货架上获得适当配置的意思。商品配置表是把商品的排面在货架上做出一个最有效的合理分配，以画面表格规划出来。

（二）商品配置表的功能

1.有效控制商品品项

卖场的面积有限，所能陈列的品项数目也有限，如欲有效控制商品的品项数，发挥卖场效率，就要使用商品配置表，才能获得有效的控制。

2.做好商品定位管理

商品定位是卖场管理非常重要的工作，商品配置表则是商品定位的管理工具。有了商品配置表，才能做好商品定位。如不事先妥善规划好商品配置表，就贸然进行陈列的工作，是无法持续一致，也不可能把商品定位管理做得很好的。

3.适当管理商品排面

不能有效管理商品的排面数，是现阶段卖场一个很大的管理缺点。一般而言，卖场陈列的品项数往往多达万种以上，而所陈列的商品中，有些商品非常畅销，一天能卖出数十个，甚至数百个，但有些商品则可能一天只卖出几个，甚至连一个也没卖出。因此，安排商品的排面时，就须根据商品销售数量的多寡，给予适当的排面数，即畅销的商品给予的排面数多、占的陈列空间大，而不畅销的商品给予较少的排面数少，所占的陈列空间也小，甚至只给单一的排面数，如此对提高卖场的效率有相当大的帮助。

4. 商品配置表可以防止滞销品驱逐畅销品

缺少商品配置表的规划及管理,而任意陈列商品时,因畅销品的销售速度较快,若没有良好的管理,商品卖完了,又未能及时补充,就易导致较不畅销的商品占据畅销品的排面,形成了滞销商品驱逐畅销商品的情况,等到顾客问起"有××商品吗?"可能已错失不少的商机及降低了商店的竞争力。在没有商品配置表管理的卖场,这种情况时常会发生,有商品配置表管理的卖场就可以避免这种情形。

5. 商品配置表可以把利益控制在一定水准

卖场所贩卖的品项中,有利润高的商品,也有利润低的商品,我们总是希望把利润高的商品配置在好的陈列位置,销售多一点,整体利益也随之提高,把利润低的商品配置在差一点的位置,来控制销售结构,这就要靠商品配置表来给予各种商品妥当的配置,以求得整店有一个高利润的表现。

6. 商品配置表是连锁经营重要的标准化管理工具

连锁分店遍及各地,甚至全国各个角落,总部人员为了管理这些分店的商品陈列能做到一致性的要求,常感到困难万分,如果能有一套标准的商品配置表来运作,整个连锁的商品运营会比较容易,对于季节变动修正及新产品的增列,滞销品的删除等工作,执行起来效率也较高。

(三)商品配置表的制作

商品配置表的制作,可分成新开店及旧店修改两种情况来制作。

1. 新开店商品配置表的制作程序

(1)消费者调查。新店在决定设立与否时,需进行商圈调查;如果商圈调查完成,决定要设立新店,紧接着就是消费者调查;消费者调查的内容包括:商圈内消费者的收入、职业、家庭结构、购物习惯、希望商店能提供何种类商品及服务,根据这些调查所得的资料,商品人员做更深入的分析,了解商圈内对商品的潜在需求,并了解竞争态势,来构思要卖些什么商品。

(2)部门构成。了解到商圈内消费者对商品的需求,商品部门要提案,这个店要经营哪几大类(部门)的商品。比如说:要不要设立玩具部门,或餐饮部门、鲜花部门,把适合商圈内贩卖的大类做几种形态的组合,提供给上级来裁决。

(3)部门配置。决策单位决定要经营何种大类后,商品人员会同营业部、开发部共同讨论决定部门的配置,每一个部门所占的面积尺数,都要有一个最妥善的安排及配置。

(4)中分类配置。部门配置完成后,根据部门配置图,采购人员要动脑筋将部门中的每一中分类安排到中分类配置表里,并由采购(商品)经理做确认及决定。

(5)品项资料收集。到这一步骤,真正进入制作配置表的实际工作,采购人员要详细收集每一中分类内可能贩卖品项的资料,包括商品的价格、规格、尺寸、成分、包材等资料,这些资料尽可能系统地、齐全地收集,最好能一类一类地建立在电脑档案内,便于比较分析、随时调阅。

(6)品项挑选及决定。品项资料收集齐全后,将所有中分类里的商品价格、包装规格及设计,依商品的品质及用途分别做一个详细的比较,将最符合商圈顾客需要及能衬托出公司优势的商品,依其优先顺序挑选出来,依次排列,筛选出我们需要的品项,列印出商品台账。

(7)商品构成的决定。一经商品品项挑选决定后,把商品的陈列面依研判的畅销度做一个适当的安排,并把这些商品与附近竞争店的商品结构做一个比较,让自己的商品品项数、陈列面、优势商品、价格比主要竞争对手更有优势,否则就应再调整到最佳的情况。

(8)品项配置规划。这一步骤是把决定的品项及排面数实际配置到货架上,这也是最耗时的一个步骤,伤透采购人员的脑筋,什么商品要配置到上段或黄金线,什么商品要配置到中段或下段,这些都要考虑陈列的原则及经营理念以及供应商的合作情况,同时也需考虑到竞争对手的情况、自身的采购能力与配送调度的能力,才能把配置的工作做好。例如,有的连锁超市设有本身的配送中心,其采购的条件优越,商品的调度能力也强,在配置时就优先考虑配置这些商品;又有些连锁商店,自己发展自己的品牌及自行进口商品,像这种情况,在配置时这些商品皆会被优先安排到好的位置。

(9)执行的实际工作。配置完成,也就是完成了一套的商品配置表,根据这张表来订货、陈列,然后把价格卡贴好,也就大功告成,但最好能把实际陈列的结果照下来或录下来,以作为修改辨认的依据。

2. 旧店的配置变更或修正程序

一个店开了以后,并非商品配置好了就永不变更了,而是要根据经营的状况加以修改变更,而这种变更的工作,最好是按固定时间来变动,不要想变就变,想动就动,那样商品配置很容易出现凌乱不易控制的情形。例如,一个月修正一次配置表或一个季度变动一次,一年大变动一次,都是较为妥当的做法。

修正商品配置表的程序如下:

(1)POS销售资料检视。有POS设备的门店,每个月一定要检视商品的销售状况,看看哪些商品畅销,哪些商品滞销,列印出这些商品,并找出畅销及滞销的原因。假如门店仍未设置POS系统,则可从进货量中去检视哪些商品特别畅销或滞销,当然从进货量中去判断时,要稍加检查库存的情形才能判断出畅销或滞销。

(2)确定滞销品及进行淘汰。商品滞销的原因有很多,可能是产品本身不好,或厂商的行销方法不佳,也可能是季节性的因素,更可能是门店的陈列或定价等因素造成,所以滞销原因追查出来后,要判断能否改善,若无法改善且已连续几个月都出现滞销,就要断然采取剔除的工作,以便能引进那些较有效益的商品。

(3)调整畅销品的陈列面及进行新品项的导入。对于特别畅销商品应检讨其陈列面积是否恰当,同时对于因被删除品项而多出的空间,进行新商品的导入以更替滞销品。

(4)实际进行调整工作。修改配置的最后一个步骤当然是实际的调整工作,牵一发则动全身,修改一品项有时可能会涉及整个货架陈列的修改,但为维持好的商品结构,虽然烦琐,也得要做,这是不可避免的。有些店经营时间长之后,商圈入口、交通状况、竞争情形都出现了变化,这时必须大幅度地修改商品配置,甚至连部门配置都要变,这是大修改。这种情况,则应比照新开店的方式来制作商品配置表,如此会进行得比较顺畅完整。

3. 商品配置表的制作要领

在制作商品配置表时,要运用一些技巧和要领,这样做起来会比较顺手。

(1)每一个中分类的陈列面积数要先决定。在规划整个部门的商品配置时,每一个中分类所占的面积数要先决定下来,以易于进行商品的配置。例如,碳酸饮料要配置 1 米长、1.65 米高的货架 3 座,这样决定下来,才能知道要配置多少品项、什么品项。

(2)货架的规格尽量标准化。商品陈列使用的货架应尽量标准化,比如把标准尺寸定为 0.9 米长、1.65 米高,那么所有分店每一分类的规划只要 2～3 种商品配置表就可以全部罗列管理,不会出现一个店一种商品配置的情形。

(3)商品卡的建立很重要。每一种商品都要建立基本资料,如商品本身的尺寸、规格、重量、进价、卖价、成分、供货量、照片等,在规划时常会用到。

(4)在规划商品配置时,实验架的设置是必需的。在配置商品时,利用一座实验架,把商品的排面在货架上试验陈列,看看颜色、高低及容器形状是否协调、有吸引力,否则可再调整至最理想的状况。

(5)变形规格商品的处理。某些厂商因促销的目的,将商品附上赠品并包装在一起,从而产生尺寸的变化,此种商品在正常的货架中应尽量避免。对于变形的尺寸规格,若为畅销品,则可用大陈列或端架陈列的方式贩售;若不是很畅销,则不必在大陈列或端架中陈列,将原来的陈列面缩小即可。比如原来为 2 个陈列面,现可缩小为 1 个陈列面。

(6)同类商品尽量使用垂直陈列,避免横式陈列。横式陈列会使顾客购买不方便,陈列系统也较乱,故应尽量避免。

(7)特殊商品采用特殊的陈列工具。前面我们提到货架的标准化,但某些非常特殊的商品只有使用特殊的陈列工具,才能把这些商品的魅力显现出来,以增强卖场的活性化及商品的展示效果。

(8)单品种的陈列量与订货单位要一并考虑在内。规划配置表时要注意到陈列量与订货单位的问题,陈列量最好是 1.5 倍订货单位,或其整数倍。例如,某商品的一个订货单位为 12 个,则陈列量设定在 18 个最为恰当,等库存剩 6 个时,再订一个订货单位,在陈列时很方便,不必放到后场库存。

(9)商品与棚板间要留有适当空隙。避免商品与棚板紧贴,否则顾客在拿取商品时会不方便,规划时商品与棚板间应留有 3～5 厘米的空隙。

(10)修正商品配置时应随时参阅 POS 资料。若不能充分掌握 POS 的销售资料,则会对商品配置的修改或设立的准确性产生很大的影响。

能力训练

4～5 人一组,到一家知名门店进行实地考察,绘制该门店一组货架的商品配置表并根据绘制的商品配置表讨论:商品配置表应该怎么根据季节需求的变化进行修正?

综合案例分析

如何使"死角"不死

每一个卖场都存在着一些顾客几乎看不见的死角,商品一旦进入死角区,就好像被打入冷宫!其实,这些死角也并不可怕,如果能充分利用好这些死角位置,一定能起到"柳暗花明又一村"的效果。

1.活用器材达目的

某企业是后起之秀,进入卖场比同行业产品要晚得多,好位置都给人家占了,但商品又不能不进入卖场销售,无奈之下,死角的位置也硬着头皮要了。一个月下来,商品在大卖场走不动货,该企业的销售经理急得团团转,在数次到现场考察后,终于想出一个好办法,他立刻与卖场协商,看是否可以在陈列区一头放置一个落地卡通POP,卖场最终同意了,于是幽默的卡通POP就立在了陈列区一头,上面一行醒目的工笔字,"往前走12米,必有收获!"许多消费者见此,果真往前走12米,到达他们的货品陈列区,促销小姐见有顾客到来就赠送小礼品、介绍产品,结果每月的卖场销售量居同类产品之首。

2.好产品也要好吆喝

死角,不仅是在卖场最偏的地方,其实,一进场的最先位置也有可能是死角存在的地方。这个位置常常是揽不住人流的,因为人们一到这里,注意力就会被卖场内众多的商品吸引,造成了进口位置最火爆但往往也是销售最冷清的地方。例如,某外资零售企业新店开业,在卖场门口,一个销售人员拿着麦克风大声叫喊:"上广电,超薄镜面时尚双解码,只卖799元!"从而,引起每天进入卖场的众多消费者的关注,这一招将众多的家电品牌声势给压住了,看来,"好产品也要会吆喝",能在人群中大喊出来,证明"我最优秀",你能有这份勇气,根本就不必发愁在卖场死角里的货不好卖,甚至可以占尽卖场所有"风光"!

3.每个位置都是宝

经常会看到一些厂家或分销商抱怨,商品想进大卖场太难了,根本没有位置,即使有,对于这些中小企业的经济压力也太大。但这些企业是否想过,从卖场的死角做起,省钱又得利。众所周知,卖一块洗碗布利润相当薄,但是不管多薄的利润,某清洁抹布也照样在大卖场潇洒登场,其做法值得关注。在这家卖场里,他们一改传统思路,将着眼点盯紧了手扶电梯,充分利用电梯上下手扶之间的35厘米距离处,将清洁抹布一袋袋产品放入手扶电梯的中间处,并在电梯的最上方悬挂了一个POP,打出"有××,就有清洁的家,9.9元/包。"好思路!消费者进入卖场一踏上手扶电梯,看到一袋袋产品躺在身旁,便在无事可做中伸手抓起一包清洁抹布来;下电梯的消费者无事中也伸出手拿商品,这一上一下都在做相同的动作,一个都不放过,可谓是"一网打尽"。

经观察,凡是接触过该产品的顾客,购买率高得惊人。要说这个角落可是个"死角",但经过巧妙利用,效果却是出乎意料的好。

思考问题：
1. 你从这个案例中得到什么启示？
2. 如何能够设计一个活泼、引人注意的卖场布局？

项目三　连锁门店商品陈列

项目介绍

商品陈列是以产品为主体,运用一定艺术方法和技巧,借助一定的道具,将产品按销售者的经营思想及要求,有规律地摆设、展示,以方便顾客购买,提高销售效率的重要宣传手段,是销售产业广告的主要形式。作为开放式的经营,"陈列是无声的推销""成功的陈列是优秀的推销员",科学合理的陈列能有效提高卖场的销售额。

学习目标

知识目标:掌握陈列商品的原则;熟知陈列商品的方法和技巧;了解陈列商品的目的;明确理货岗位职业素质;掌握理货作业流程及要领。

能力目标:能正确进行理货作业,并能够有效陈列商品。

素养目标:培养顾客至上的服务理念,提升职业素养;培养精益求精的工匠精神和创新能力;培养良好的职业操守、品质和作业规范;培养团队协作能力;提高解决问题的能力。

任务一　明确商品陈列的目的与原则

今天的顾客已不再把"逛商场"看作是一种纯粹的购买活动,而是把它作为一种集购物、休闲、娱乐及社交为一体的综合性活动。连锁企业门店应该使消费者舒适地购物,并产生一定门店忠诚感,进而产生重复购买行为。门店商品要想吸引客户,不单单是简单的价格促销就可以解决,商品陈列客观上也会影响客户的购买欲望。

工作任务

资料

商品陈列对门店销售的影响

在门店销售策略中，商品的陈列是一个重要的手段，也是一门高深的学问。

根据时间差异、消费层次进行不同的商品陈列，会收到意想不到的效果。门店陈列的好坏能直接影响到顾客的购买欲。每逢一个销售旺季过去后，很多门店都要对商品陈列进行调整，这是在商品品牌各家区别不大的情况下，让顾客对门店保持新鲜感的方法。

把中部位置做陈列柜的形式，使顾客走入其中，就好像进入一个专卖店里。这种店中店的销售模式能提高商品的品牌档次，同时也避免了卖场的杂乱无章。

巧妙利用门店的挂幅广告、模特的摆设来提醒顾客消费，也是门店常用的方法。例如，当春季到来时，很多门店的楼道都会换上"春装上市"的绿色挂幅，以烘托卖场气氛。由于每家专卖店门口的模特服装展示是最能吸引顾客眼球的，因此，为了让顾客对今年刚刚上市的服装有一个直观的印象，就可以把最新款、最畅销的衣服通过模特展示出来。有的门店内还别出心裁地为模特身上的衣服搭配手袋、纱巾等各种饰物，在为顾客提供参考的基础上，更激发起人们的购买欲。

顾客的走向对于门店来说非常重要。为了让顾客购物更加方便，门店总会把杂食和体育用品分开摆设，使货架全部竖向陈列，这样，顾客顺着货架一边挑选商品，一边就可以直达收银台。

此外，门店的推头往往是门店内销量最大的商品。门店一般把一些应季商品或者是特价商品陈列在卖场最显眼处，因为应季商品是门店在某一特定时期针对顾客重点推销的商品。如中秋节，门店都会开辟一个销售月饼的角落，让顾客在一个区域内就能把所需要商品的各个品种全部看完，并很快找到所需要的商品。而对于那些销量最好的商品，商家一般会选择这些畅销商品作特价，成堆摆放在卖场的过道以及收银台附近，这样不仅能够激发顾客的购买欲，同时也能方便顾客购买。

大多数门店收银台旁往往都摆放着一个简易的小货架，里面摆放了香口胶、电池等零碎的小商品。收银台旁的小货架不仅方便而且是门店内最明显的位置，因此这些商品的销量非常大。

要求：

1. 从上述资料中总结良好的商品陈列对商品销售的重要意义。
2. 简要总结商品陈列的原则。
3. 商品有效陈列的主要区域有哪些？

相关知识

一、商品陈列的目的

商品陈列最根本的目的是吸引顾客的眼光，引起顾客的兴趣和购买的欲望，商品陈列的目的远远不止是将商品摆放得漂亮这么简单,下面介绍五个商品陈列的目的。

(1)利于商品的展示。要使顾客一进门,就知道店里有哪些商品,有没有自己所需要的商品。

(2)利于商品的销售。使顾客在最短时间里,以最直接的方式,找到自己所需要的商品。

(3)利于刺激顾客的购买欲望。将重点商品、新进商品、稀罕商品、流行商品摆在顾客一进门就可以看到的区域内,可以达到良好的刺激购买的作用。

(4)利于提供商品最新信息。有经验的经营者都会将最新商品摆在最前面、最上面,目的就是为了将最新信息告知顾客,以一种无声的方式对顾客进行引导。

(5)利于提升商家和商铺形象。一个良好的、陈列有序的、易于购买的商品环境,使顾客看着高兴,拿着方便,容易引起顾客的好感,提升商家和商铺的形象。

 **课堂阅读**

顾客对门店关心项目调查

日本零售专家对一个具有5.2万名顾客的商圈进行了随机调查,并发放了2 000份调查问卷,在回收的1 600份有效问卷中,顾客对商店有关项目的关心程度为:商品容易拿到占15%,开放式容易进入占25%,商品种类丰富占15%,购物环境清洁明亮占14%,商品标价清楚占13%,服务人员的态度占8%,商品价格便宜占5%,其他占5%。

二、商品陈列的原则

(一)一目了然

1.商品陈列分类要容易选购

目前国内营业面积100 m² 以上的便利店经营商品一般在2 000到25 000种左右,店内商品的大分类、中分类、小分类标示要清楚,不要混乱,使顾客进入店堂内很容易找到自己要购买的商品。

2.商品陈列位置要容易找到

商品陈列位置符合顾客的购买习惯,对一些季节性的、节日期间、新上市的商品的推销区和特价区的商品陈列要显著、醒目,使顾客明白商品所表达的意思。

3.商品陈列要使顾客容易看见

商品要正面面向顾客且摆放要从左到右,标价牌固定在第一件商品下端,作为商品位置起点标记和相邻商品的分界线。商品陈列在货架上端时,要稍倾斜,使顾客能看清楚。陈列器具、装饰品以及商品POP不要影响店内购物顾客的视线,也不要影响店内照明光线。

(二)容易挑选

1.有效地使用色彩、照明

决定货架上商品位置的时候,要注意商品外包装颜色搭配的艺术性,尽量使顾客感到舒适、醒目。对于鲜肉、鲜鱼生鲜食品柜,灯光可以选择淡红色,以增加商品的鲜度感。对于需要强调的商品,可以用聚光灯加以特殊照明,以突出其位置,引起顾客注意。超市、便利店内要达到标准的照明度,使商品能清楚地展现在顾客面前。

2.陈列的状况要使顾客容易挑选

按适当的商品分类进行陈列,不要给顾客混乱的感觉。商品陈列的价格牌、商品POP牌摆放要正确,要明确显示商品的价格、规格、产地、用途等。尤其是特价陈列,就更要明确与原价的区别处。必要时可向顾客提供购物参考、购物指南、商品配置图等,使顾客进店后,马上就能找到自己所需的商品。

3.商品的陈列要使顾客有比较性的选择

同类商品的花样、颜色、尺寸有所不同,陈列时要便于顾客分清挑选。同类不同品质的商品陈列也要便于顾客比较选择。在某类商品脱销时,要及时向顾客推荐、展示代用品。

4.同类商品要垂直陈列,避免横向陈列(图3-1)

图3-1 垂直陈列与横向陈列示意

同类商品垂直陈列的好处是:第一,同类商品如果是横式陈列,顾客在挑选同类商品的不同品种时会感到不方便,因为人的视线上下移动方便,而横向移动其方便程度要较前者差。横向陈列会使得陈列系统较乱,而垂直陈列会使同类商品呈一个直线式的系列,体现商品的丰富感,会起到很强的促销效果。第二,同类商品垂直陈列会使得同类商品平均享受到货架上各个不同段位(上段、黄金段、中段、下段)的销售利益,而不至于使同一商品或同一品牌商品都处于一个段位上,提高或降低其他类别的商品所应承担或享受的货架段位的平均销售利益。

(三)便于取放

1.商品陈列的位置要恰当方便

通常采用柜台式销售方式的连锁商店,尽量依靠营业人员的耐心服务来满足顾客的要求。而采用敞开式销售方式的连锁商店则不同,其商品陈列在做到"显而易见"的同时,还必须能使顾客自由方便地拿到手,使顾客摸得到商品,甚至能拿在手上较长时间,这是刺激顾客购买的重要环节。

如果顾客拿取不方便,就会很扫兴,大大降低购买的欲望。所以货架上陈列的商品与上隔板应有一段距离,便于顾客的手能伸进去取放商品。这个距离要掌握合适,以手能伸进去为宜。一般陈列商品要与上隔板保持3.5厘米的间距,让顾客容易取放。太宽了影响货架使用率,太窄了顾客无法拿取商品。

商品陈列还要考虑到顾客的身高,不要把商品放在顾客手拿不到的位置。放在高处的商品即使顾客费了很大的劲拿下来,如果不满意,很难再放回原处,也会影响顾客的购买兴趣。

2. 货架上陈列的商品要稳定,排除倒塌的现象,给顾客以安全感

超市和便利店中经营的瓶装商品较多,如调料、酱菜、水果罐头、咖啡、奶粉、乳品等。一般一层货架只能摆放1到2层,如果摆放得太高,一是不便于顾客取放,二是稍不注意,就有碰倒商品、砸伤顾客的可能,不仅损失了商品,也影响了顾客的购买情绪。

(四)丰富丰满

1. 货架上商品数量要充足

超市或便利店的经营者对每种商品每天的时段销售量要有准确的统计数字,尤其要考虑平日与周六、周日的区别,注意及时增减商品数量。使商品的陈列量与商品的销售量协调一致,并根据商品的销售量确定每种商品的最低陈列量和最高陈列量,以避免货架上"开天窗"(脱销)和无计划地堆放商品,给顾客单调的感觉。

2. 货架上商品品种要丰富

商品品种丰富是提高销售额的主要原因之一。品种单调、货架空荡的商店,顾客是不愿意进来的。超市的一个货架上每一层要陈列3~4个品种,便利店则要更多一些。从国内超市经营情况看,店堂营业面积每平方米商品的品种陈列量平均要达到11~12个品种。面积为100平方米的便利店经营品种至少要达到1 200种,500平方米的超市要达到5 000到6 000种,1 000平方米的超市要达到10 000种以上。

(五)整齐清洁

(1)做好货架的清理、清扫工作。这是商品陈列的基本工作,要随时保持货架的干净整齐。

(2)陈列的商品要清洁、干净,没有破损、污物、灰尘。尤其对生鲜食品,内在质量及外部包装要求更加严格。不合格的商品要及时从货架上撤下。

(3)商品的陈列要有感染力,要引起顾客的兴趣。要注意突出本地区主要顾客层的商品品种、季节性商品品种、主题性商品品种,用各种各样的陈列方式,如平面的、立体的,全方位地展现商品的魅力,最大限度地运用录像、模型、宣传板等,使商品与顾客"直接对话"。

(六)避免损失

1. 坚持商品先进先出

货架上的商品卖出后,需要不断地补充商品。补充商品的方法是从后面开始,而不是从前面把商品推出去。具体的方法是把货架上原有的商品取出来,放入补充的新商品,然

后再把原来的商品放在前面。对一些保质期要求很严的食品,用先进先出的方法补充商品,既可保证顾客购买商品的新鲜度,又不会使排在后面的商品超过保质期,给商店造成损失。

2. 前进立体陈列

随着货架上的商品不断地被顾客买走,尤其是商店高峰期后,有许多商品会凹到货架里面。应及时地把凹里面的商品往外移,避免因商品没被顾客看见而错过了销售的机会。

(七)传统陈列方法与现代陈列方法有机结合

特别是综合超市经营,要注意针对具体情况处理好传统陈列方法与现代陈列方法相结合的问题。如猪肉目前加工、包装程度均较低,冷藏技术不成熟,城市居民又多喜爱食鲜肉,因此,可以仍沿用传统的台式陈列法,或分割成不同大小的块状由顾客自选,或整片陈列,顾客选中部位后由营业员切割。

(八)关联性商品要关联陈列

关联性商品,应陈列在通道的两侧,或陈列在同一通道、同一方向、同一侧的不同组货架上,而不应陈列在同一组双面货架的两侧,如图3-2所示。

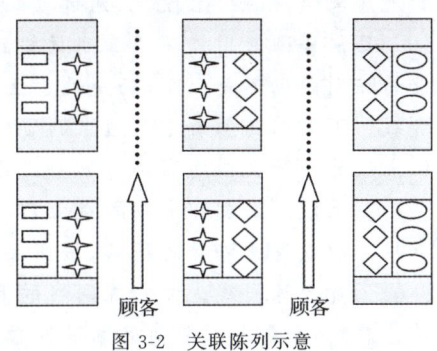

图3-2 关联陈列示意

除此之外,把不同分类但有互补作用的商品陈列在一起,也体现了关联性陈列的原则。其目的是使顾客在购买商品 A 后,也顺便购买陈列在旁边的商品 B 或 C。例如,在连锁超市中陈列肥皂的旁边也可同时陈列肥皂盒,在连锁专卖店中陈列各类鞋子的货柜旁相应陈列各类鞋油。关联陈列法可以使得门店卖场的整体陈列活性化,同时也大大增加了顾客购买商品的卖点数。

关联陈列法的原则是,商品之间必须有很强的关联性和互补性,要充分体现商品与消费者使用或消费时的连带性,如消费者使用录音机也必须要使用录音带。关联陈列法往往要打破商品分类之间的区别,尽可能再现消费者在生活中的消费原型。如浴衣泳装类,可以与洗澡的用具和用品陈列在一起,因为这正是消费者生活的消费原型。

另外,陈列的商品要有说明。当顾客注意某个商品并有意购买时,那么他一定还想进一步了解有关商品的其他信息,诸如商品的价格、产地、性能、用途等方面。因此,在陈列商品时应使商品附有说明商品品名、产地、规格、价格等方面内容的价格标签(敞开式销售的商品往往还贴有带价格的黏性标签纸)。通常,各门店使用的价格标签和商品说明书是由连锁企业总部统一设计的,以做到各门店价格标签规格一致,同时也体现连锁企业各门店形象的一致性。价格标签除了注明商品的名称、规格、质量、产地、价格外,还必须有物价员签章。

当然,并不是所有的商品都需要详尽的使用说明书,但对那些功能多、结构复杂的商品,必须要有使用说明书,如家用电器、组合音响、家用电脑、运动器材等,附有简要的性能说明,有利于顾客区别类似商品的不同性能。还有一些价值贵重的高档商品,如名牌优质皮革制品,附有必要的说明,能显示出商品的工艺水平和质量档次,也为连锁企业传播了影响和信誉。除此之外,高档的工艺品、珠宝玉器的陈列,新产品的推出,换代产品的展示等都需要有一定的文字或图案说明,以此解除顾客的疑虑,提高顾客对商品的信赖度。

课堂阅读

陈列位置也影响商品销售

根据美国的一项调查资料显示,商品在陈列中的位置进行上、中、下三个位置的调换过程中,商品的销售额会发生以下的变化:

从"中段"上升到"上段"+63%;从"中段"下降到"下段"-40%;从"下段"上升到"中段"+34%;从"下段"上升到"上段"+78%;从"上段"下降到"下段"-32%;从"上段"下降到"中段"-20%。

美国的这份调查资料不是以同一种商品来进行试验的,所以不能将该结论作为普遍的规律来运用,但"上段"陈列位置的优越性是显而易见的。

目前普遍使用较多的陈列货架的尺寸一般高165厘米、长100厘米,在这种货架上最佳的陈列段位不是上段,而是处于上段和中段之间的段位,这种段位称之为商品陈列的黄金线。下面以高度为165厘米的货架为例,将商品的陈列段位作4个区分,并对每一个段位上应陈列什么样的商品作一个设定。

①上段。上段即货架的最上层,高度在120~160厘米,该段位通常陈列一些连锁超市推荐的或有意培养的商品,该商品销售一定时间后可移至下一层,即黄金线。

②黄金陈列线。黄金陈列线的高度一般在85~120厘米,它是货架的第二层,是人眼最易看到,手最易拿取商品的陈列位置,所以是最佳陈列位置。此位置一般用来陈列高利润商品、自有品牌商品、独家代理或经销的商品。而该位置最忌讳陈列无毛利或低毛利的商品。

③中段。货架的第三层是中段,其高度约为50~85厘米,此位置一般用来陈列一些低利润商品或为了保证齐全性的商品,以及因顾客的需要而门店不得不卖的商品。同时,该位置也可陈列原来放在上段和黄金线上的已进入商品衰退期的商品。

④下段。货架的最下层为下段,高度一般在离地10~50厘米。这个位置不太明显,容易被顾客所忽视,因而通常陈列一些体积较大、重量较重、易碎、毛利较低,但周转相对较快的商品,也可陈列一些消费者已认定品牌的商品或消费弹性低的商品。

能力训练

以宿舍为单位,讨论现实生活中自己遇见的关联性商品陈列的实例,在课堂上讲述、交流。

任务二 熟知商品陈列方法与技巧

商品陈列的目的是刺激顾客购买,提升连锁门店形象。在陈列原则的指导下,商品陈列的方法非常重要,掌握正确的陈列方法与技巧,对陈列商品能够起到事半功倍的良好效果。

工作任务

资料

超市商品陈列设计,用心之作

陈列设计是刺激消费者购买欲的法宝。对众多快速消费品企业而言,如何令自己的产品从超市货架中突围而出,迅速吸引消费者目光,除了产品包装之外,是否还有其他绝招?

标准产品有限公司的设计师 Mandy 指出,醒目且凸显产品个性的陈列设计将是提升品牌整体形象的重要一环。然而,具体而言,陈列设计如何瞬间打动消费者,提高产品的销售额,从而为客户带来更多的利润呢?

Mandy 表示,设计必须和产品有机结合起来,才会发挥设计的最大功效。清楚陈列产品的性质及准确定位,再结合顾客的消费心理和习惯,以最恰当的形式展现产品的独特之处,是对设计师最大的考验。

1. 用心之作——OLAY 四色发光弧形陈列架

许多公司都会花巨资借助明星效应来推广新产品,但是怎样保证这笔庞大的宣传开支用得其所呢?Mandy 提到,运用其他推广环节,与明星宣传广告整体配合,才能让整个品牌推广活动更完善而更行之有效。她引用了标准产品有限公司的得意之作——为 OLAY 新一系列的护肤品进行香港专柜的陈列策划的例子。当接手该项目时,她已经了解到 OLAY 是著名影星张曼玉作为最新系列产品的代言人,并希望发挥她时尚独特的气质提升品牌的定位,将这个护肤品牌推上中高端路线。因此,在陈列设计方面,也必须讲求策略,既要达到为该新品牌定位,又要以最少资源引起消费者对新产品的关注。

那么如何才能最大程度发挥明星之势让人对新产品予以关注呢?

首先,在陈列架的选用时,必须与海报的格调一致;另外,要很有技巧地确保陈列设计不喧宾夺主,在突出明星形象之余,更重要的是突显新产品的特性。为此,他们特意设计了一个弧形发光的开放式陈列架,陈列架背面装上光管,即使在光线非常充足的护肤品销售区也异常耀眼,务求能让消费者一进入护肤品区就立刻被巨型海报中张曼玉小姐的独特气质所吸引,又由于 OLAY 的新品货架就在海报旁边,爱美的女士将很快产生想去看个究竟的冲动。

当成功吸引顾客来到货架之后,如何令消费者萌生购买的欲望又大有学问。她在设计时,特意考虑到消费者购物时的习惯性视点,利用四种颜色的货架衬托四个系列的新产品,以不同颜色产品去刺激顾客视点,并且突破传统的横向陈列,实行同系列产品垂直陈列,扩大了消费者关注范围,使其产生强烈的好奇感,从而愿意驻足在货架前,研究和试用更多的货品。整个货架的陈列设计都是针对消费者的视觉习惯和文化品位去寻找突破口,所以大大刺激了顾客的购买欲。

运用了该陈列设计后,收到很好的市场反馈。因此,Mandy 认为,一个成功的陈列设计不是仅仅停留在漂亮包装的层面,更重要的是能够提升品牌整体形象,从而为公司提高销售额,创造实质价值。

2.陈列设计,立体提升产品形象

Mandy最后还强调,陈列设计不是把货品往货架上摆摆放放那么简单,要考虑的细节还有很多。例如,陈列架的设计,它是直接衬托产品形象的,陈列摆放的风格和陈列架的颜色运用,更会影响消费者的视觉感受,从而激发消费者的购买欲。

陈列设计一直是国内产品销售推广所忽略的一环,面对越来越激烈的同行竞争和越来越挑剔的消费者,是否应该予以足够的重视来弥补呢?相信经验丰富的标准产品有限公司能为国内客户带来全新的推销理念,以及全面地结合产品特点建立品牌形象,从而决胜"硝烟滚滚"的快速消费品市场。

要求:

1.总结提炼 OLAY 系列产品运用了哪些商品陈列的方法和原则。

2.从上述材料中,我们从商品陈列设计师 Mandy 关于商品陈列的论述中可以得出有关门店商品陈列的哪些启示?

相关知识

一、商品陈列方法

(一)整齐陈列法

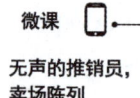

微课
无声的推销员,卖场陈列

整齐陈列法是将单个商品整齐地堆积起来的方法。只要按货架的尺寸确定商品长、宽、高的排面数,将商品整齐地排列就可以完成。整齐排列法突出了商品的量感,从而给顾客一种刺激的印象,所以整齐陈列的商品往往是连锁企业欲大量推销给顾客的商品,折扣率高的商品或因季节性需要购买量大、购买频率高的商品,如夏季的清凉饮料等。

整齐陈列的货架一般可配置在中央陈列货架的尾端,即靠门店里面的中央陈列货架的一端,但要注意高度的适宜,便于顾客拿取。对于大型综合商场和仓储式商场来说,一般在中央陈列货架的两端都进行大量促销商品的整齐陈列。

适合此种陈列方法的商品:特价商品;季节性商品;节庆商品;新上市商品;媒体正大量宣传的商品。

陈列效果:量感突出;价格低廉的形象;可进行单品突出介绍。

(二)随机陈列法

随机陈列法就是随机地将商品堆积在一种圆形或方形的网状筐或台上,通常配有特价销售的价格牌子,给顾客一种"特卖品""便宜品"的印象。一般门店特价或促销的商品采用这种方法。亦有反其道而行之的,如沃尔玛将一些世界名牌商品,如袜子、内衣采用随机陈列的方法,给顾客价廉、可以承受的感觉,销售效果较好。

随机陈列的网筐配置位置基本上与整齐陈列一样,既可配置在中央陈列架的走道内,也可根据需要配置在其他需要吸引顾客的地方,其目的是带动这些地方周围陈列商品的销售。

适合此种陈列方法的商品有:中、小型,一个一个进行陈列处理很费功夫的商品;商品本身及其价格已广为人知的商品;低价格、低毛利的商品;不易变形损伤的商品。

陈列效果:价格低廉的形象容易被传扬出去;即使陈列较少也易给人留下深刻印象;可成为整个卖场或某类商品销售区的焦点;操作简便,陈列与补货的时间短;陈列位置易变更,商品易撤销。

(三) 盘式陈列法

该法把非透明包装商品(如整箱的饮料、啤酒、调味品等)的包装箱的上部切除(可用斜切方式),将包装箱的底部切下来作为商品陈列的托盘,以显示商品包装的促销效果。

盘式陈列实际上是一种整齐陈列的变化陈列法。它表现的也是商品的量感,与整齐陈列所不同的是,盘式陈列不是将商品从纸箱中取出来一个一个整齐地堆积上去,而是将装商品的纸箱底部盘状切开后留下来,然后以盘状为单位堆积上去,甚至就是整箱整箱地堆积上去。这样可以加快商品陈列的速度,同时也在一定程度提示顾客可以整箱购买。所以有些盘式陈列,只在上面一层作盘式陈列,而下面的则不打开包装箱整箱地陈列上去。盘式陈列的位置可与整齐陈列架一致,也可陈列在进出口处或特别展示区。

适合这种陈列方法的商品有:广为人知,深受消费者欢迎的品牌;预计可薄利多销的商品;中、大型商品;用裸露陈列难以堆高的商品。

陈列效果:价格低廉的形象以及价格容易被传扬出去;给顾客一种亲切感、易接近感;量感突出;节省陈列操作的人力、物力;易补货和撤销商品;可布置成多种形式(直线形、V形、U形等)。

(四) 不规则陈列法

中央陈列货架能整齐地配置,这样商品就可以秩序井然地陈列了。但就是这种整齐的配置和有秩序的陈列,往往使人联想到军人列队式的整齐排列,久而久之这种配置和陈列会使顾客产生单调乏味感。因此,为了打破这种单调乏味感,门店应该使用每层搁板都能够自由调节的陈列货架,通过将中央陈列货架搁板间距灵活地调节变化,使副通道内的各个中央陈列货架的搁板形成错位安排,而事实上各个货架上陈列的商品并没有发生变化。这对顾客来说却有一种新鲜感,他们往往会产生一种错觉,认为中央陈列货架内的商品又有了新的变化,从而吸引顾客走入副通道内选购商品。

这种方法看似简单,却是行之有效的,是每一个门店都不容忽视的陈列法。

(五) 端头陈列法

端头陈列质量的优劣,是关系到连锁门店形象的一个主要方面。端头是指双面的中央陈列架的两头,即卖场第三磁石点位置。中央陈列架的两端是顾客通过流量最大、往返频率最高的地方,从视角上说,顾客可以从三个方向看见陈列在这一位置的商品。因此,端头是商品陈列极佳的黄金位置,是卖场内最能吸引消费者注意力的重要场所。同时端架还能起到接力棒的作用,吸引和引导顾客按店铺设计安排不停地向前走。引导、提示、诉求可以说是其主要功能。所以端头一般用来陈列特价品,或者门店要推荐给顾客的新商品,以及利润高的商品。

(六)岛式陈列法

在卖场的进口处、中部或者底部不设置中央陈列架,而配置特殊陈列用的展台,这样的陈列方法叫作岛式陈列法。如果说端头陈列架使顾客可以从三个方向观看的话,那么岛式陈列则可以从四个方向看到,因此,岛式陈列的效果在卖场内也是相当好的。

岛式陈列的用具一般有冰柜、平台或大型的货柜和网状货筐。需要注意的是,用于岛式陈列的用具不能过分高,如太高的话,就会影响整个超市卖场的视野,也会影响顾客从四个方向对岛式陈列商品的透视度。为了使消费者能够环绕岛式陈列台(架、柜、筐)选购商品,应给予岛式陈列以较大的空间。

相对于岛式陈列要求的较大空间来说,在空间不大的通道中间也可以进行随机的、活动式的岛式陈列。这种岛式陈列的用具是投入台,配上轮子的散装筐等。这种活动式的货架可以在门店内自由活动,所以能简单方便地配置在各种通道里的任何地方,以便根据需要而随时调整。这种岛式陈列所陈列的商品量虽然有限,但可被广泛地用来促进销售。采用活动式的货架作随机型的岛式陈列,其促销效果是相当明显的,尤其是在卖场没有竞争商品的时候,效果就更加显著,它会带动超市门店整体的销售额上扬,即使撤下了这些活动货架,其促销的效果还会有一个滞后的效应。

(七)窄缝陈列法

在中央陈列架上撤去几层搁板,只留下底部的搁板形成一个窄长的空间进行特殊陈列,这种陈列方法就叫窄缝陈列法。窄缝陈列的商品只能是1个或2个单品项商品,它所要表现的是商品的量感,因而其陈列量是平常的4~5倍。窄缝陈列能打破中央陈列架定位陈列的单调感,以吸引顾客的注意力。窄缝陈列的商品最好是要介绍给顾客的新商品或利润高的商品,这样就能起到较好的促销效果。窄缝陈列可使超市卖场的商品陈列显得活泼,但不宜在整个卖场上出现太多的窄缝陈列,那样反而会影响该类商品的销售。

适于此种陈列方法的商品有:新上市的商品;高利润商品。

窄缝陈列可使卖场的陈列活性化,但不宜在整个卖场出现太多的窄缝陈列,因为推荐给顾客的新商品和高利润品太多,反而会影响该类商品的销售。

(八)突出陈列法

作突出陈列的方法有好几种,如在地面上作一个突出的台,并在上面堆积商品;将中央陈列架下层的搁板做成一个突出的板,然后将商品堆在这块板上,这个突出的板也叫作延伸板;在中央陈列架前面放上一个存物筐,商品按随机方式堆放。

主要目的是打破单调感,诱导和招揽顾客。突出陈列的位置一般在中央陈列架的前面,将特殊陈列突出安置,希望特别引起顾客注意、提高其回转率。

需要注意的是,在同一个卖场不可采用太多的突出陈列,以免将顾客购物的路线弄得不畅通,如此就得不偿失了。

适合此种陈列方法的商品有:新商品;推销过程中的商品;廉价商品。

陈列效果:商品的突出性提高,增加商品出现在顾客视野中的频率;突出了商品的廉价性、丰富感,并使门店给顾客一种非常热闹的感觉;可进行单品突出介绍。

（九）悬挂陈列法

将无立体感扁平或细长型的商品悬挂在固定的或可以转动的装有挂钩的陈列架上，就叫悬挂式陈列。悬挂式陈列能使这些无立体感的商品产生很好的立体感效果，并且能增添其他陈列方法所没有的变化。目前工厂生产的许多商品都采用悬挂式陈列的有孔型包装，如糖果、剃须刀、铅笔、玩具、小五金工具、头饰、袜子、电池等。

（十）比较性陈列

把相同商品，按不同规格、不同数量予以分类，然后陈列在一起，这种陈列法叫作比较陈列法。比较陈列法所要表现的经营意图是促使顾客更多地购买。例如，一罐雪碧饮料售价2.0元，而旁边陈列的包在一起的6罐雪碧只卖10.9元，而包在一起出售的12罐该饮料可能只卖19.8元。这种把单个、6个装、12个装的饮料陈列在一起，就可使顾客比较出买得越多就越便宜，因而刺激顾客购买包装量较多的该饮料。值得注意的是，在进行比较陈列的作业时，陈列量上要多陈列包装量大的该商品，而包装量小和单品量就相应地少一些，以明确地为顾客指出购买方向。又如把450克某牌号洗衣粉和1 000克同牌号洗衣粉陈列在一起，而把1 000克的售价定得很接近450克的2倍，由此就可衬托出1 000克该牌号洗衣粉价格的便宜，从而刺激顾客购买1 000克的洗衣粉，达到促销的目的。

一般来说，比较陈列必须事先计划好商品的价格、包装量和商品的投放量，这样才能既达到促销的目的又保证连锁企业的整体盈利水平。

（十一）主题陈列法

结合某一事件或节日，集中陈列有关的系列商品，以渲染气氛，营造一个特定的环境，以利于某类商品的销售。

根据陈列主题的需要，把大大小小、各式各样的商品组合起来进行陈列，或结合某一特定季节、事件、时期或节日集中陈列展示应时适销的商品。

被陈列的商品，通过一定的主题贯穿，组成一个相互作用、和谐的整体。如中秋、春节、圣诞节、情人节、母亲节等。

（十二）特写陈列法

特写陈列法也称醒目陈列法，即通过各种形式，采用烘托对比等方法，突出宣传陈列某种商品，因为大部分商店都有成百上千种甚至更多种类的商品，要使消费者在同一时间内对所有的商品都给予同样的关注是不可能的。因此，对于需要特别宣传的商品或有特殊意义的商品，采用这种醒目的排列方法，既有利于陈列商品的销售，也有可能带动其他商品的销售。

知识拓展

生鲜商品陈列的原则和要求

1. 生鲜商品陈列的基本原则

（1）按商品分类的原则陈列，同一大类商品必须归类、相邻陈列，进行颜色搭配。

（2）商品陈列在正确的温度下。

(3)商品陈列要整齐、美观、协调、丰富、整洁、方便。

(4)标价签和价格牌要清晰、干净、醒目,内容准确,货与架要对位。

(5)严格遵循"先进先出原则"。

(6)特价促销商品有POP、特价标识,位置突出。

(7)破损、变质、腐烂、过期的商品及时撤离货架。

(8)在人流较少时可以减少商品的陈列面与陈列量。

(9)高档易损耗且销量不大的商品可采取"假底"陈列。

(10)打包商品要求保鲜碟规格统一,标价签统一贴于保鲜碟横向右上角处。

2.陈列设备要求

陈列设备包括店铺用于生鲜商品销售的陈列道具、货架、保温柜、冷藏柜和冷冻柜等。生鲜食品对陈列设备要求较高,其陈列设备要注意以下几点:

(1)按照生鲜品的保鲜温度要求选择陈列设备并进行商品陈列。

(2)陈列设备应保持清洁,无积水和污渍。

(3)要保证贮存设备的温度控制在要求的范围内,冷藏库(柜)温度为$-2\sim5℃$,冷冻库(柜)温度低于$-18℃$。

3.标识要求

(1)商品标签要采用符合国家物价部门规定的式样,并标有"物价局监制"字样。所有电子秤计价包装或盒装食品标签必须有生产日期和保质期,标签表面保持干净、整洁、无错别字。标识要清晰、明确,张贴平整,使用的标识架要干净平稳。

(2)标识要做到统一,公共标识应符合国际标准。

(3)预包装食品标签应符合GB 7718—2011《食品安全国家标准 预包装食品标签通则》的要求。

4.畜禽类肉品的陈列要求

(1)展示陈列柜的温度控制在$-1\sim2℃$冷藏柜中,以保持成品的鲜度。

(2)考虑商品的分类、风俗习惯以及防止交叉污染等因素将不同类商品分开陈列,家禽(鸡、鸭、鹅)类、猪、牛、羊肉之间需用分隔板隔开。

(3)冻品类如家禽(鸡、鸭、鹅)、鸡翅、凤爪及内脏等商品,除了包装陈列外,可散装陈列于冰鲜台上。

(4)冷柜中散装陈列的畜禽类肉品和调理制品要经常翻动,以保持商品透气,防止肉品变色和调理制品表面干燥脱水的现象。

(5)冷柜中散装陈列的畜禽类肉品应采用托盘陈列,不宜直接在冰块上陈列,融化的冰水降低肉品质量。

(6)按顾客行走的路线分品类陈列,建议依次为汤配、家禽(鸡、鸭、鹅)类、牛羊肉、猪肉,最后为腊味。

(7)价格标签上的价格、计量单位、生产日期和保质期等标识清晰准确、内容完整。

(8)特价促销商品陈列面积要加大,且POP等宣传告示与之对应。

(9)卖场内禁止现场宰杀活禽。

5. 鱼和海鲜类商品的陈列要求

(1)各种活鲜必须按品类特性进行陈列,如咸、淡水鱼分开,四大家鱼与桂花鱼、河虾等分开,鲈鱼与河虾分开,活鱼与贝壳类分开,咸、淡水贝分开等。

(2)水池里的水必须保持清澈,养殖水中加入一定比例的海水或池塘养鱼水。

(3)水池里的水必须保持循环、过滤、打氧。

(4)水池里的商品必须保证是活的。

(5)可以使用旋转式价格牌固定在鱼缸上标识价格。

(6)冷冻商品、海鲜干货销售必须在保质期内。

(7)各类海鲜商品必须陈列在正确的温度下。

(8)冰鲜商品的陈列要求散冰要撒在鱼的身上以保持商品的新鲜,要求陈列化,头朝顾客,鱼体斜侧立于冰面上,腹部藏于冰里面(黄花鱼除外);细小则做圆形的花样陈列。

(9)冰鲜商品陈列的价格牌可以插到冰里面,必须与每一种商品相对应。

(10)海产干货的陈列主要是防尘、防霉、防潮、防虫。

6. 熟食的陈列要求

(1)熟食必须在正确的温度下陈列。

(2)遵循商品分类的原则,每个陈列盘中只能陈列一种商品。

(3)陈列熟食商品必须标明时间代码,以控制仅有几个小时保质期商品的质量。

(4)熟食商品的陈列面积应该与销售量相匹配。

(5)价格牌一般放在商品陈列位的右上角。

(6)按顾客行走路线,建议分别为面食、凉拌菜、卤水、炸物、烤鸡、烧腊、寿司。

(7)卤水、凉拌菜需要点缀香菜、青葱等绿色调料。

(8)熟食制作和加工过程应有严格的卫生管理制度,熟食凉菜制作应配备专用加工间。

(9)散装熟食的售卖应符合《散装食品卫生管理规范》,散装熟食陈列要用专用陈列柜或者网罩遮盖,以防来自购物环境的污染,准备好顾客拿取商品的工具。

7. 面包的陈列要求

(1)按西式、中式、面包、蛋糕等大类分隔开,进行集中陈列。

(2)遵循"先进先出"原则,保证先生产先陈列。

(3)所有商品必须在保质期内销售。

(4)面包的陈列面积与销售量匹配。

(5)蛋糕要在正确的温度下陈列,必须放在冷藏柜中。

(6)散装食品应该放在较低的陈列位置,且置于有机玻璃的面包罩里。

(7)特价促销商品用促销车或不锈钢层架,结合POP宣传告示做陈列销售。

(8)面包制作和加工过程应有严格的卫生管理制度,蛋糕裱花应配备专用加工间。

(9)散装商品的售卖应符合《散装食品卫生管理规范》,散装糕点陈列要用专用陈列柜或者网罩遮盖,以防来自购物环境的污染,准备好顾客拿取商品的工具。

二、商品陈列技巧

随着市场竞争的加剧,"制胜终端"已经成为我们争夺市场的重要手段。商品陈列技巧成为提升销量、制胜终端的营销利器。

(一)同类商品纵向陈列

商品是横向陈列还是纵向陈列对销售的影响非常大,横向陈列无法使消费者驻足商品,而纵向陈列则比较容易抓住顾客的目光,从而提升销售量。

(二)左右结合,吸引顾客

一般来说,顾客进入商场后,眼睛会不由自主地首先射向左侧,然后转向右侧。这是因为人们看东西是从左侧向右侧的,即印象性地看左边的东西,安定性地看右边的东西。在国外已有许多商场注意到人类工程学的这个特点。利用这个购物习惯,将引人注目的物品摆放在商场左侧,迫使顾客停留,以此吸引顾客的目光,充分发挥商场左侧方位的作用,变不利因素为有利因素,促使商品销售成功。这个方法在国外应用比较普遍,然而在国内的一些商场,摆放商品大多是无意识的,缺少科学依据,较少考虑顾客的购物特点。其实,中国人的这个特点在其他方面表现也比较突出,如走路朝右边走,有一种安定感;吃饭用右手,形成固定姿势……在人们的心目中,右方是安全的、稳定的。所以,商场的经营者可充分利用这一特征,借商品摆放的不同位置,给顾客以不同效应,最大限度地吸引顾客的注意力。

(三)相对固定、定期变动

从顾客的角度讲,大多喜欢商品摆放位置相对固定。这样,当其再次光顾商场时,可减少寻找商品的时间,提高顾客购物效率。商场针对这种心理特点,不妨将物品放在固定的地方,方便顾客选购。但长此以往,又易于失去顾客对其他物品的注意,且产生一种陈旧呆板的感觉。因而也可在商品摆放一段时间后,调整货架上的货物,使顾客在重新寻找所需物品时,受到其他物品的吸引,同时对商场的变化产生耳目一新的感觉。不过这种变化如果过于频繁,会导致顾客的反感,认为商场缺乏科学化的安排,混乱不堪,整日搬家,继而产生烦躁不安的心理。所以,商品的固定与变动应是相对的、适应的。一般以一年变动一次为宜。

(四)利用各种陈列方法及POP广告,多方位、多角度陈列商品,增强视觉效果

在卖场里可选择的陈列地点有:柜台、背架、自选货架、橱窗、收银台、台前架、店堂展示区等。商品陈列可结合pop宣传突出氛围,以商品为主题,利用各种商品固有的形状、色彩、性能,通过艺术造型来展示商品,突出重点,反映特色,以引起顾客注意,提高顾客对商品的了解、记忆和信赖的程度,从而最大限度地引起顾客的购买欲望。

(五)季节、社会动向调整陈列

门店应按季节、社会动向变换调整商品的陈列布局。季节、社会动向商品陈列要求永远走在季节、社会动向变换的前面。应时应季商品、符合社会动态的商品应多占面积,并

摆放在靠近入口、通道边等显眼位置,而淡季商品则适量陈列,以满足部分消费者的需要。

(六)蔬果类商品陈列要富有色彩变化

果蔬的陈列要强化陈列的色彩,形成鲜明的对比,以显示货色齐全,如红色的苹果与黄色的香蕉紧邻陈列,可以丰富果蔬的鲜美与丰富。

(七)售货交款之间拉开距离

目前,许多商场柜台售货,采取在收款台统一交款的方法。这是便于财务管理的一个措施,同时含有更重要的意义。有时人们进入商场总比原来预计要买的物品多,这就是由于商品刻意摆放对顾客心理影响的缘故。商场可设计多种长长的购物通道,避免从捷径通往收款处和出口。当顾客走走看看或寻找收款处时,便可能看到其他一些引起购买欲的物品,所以商场的各收款台位置可有意识地设在离货架商品稍远的地方,促使顾客交款的同时,再被其他商品吸引,产生购买欲。

案例链接

大润发的陈列要求与方法

一、正常排面的陈列原则

根据卖场的主动线按分类陈列(先大,后中,再小);按品牌陈列(一线、二线、三线);按价格带陈列(由低到高);同时还要考虑商品的外包装、规格、颜色。

二、正常排面的陈列细则

商品陈列需遵循上下垂直;正面朝外、前后冲齐;层距合理、间距紧凑,天空线合理(层距以不露背板为准、间距以不相互遮挡商品全部信息为准、天空线以平手能自由伸缩于层板与商品为准,需做到宁松勿紧);每个单品的陈列面积不小于20CM(不能少于两个面);货架卡(货架标签)放置在商品的左下角,与上下层货架卡相垂直;根据商品的规格、重量做到下大上小、下重上轻(食品区的儿童食品除外);同一商品原则上不能跨货架陈列;在陈列时要充分考虑单品的销售数据,做到最大限度地提高商品陈列效果;销售数据很高的单品,应减少单层横向陈列面,扩大多层纵向陈列面;在充分满足以上因素后还必须考虑顾客的方便视线,及黄金视线(70CM~140CM),在这一距离中间应陈列日均销售数据高的商品。

三、正常排面的非销售区陈列(展示区)

展示区陈列的商品应该是这组货架上所陈列的商品,陈列不得超过两个单品;原则上不能陈列非该区域(左右相邻的货架)的商品;展示区上陈列的商品应该做到正面朝外,方向统一;展示区的商品建议只陈列一层即可,以不露货架背板为准;根据不同商品的保质期做好定期更换陈列。

四、正常排面商品陈列的注意事项

当商品撤出或者暂缺时,排面的调整应该以上下为原则进行扩展,不能左右扩展(优先选择销售数据高的商品上下扩展),暂缺货架卡应该保留;当新商品出样时,应该遵循前面的陈列原则;在没有主管同意或者指导下,任何人不能随便调整商品排面(尤其是厂家促销人员);在补货后应做好排面的维护工作。

五、促销区整体陈列

饱满;美观;有量感;整齐;关联性高。

六、堆头陈列技巧

堆头上只能陈列做促销的商品(特价商品),非特价商品严禁上促销区销售;一个1M×1.2M的堆头不能陈列超过两个以上的单品,原则上只陈列一个单品或者同一系列同一价格下的多个单品(例如海飞丝洗发水,750ML,几个香型的同一价格商品);落地式陈列的堆头,在非销售区的陈列应是该堆头上所陈列的商品,并且做到颜色统一、方向统一,里面可用其他商品或者纸箱做假底;地理位置最好的促销区应陈列促销级别最高的商品(震撼商品、封面商品)。

七、端架陈列技巧

端架上只能陈列做促销的商品(特价商品),非特价商品严禁上促销区销售;一个端架上原则上陈列一个单品,最多只能陈列两个单品;当陈列两个商品时应该将单价低的单品陈列在最靠主动线通道方向,两个单品都必须做到纵向垂直陈列,不能将两个单品横向陈列(一个单品在上面几层、另一个在下面几层);端架展示区的陈列应是该端架上的单品,建议只陈列一层以不露货架背板为准;与之相对应的是货架卡的放置,一个单品一张货架卡,应在端架的黄金视线一左一中对应放置。

课堂阅读

商品陈列艺术

商品陈列的主要任务就是从商品的色彩、风格出发,运用色彩搭配技术,结合商品的款式风格特点,运用自己的眼光,利用独到的装饰技巧将商品以吸引人的方式陈列展示出来,达到吸引顾客、销售商品的目的。

1.陈列是吸引顾客的第一道风景线

顾客走进零售店第一眼看到的是什么?是商品的陈列。简洁明快如画的陈列给顾客的第一印象总是舒坦的,也是最鲜明、牢固的;而臃肿昏暗的陈列往往让顾客失去购买欲望。

心理学家认为,顾客在购买活动中,最容易受暗示因素影响。其中,以购物现场环境的暗示影响最大。北京的一个心理学研究机构曾对北京一些商场购买服装的顾客进行了一次问卷调查,结果显示,柜台的陈列会对顾客的购买行为产生一定的影响,有61.7%顾客购买某种产品的原因是该柜台的陈列给他们留下深刻印象;有81%的顾客认为是陈列引起了人们的购物兴趣;29.3%的顾客认为陈列促使他们立即采取了购买的行动。

2.商品陈列要充实、整洁、有效

陈列在柜台的商品必须做到丰富、品种多而且数量足。同一类商品应该整齐地摆放在货架或是装载物中,商品均应处于同一个平面,以方便顾客拿放。另外,要尽可能地把同一类商品中的不同品种都展示出来,这样不但能扩大顾客的选择面,同时也可以给顾客留下一个商品丰富的好印象。货架上不应有空位置,如果货品已被买走,应该立即补上。如超市食品柜台中的水果、蔬菜排列整齐,干净,丰富,给人以琳琅满目、目不暇接之感。

货架陈列是现在最为流行的商品陈列方式之一。要想取得良好陈列的效果,不同位置陈列的商品是有讲究的。

一般而言,货架有四层。从上往下,最上层(第一层)可以陈列一些推荐的商品和已经有一定知名度的商品;货架的第二层是黄金段,这一段正好是顾客视觉的最佳位置,最能吸引顾客的眼球,所以该段陈列的商品应是高利润的商品或是重点销售的产品;货架的第三层是中段,这一段可以起到吸引顾客的作用,使顾客"由此及彼",从而购买黄金段商品;最底层称为下段,这一位置一般可用于陈列体积较大、重量较重、易破碎、利润低的商品。

3. 不能唯色彩而色彩

现在的顾客对色彩的喜好趋向是用色少,简洁明快。所以无论在进行样品陈列还是商品陈列,用色的原则是"用巧而不用多"。关键是色彩的选择要与商品的组合协调,不要喧宾夺主。

适当地以灯光对陈列的商品进行衬托,可以给柜台添加色彩,增加商品的诱惑力。科学证明,当人们看到红、黄等暖色光时会感到兴奋。记者注意到,很多小零售店都喜欢红色,特别是以销售烟酒为主的小店。由于烟酒包装多红色,很多店主将红色加以利用,从而形成以红色为主要基色的格局。这也从一个侧面反映了色彩在陈列中的重要性。

4. 标识是陈列中的路标

一般同一类商品可能会有许多类别,在对其进行陈列时,应该注意对不同类别的产品予以区分。比如苹果味的饮料应该与水蜜桃味分类摆放,休闲服就不应该与套装挂在同一个区域。为了使陈列的商品类别更清晰,可以加上一些说明性的标识。标识上可以标注出商品的名称、产地、规格、价格,甚至是产品的使用简介或是一些温馨的字句,这样不但可以方便顾客浏览商品,也给顾客一种体贴周到的感觉。

需要特别注意的是一些体积小而多的商品,要有醒目的标志帮助消费者寻找。有些小商品可以用精美的盒子、瓶子等盛起来,再在大的盒子和瓶子上贴上标识。

另外,无论是多么精彩的陈列,如果长久一成不变也会让人生厌。所以在必要的时候,如季节变化、节庆来临、品牌推广等,可及时对橱窗陈列与店内陈列酌情调整,以保持新鲜感。

5. 与众不同的陈列需要想象力

与艺术品一样,出色的商品陈列需要丰富的想象力,因此,在进行构思时不拘泥于传统的做法,大胆发挥想象力,才能形成自己独有的陈列风格。如家乐福在色彩设置上采用蓝色、红色和黄色搭配,既喜庆又典雅。

在空间的利用上,要尽量有效地利用一切可用的空间,考虑是否可以通过不同的方式来使用你的陈列辅助器材,使陈列更为突出。

在位置选择上,陈列的位置适当与否决定了陈列的效果,所以一定要选择最佳陈列位置。在选择位置时,必须充分考虑商店营业面积、客流量、地理位置、产品的特点、安全管理及顾客的消费习惯等。顾客经常或必须经过的交通要道是陈列的第一选择。另外需要注意的是,顾客行走的习惯是逆时针方向,即进店后自右向左观看浏览。根据这一特点,店主可以把商品按其重要性由右至左摆放。

> **业务指导**

如何确定各品类货架数量

货架数一般是以销售额的构成比例和销售量的构成比例来划分的。例如,某家商场有货架 500 个,日化商品销售额占 4%,销售量占 6%,确定日化商品的货架数量。

计算:500×(0.04+0.06)/2=25 个

销售区域划分的意义是提高销售额和降低库存费用。货架个数最终是从商场主题及对消费者的需求上判断的,对需求扩大的品类,分配更多的面积;对需求下降的品类,要毫不犹豫地缩小面积。

> **能力训练**

4~5 人一组,去所在城市或地区,考察一家综合超市,观察商品陈列的状况,指出该超市在商品陈列方面存在的优点和不足,并提出调整意见。

任务三 理货服务作业

在连锁门店中,理货员是间接为顾客提供服务的。负责商品的陈列、补充、清洁等工作。货架商品是否充足,商品陈列是否整齐,商品是否干净整洁,都与理货员工作息息相关。可以说理货员工作的好坏是直接影响门店销售额的最重要因素之一。

> **工作任务**

> **资料**

某门店理货员作业要求

(1)上班时间务必穿着工作服,佩戴工号牌,维持服装仪容整洁。

(2)上班前 5 分钟到达工作岗位,见到同事要互相问候,迟到除按规定接受处理外,还应向同事及店长表示歉意。

(3)服从店长的命令和指示,接受指导和监督,不得顶撞或故意违抗,如有意见分歧、应通过正常途径予以报告或沟通。

(4)上班时不得任意离开工作岗位,有事要离开亦须先向店长请示报告。

(5)上班时不得与人争吵,更不能打架。

(6)严格遵守作息时间。

(7)爱护公司内一切商品、设备、器具。

(8)随时维护卖场、作业场的环境整洁。

(9)接触商品要轻拿轻放,并按规定要求补充货架或进行借势陈列。

(10)制作 POP 广告要实事求是,绝不能虚拟"原价",引起顾客的误解。

(11)价目卡要如实填写,以免误导顾客。

(12)无论是连锁企业对消费者的赠品,还是供应商对连锁企业或消费者的赠品均属于企业的财物,绝不能占为己有。

要求:

1.从上述材料中,理货员这一工作岗位需要做好哪些工作?

2.从理货员的工作中,可以看出理货员应该具备的职业素养有哪些?

相关知识

一、理货员的职业道德和职业意识

理货员作为商业从业人员,不仅要遵守共同的商业职业道德,而且由于其职业特性,还要遵守自己的职业道德。虽然理货员主要的服务方式是间接服务,不需要直接面对顾客,但是仍有很多机会与顾客接触,其工作性质比营业员更复杂,可以说理货员工作的好坏,是影响门店销售的重要因素。

(一)理货员的职业特性

理货员是在以敞开式销售方式为主的连锁企业发展过程中产生的一个新名词,其岗位层次表面上类似于传统的柜式服务商店中的营业员,但理货员又具有自身职业特征。

1.理货员没有特定的服务空间

理货员在指定的区域内与顾客共享一个空间,顾客可以充分自主地接触商品空间。

2.理货员的工作重心是商品以及与商品销售服务相关的环境

理货员是通过理货活动,依靠商品展示与陈列、POP 广告、标价、排面整理、商品补充与调整、环境卫生、购物工具准备以及作业活动状态等,与顾客间接或直接地发生联系。

课堂阅读

理货员与各部门的关系

理货员的工作需要和很多部门接触和协调。

1.与部门主管的关系

下级服从上级,理货员全面完成上级主管交给的各项工作任务指标和指令。如果有损公司的利益、形象或有违反法律法规的,理货员在服从命令的同时,有权越级向上汇报。

2.与前厅各部门的关系

顾客所购商品发生退换情况,理货员应主动积极配合,并办理好退货或换货的有效手续,总台发放赠品或促销商品时,如遇短缺或其他问题时理货员应积极配合。

3.与收银员的关系

当收银员在给顾客结算时发现商品标价错误,理货员应积极协助查找原因,在每天下班时,应到收银处收起当天顾客未结算的商品并办好有效手续。

4.与防损员的关系

应积极主动地配合保安和防损员做好本部门商品的防损工作。发现偷窃人员应交保安处理,和保安搞好销售以外的商品出入手续。

(二)理货员的职业道德意识

根据其职业特性,理货员应树立以下八大职业道德意识:

1.顾客意识

顾客意识的核心是要求理货员时时思考如何让顾客愉快购物并以此作为工作指南。例如,沃尔玛:顾客永远是对的;华联:顾客是唯一的第一。

2.目标意识

没有目标就没有动力,明确的目标是做好工作的精神保证。

3.形象意识

连锁企业是一个大家庭,每一位员工的个人形象都会直接影响公司的整体形象。

4.品质意识

理货员应具有良好的工作态度,并养成细密的思考习惯,以确保商品和服务的品质。例如,理货员对商品保质期的了解等。

5.成本意识

为顾客节省成本是成本意识的核心。

6.合作意识

时刻准备与他人合作来完成工作。

7.问题意识

世界上几乎没有无缺陷、无问题的企业。要善于有效地贯彻解决问题的办法。

8.规范意识

规范意识,即要求按规则、规定来从事工作。如果人人都用大拇指当尺规,那么统一的服务形象就难以维持。

(三)理货员的职业道德修养

职业道德修养是指为达到一定的职业道德水平进行的自我锻炼、自我教育、自我塑造、自我陶冶。理货员职业道德修养的目的是加强理货员职业道德意识,提高自觉地遵守理货员职业道德规范的能力。下面着重介绍理货员职业道德修养的内容。

1.形象修养

形象修养包括仪表、举止、语言三个方面。具体内容见表5-1。

表 5-1　　　　　　　　　　　理货员形象修养内容

仪表	举止	语言
耳朵:A.有没有清洗干净 头发:A.有没有头皮屑 　　　B.有没有梳理整齐 　　　C.是不是一般发型 　　　D.染色是不是自然 脸部:A.化妆是不是太浓 　　　B.眼睫毛是不是整齐 　　　C.脸部是不是干净 口　:A.有没有刷牙 　　　B.有没有口臭 手　:A.指甲剪短了没有 　　　B.指甲是否保持清洁 服装:A.是否按规定穿着工装 　　　B.服装是否整洁 　　　C.是否佩挂服务牌 鞋子:A.是不是干净 　　　B.后跟会不会太高 　　　C.是不是一般款式 口袋:有没有便条、文具、手帕	举止是通过肢体来传达意识的一种语言,称为肢体语言。 主要包括: A.动作语言 B.表情语言 C.视线语言 D.利用空间语言 E.言语表达方式 F.声音表达方式 G.接触表达 H.性别、年龄语言 I.容姿语言 J.气味语言	常用的服务用语: A.您好 B.欢迎光临 C.请稍等 D.让您久等了 E.真抱歉 F.谢谢您 G.欢迎再次光临 不应该使用的语言: A.不知道,你去问别人 B.卖光了,没有了,货架上找不到就没有了,你自己再去找找看 C.那你想怎么样 D.有本事去告好了 E.讲话要讲点道德,现在是文明社会 F.你是不受欢迎的顾客 G.偷了东西就得罚款

2.意志修养

意志修养应把握以下四条:

(1)认同,即要求有清晰的角色意识。理货员应务必认清:应该做什么,不应该做什么;应该说什么,不应该说什么。角色认同的基本要求是:用"假如我是……"的思路将心比心,推己及人,设身处地,进行角色互换,站在对方的角度来思考和处理问题。

(2)自制,即要求冷静、沉着,不受对方的情绪所影响。做到你发火,我耐心;你粗暴,我礼貌;你埋怨,我周到;你有气,我热情。

(3)宽容,即要求宽以待人,得饶人处且饶人,把一切"面子"都留给顾客。有宽容之心才能有效地自制。

(4)平衡,即要求理智、观念与情感、情绪保持平衡。例如,理智上强调"顾客永远是对的",但很多第一线的服务人员在情绪上都因"顾客并不一定是对的"而愤愤不平;观念上知道"源源不断的顾客是公司最大的资产",但由于很多服务人员的良好服务并未得到应有的回应和社会支持,造成观念上和情感上的冲突;做得不好时会得到来自各方面的责骂,但做得好时,却没有什么反应,由此产生委屈心态;工作时间长,精神负担重,体力疲劳,使服务人员懒得去理会顾客的要求、感觉和反应。上述这些如不能很好地平衡,意志修养方面将会前功尽弃。

3.品质修养

品质的内涵十分广泛,对理货员来说,应当着重突出以下三个方面:

(1)见物不贪。人人都需要赖以生存、发展和享受的物质财富,但在追求物质财富时有四点需要特别注意:第一,聚财不贪。"家有黄金万吨,一日不过三顿"。第二,享乐不可极。享乐是一种诱惑,必要的享乐能使人生更丰富多彩,能使工作更充满活力,但乐极往往生悲。第三,不义之财不可取。财物是一种诱惑,只有反抗诱惑,才能有更多的机会做出高尚的行为来。第四,没有第一次。克己自律应从第一次开始,有了第一次,就会有第二、第三次。

(2)与人为善。人人都需要他人的友情、关爱、帮助、支持、鼓励、赞扬、指教、尊重和信赖,人人与人为善,就能达到上述这些美好的期望。对注重品质修养的人来说,通常应从以下四个方面去实现"与人为善"的待人准则。第一,主动交往,以心换心,以德报怨;第二,助人为乐,施人勿念,受施勿忘;第三,任其自然,淡泊洒脱,笑对人生;第四,淡化自我,尊重守信,坚持真理。

(3)做事求上。"做一天和尚撞一天钟"的工作态度和工作作风已不适合现代社会。科技进步、时代发展,需要人们比以往付出更多的辛劳去掌握日新月异的知识和技术。作为理货员,对工作与学习、知识与道德、今日与明日等关系应当有一个比较明确的认识:第一,在工作中学习,在学习中工作,才能使工作做得更好;第二,知识是道德的基础,知识是道德的明灯,没有知识的"道德"是愚昧的道德,没有道德的知识还不如愚昧;第三,今日的辛劳,必将换来明日的收获。总之,只有不断求上,才能有益于顾客,有益于公司,有益于社会,有益于自我,有益于家庭,才有可能达到和谐的道德境界。

二、理货员岗位职责和工作内容

(一)理货员的岗位职责

(1)严格执行卖场服务规范,做到仪容端庄,仪表整洁,礼貌待客,诚实服务,严格遵守各项服务纪律。

(2)熟识产品或产品包装上应有的标志,以及自己责任区内商品的基本知识,包括商品的名称、规格、等级、用途、产地、消费使用方法和日常销量等。

(3)了解有关商业法规,熟识和执行卖场内的作业规范。

(4)掌握商品标价知识,能熟练地使用标价机,正确打贴价格标签。

(5)了解卖场的整体布局和商品陈列的基本方法,熟识责任区域内的商品配置图表,严格按照商品配置表正确进行商品的定位陈列,并随时对责任区域内的陈列商品进行整理。

(6)随时了解责任区域内商品销售的动态,及时提出补货建议,或按规范操作要求完成领货和补货上架作业。

(7)要有强烈的责任心,努力防止商品损坏和失窃,同时要了解治安防范要求。

(8)了解卖场内主要设备的性能、使用要求与维护知识,能排除使用不当引起的故障。

(9)搞好商品、设备、货架与通道责任区的卫生,保证清洁。

(10)对顾客的合理化建议要及时记录,并向专卖店店长汇报。

(11)服从店长关于轮班、工作调动及其他工作的安排,协助收银台做好收银服务。

(二)理货员的主要工作内容

1.补货

补货详见补货作业要领。

2.理货

(1)检查商品有无条形码。

(2)货物正面面向顾客,整齐靠外边线码放。

(3)货品与价格卡一一对应。

(4)不补货时,通道上不能堆放库存。

(5)不允许随意更改排面。

(6)破损、拆包货品及时处理。

3.促进销售,控制损耗

(1)依照公司要求填写"三级数量账记录",每日定期准确计算库存量、销售量、进货量。

(2)及时回收零星商品。

(3)落实岗位责任,减少损耗。

4.管理价格标签和条形码

(1)按照规范要求打印价格卡和条形码。

(2)剩余的条形码及价格卡必须放在排面的最左端,缺损的价格卡须及时补上。

(3)价格卡要收集统一销毁。

(4)条形码应贴在适当的位置。

5.清洁

(1)通道要无空卡板、无废纸皮及打碎的物品残留。

(2)货架上无灰尘、无油污。

(3)样品干净,货品无灰尘。

6.整理库存、盘点

(1)库房保持清洁,库存商品必须有库存单。

(2)所有库存要封箱。

(3)库存商品码放有规律、清楚、安全。

(4)盘点时保证盘点的结果正确。

(三)理货员的辅助工作

1.服务

(1)耐心礼貌解答顾客询问。

(2)补货理货时不可打扰顾客挑选商品。

(3)及时平息和调解一些顾客纠纷。

(4)制止顾客各种违反店规的行为:拆包、进入仓库等。

(5)对不能解决的问题,及时请求帮助或向主管汇报。

2.器材管理

(1)卖场铝梯不用时要放在指定位置。

(2)封箱胶、打包带等物品要放在指定位置。

(3)理货员随身携带:笔1支、剪刀1把、手套1副、封箱胶、便签若干。

(4)各种货架的配件要及时收回材料库,不能放在货架的底下或其他地方。

3.市场调研

(1)按公司要求、主管安排的时间和内容做市场调研。

(2)市场调研资料要真实、准确、及时、有针对性。

4.工作日志

(1)条理清楚,字迹工整。

(2)每日晚班结束时写。

(3)交代未完成的工作内容。

课堂阅读

合格理货员的八项注意

在卖场里,虽然理货员不与顾客进行最直接的交易,但是仍有很多机会与顾客面对面地接触。而且他们的言谈举止都代表着企业,因此只有不断地提高理货员的素质和业务能力,才能保证产品在激烈的市场竞争中一直占领市场。那么,如何做一名合格的理货员呢?这里有八项注意。

一、应服从公司管理,遵守门店的规章制度。

二、要胸怀大局,以公司利益为根本利益。"一损俱损,一荣俱荣",公司效益与员工自身利益息息相关,坚决不能做损坏公司利益和形象的事情。

三、理货员要牢记商品管理销售的基本知识,并在实践中加深理解,进而形成一套自己独特的工作方法。另外,要切实搞好商品陈列,将商品过期率和商品丢失率降至最低。

四、要有一颗真诚服务的责任心。工作中推行微笑服务,使用真诚的礼貌用语,绝对不能把自己的不良情绪带给顾客;顾客遇到困难时,要热情相助;顾客有不懂或不理解的事情,应认真仔细地解释,绝对不能与顾客争吵。要切记:和气生财,顾客永远是对的。

五、要处理好上下级及同事间的关系。在领导面前,不阿谀奉承、不搬弄是非。同事间要互助互爱,并做到宽以待人、严于律己,绝对不能钩心斗角和斤斤计较。尤其在上班期间更要协调一致,交接时勿忘向对班传达早班会内容和本班主要事件及在下个班应注意的问题。

六、善于总结。每天要自我反省,总结工作中的得与失、成与败,以利于自身发展,从而使工作做得更好。

七、协助部门主管做好新员工的"传、帮、带"工作。新员工是公司的新鲜"血液",企业只有不断注入新鲜血液,才能青春永驻。老员工应带动新员工进行实践,把工作中的经验和教训毫无保留地传授给他们,帮助他们尽快掌握工作技巧。

八、注意谈话的技巧。语言是一门艺术,理货员应根据谈话的场合及所面对的不同人群,选择适当的方式、运用一定的技巧,让顾客心悦诚服地接受自己的观点。

此外,理货员在工作中还应该利用工作之便随时关注竞争对手的促销动向、产品情况以及销售状况等,并及时反馈给直接领导。理货员的服务功能与精神面貌所直接体现的是企业形象的组成,间接影响的是顾客的购物心态、感觉与再购物欲望。事实上,也正是因为理货员的存在,供应商对终端内部物流的协助管理才得以变为现实。在终端内部,及时向货架补货、调整品种陈列结构和卖点的生动化陈列、库存信息的及时传递等工作主要依靠理货员来进行,实际上理货员就是一名现场管理者,因此他们应该对卖场所发生的一切负责。

三、理货员作业流程及要领

(一)理货员的作业流程

理货员的作业流程可分为营业前、营业中、营业后三个阶段。

1. 营业前

(1)打扫责任区域内的卫生。
(2)检查购物篮、车。
(3)检查劳动工具。
(4)查阅交接班记录。

2. 营业中

(1)巡视责任区域内的货架,了解销售动态。
(2)根据销售动态及时做好领货、标价补货上架、货架整理、保洁等工作。
(3)方便顾客购货,回答顾客询问,接受友善的批评和建议等。
(4)协助其他部门做好销售服务工作,如协助收银、排除设备故障。
(5)注意卖场内顾客的行为,用温和的方式提防或中止顾客的不良行为,以确保卖场内的良好氛围和商品的安全。

3. 营业后

(1)打扫责任区的卫生。
(2)整理购物篮、车。
(3)整理劳动工具。
(4)整理商品单据,填写交接班记录。

(二)理货员的作业要领

1. 领货作业

在营业过程中,理货员的主要职责就是去内库领货以补充货架上不断减少的商品。
(1)理货员必须凭领货单领货。
(2)理货员要在领货单上写明商品的大类、品种、货名、数量及单价。

(3)理货员对内仓管理员所发出的商品,必须按领货单上的事项逐一核对验收,以免商品串号和提错货物。

2.标价作业

标价是指商品代码(部门别和单品别)和价格以标签方式粘贴于商品包装上的工作。每一个上架陈列的商品都要标上价格标签,有利于顾客识别商品售价;也有利于门店进行商品分类、收银、盘点及订货作业。

(1)价格标签。商品价格标签对连锁企业搞好专卖店商品管理有很大的作用。其作用主要有:识别商品的部门分类和单品代号,以及商品销售、盘点和订货作业;识别商品售价,有利于商品周转速度的管理等。

(2)标签打贴的位置。一般商品正面右上角无说明文字,可以作为标签位置,否则可打贴在右下角。罐装商品,标签打贴在罐盖上方。瓶装商品标签打贴在瓶肚与瓶颈的连接处。礼品则尽量使用特殊标价卡,最好不要直接打贴在包装盒上。因为送礼人往往不喜欢收礼人知道礼品的价格,又不想因撕掉价格标签破坏了商品的包装美观。这是理货员要特别注意的,应从细微之处为顾客着想。

(3)标价作业应注意的事项。一般来说,专卖店内所有商品的价格标签位置应是一致的,这是为了方便顾客在选购时对售价进行定向扫描,也是为了方便收银员核价;打价前要核对商品的代号和售价,核对领货单据和已陈列在货架上商品的价格,调整好打价机上的数码,先打贴一件商品,再次核对如无误可打贴其余商品;标价作业最好不要在卖场上进行,以免影响顾客的购物;价格标签纸要妥善保管,以防止不良顾客偷换标签。

3.变价作业

变价作业是商品在销售过程中,由于某些内部或外部环境因素发生变化,而进行调整原销售价格的作业。

(1)变价的原因。变价的原因可分为两种:

①内部原因,如促销活动的特价、连锁企业总部价格政策的调整、商品质量有问题的折价销售等。

②外部原因,如总部进货成本的调整、同类商品供应商之间的竞争、季节性商品的价格变化等。而理货员在整个变价过程中应注意以下方面:在未接到正式变价通知之前,理货员不得擅自变价;正确预计商品的销量,协助店长做好变价商品的准备;做好变价商品标价的更换,在变价开始和结束时都要及时更换商品的物价标牌以及贴在商品上的价格标签;做好商品陈列位置的调整工作;要随时检查在变价后的销售情况,注意了解消费者和竞争店的反应,协助店长做好畅销变价商品的订货工作,或者是由于商品销售低于预期而造成商品过剩的具体处理工作。

(2)变价时的标价作业。商品价格调整时,如价格调高,则要将原价格标签纸去掉,重新打价,以免顾客产生抗衡心理;如价格调低,可将新的价格标签打在原价格标签之上。每一个商品不可有不同的两个价格标签,这样会招来不必要的麻烦和争议,也往往会导致收银作业的错误。

4. 商品陈列作业

商品陈列作业是指理货员根据商品配置表的具体要求，将规定数量的标好价格的商品摆设在规定货架的相应位置。商品陈列的主要原则与方法参照项目三的详细说明。商品陈列的检查要点如下：

(1) 商品是否有灰尘？
(2) 货架隔板、隔物板贴有胶带的地方是否弄脏？
(3) 标签是否贴在规定位置？
(4) 标签及价格卡售价是否一致？
(5) POP 是否破损？
(6) 商品最上层是否太高？
(7) 商品是否容易拿取、容易放回原处？
(8) 展柜之间是否间距适中？
(9) 商品陈列是否做到先进先出？
(10) 商品是否做好前进陈列？
(11) 商品是否接近报警期？
(12) 商品是否有破损、异味等不适合销售的状态存在？

5. 补货作业

补货作业是指理货员将标好价格的商品，依照商品各自既定的陈列位置，定时或不定时地将商品补充到货架上去的作业。所谓定时补货是指在理货员每班次上岗前或非营业高峰时的补货。所谓不定时补货是指只要货架上的商品即将售完，就立即补货，以免造成由于缺货影响销售。

(1) 商品补货的原则。要根据商品陈列配置表，做好商品陈列的定位化工作；严格按照连锁企业总部所规定的补货步骤进行商品补货；注意整理商品排面，以呈现商品的丰富感。

(2) 卖场巡视和商品的整理作业。清洁商品；做好商品的前进陈列；检查商品的质量。

(3) 补货上架作业。为了符合商品陈列的先进先出原则，通常补货上架要按照以下步骤进行：先检查核对一下欲补货陈列架前的价目卡是否和要补上去的商品售价一致；将货架上原有的商品取下；清洁货架（这是彻底清洁货架里面的最好时机）；将准备补充的新货放至货架的后段；清洁原有商品；将原商品放于货架的前段。

案例分析

减少摩擦

有一天中午，店长正在食品区域帮助理货，忽然听到卖场那头传来阵阵的嘈杂声。起初店长不以为意，后来声音越来越大，当中还不断传来叫骂声，店长才警觉事态严重，立即赶去了解究竟发生了什么事。

原来是店里一位刚来的理货员，在打扫卫生时，不小心将拖把撞到顾客的脚上，但是那位顾客坚持说理货员的动作是故意的。由于该理货员为新手，不知该如何处理，只是站在原地不知所措。那位顾客非常生气,对着理货员大骂,指责他怠慢顾客,态度高傲,做错事又不承认。

店长在了解整件事情的经过后,便先把那理货员支开,然后向客人道歉,并说明该理货员刚来,经验不足,遇到事情难免会慌手慌脚。由于店长的态度相当诚恳,顾客又嘀咕了一阵子才稍稍消了气。事后店长也告诫这位理货员,或许客人真的是无理取闹,身为连锁门店的一员,我们一定要摆低姿态,尽量让顾客感受到被尊重,才能减少摩擦。

思考问题:

1. 本案例中店长言传身教给理货员哪些方面的职业素养和职业意识?
2. 如果你是这名犯了错误的理货员,模拟演练你面对顾客指责时的应对方法。

能力训练

1. 4～5人一组,讨论理货员应怎么做好本职工作。
2. 作为一个理货员,请对图3-3所示的货架陈列状态进行优化。

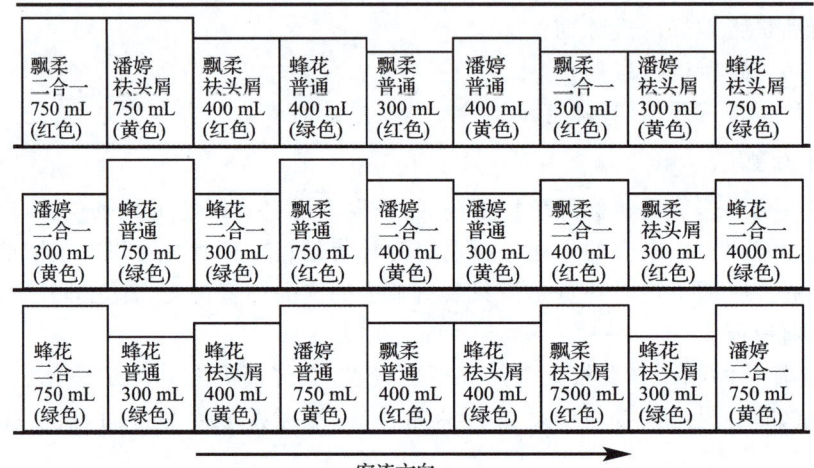

图3-3 货架标测状态

综合案例分析

【案例分析1】

7-11 的商品陈列

世界著名的连锁便利公司7-11的店铺一般的营业面积为100平方米,店铺内的商品品种一般为3 000多种,每3天就要更换15～18种商品,每天的客流量有1 000多人,因此商品的陈列管理十分重要。

曾经就有这样一个趣事:一位女高中生在7-11的店铺中打工,由于粗心大意,在进行酸奶订货时多打了一个零,使原本每天清晨只需3瓶酸奶变成了30瓶。按规矩应由那位女高中生自己承担损失——这意味着她如果不想让一周的打工收入付之东流,那么就必须想方设法地争取将这些酸奶赶快卖出去。冥思苦想的高中生灵机一动,把装酸奶的冷饮柜移到盒饭销售柜旁边,并制作了一个POP,写上"酸奶有助于健康"。令她喜出望外的是,第二天早晨,30瓶酸奶不仅全部销售一空,而且出现了断货。谁也没有想到这个小女孩的戏剧性的实践带来了7-11新的销售增长点。从此,在7-11店铺中酸奶的冷藏柜便同盒饭销售柜摆在了一起。由此可见,商品陈列对于商品销售的促进作用是十分明显的。

7-11在具体的做法上是每周都要一本至少50多页的陈列建议彩图,内容包括新商品的摆放,招贴画的设计、设置等,这些使各店铺的商品陈列水平都有了很大的提高。除此之外,7-11还在每年春、秋两季各举办一次商品展示会,向各加盟店铺展示标准化的商品陈列方式,参加这种展示会的只能是7-11的职员和各加盟店的店员,外人一律不得入内,因为这个展示会揭示了7-11半年内的商品陈列和发展战略。另外,7-11还按月、周对商品陈列进行指导,例如,圣诞节来临之际,圣诞商品如何陈列,店铺如何装修等都是在总部指导下进行的。

从上述的有关7-11的一些介绍中,我们可以了解到国际大型连锁超市对于商品陈列的管理方法。同时,我们也应当看到:目前我们自己的门店对于商品陈列的管理还有什么不足。一些刚入超市这一行业的人大多数已经知道超市的一些基本的商品陈列的方法,例如,商品的突出陈列,商品的关联陈列,比较性陈列,随机性陈列等。但是这些陈列方法的运用是变化的,如同商业的发展一样,一直在随着社会和人们生活水平的发展而不断地变化。例如,以前比较性陈列是将相同商品依照不同的规格或不同的数量予以分类,然后陈列在一起,供顾客选择。同一品牌的单听饮料和单打装的饮料的价格比较或是250 mL和500 mL的同品牌矿泉水的比较陈列,从而鼓励顾客购买大包装的商品。但是现在,在很多卖场就有将不同品牌的相同或相似的商品陈列在一起,如同是500 mL的矿泉水都在进行促销,就将这两个品牌的商品陈列在一起,从而引起供货商之间的价格竞争和促销竞争,商家可以坐享渔翁之利,同时又把门店的销售带入了良性的竞争状态。

商品的陈列是随着时间和季节等外部的变化而变化,一成不变的商品陈列就如同是一潭死水。"流水不腐,户枢不蠹",商品的陈列方法是在不停地摸索和繁衍的,不同的门店间的相同商品的陈列也各有不同。

商品陈列的变化应符合以下几方面:
(1)商品的陈列要符合门店的整体形象和感观。
(2)商品的陈列要符合门店的促销策略。
(3)商品的陈列要适应季节的变化。
(4)商品的陈列要便于顾客选购。
(5)商品的陈列要美观大方,富有艺术感。

变化的商品陈列是门店能够取得良好的销售业绩的途径之一,它会为门店的日常经营带来活力,同时检查一项商品陈列的变化成功与否的唯一标准也将是商品的销售业绩。由此也可以看出商品陈列的重要性,好的商品陈列就好像是一个懂得修饰的女孩会吸引人的目光一样,同样能够使门店富有魅力,吸引众多顾客的目光。

思考问题:
1.7-11连锁便利店的商品陈列中,这名高中生灵活运用了商品陈列的哪些原则?
2.根据上述材料,7-11便利店在商品陈列方面做得比较突出的方面有哪些?
3.怎样理解商品陈列变化对于商品销售的积极促进作用?

【案例分析2】

从理货员的一天看理货工作流程

在零售店铺中有这样一类人,他们掌握所属商品部门中商品的品名、属性、规格、价格以及保质期,哪里缺货哪里就能看到他们的身影,这就是理货员。在卖场中,他们与收银员一样都是最基层的工作人员。但在一定意义上,他们代表着超市的形象,是影响超市商品销售额的重要因素。

某日早上7点,北京超市发双榆树店理货员小韩,推上自行车从家里出来,到路边的小摊买个煎饼果子,也来不及吃,一路猛蹬,径直奔往单位。7点30分,小韩就到单位了,这离上班时间整整早到了20分钟。由于离家远,害怕迟到,迟到三次这个月奖金就没了,小韩已经养成了早起、早到的习惯。20分钟后,超市开门了,打卡签到,更换工作服,佩戴上工作牌后就开始打扫卫生,准备迎接顾客。超市8点正式对外营业。按检查记录进行大量的补货;保持排面整齐,依次向前递补,把新补充的商品放在后面;做到商品正面面向顾客。缺货时及时补货,补货按照有关补货作业的流程及规章进行。

货签是否对位,变价的商品与现在价格是否相符,所贴条码是否正确,摆放位置是否正确,货架上商品有无缺货状况,有无破损品或过期变质品,即这些情况都要做详细检查并记录下来。作为一名老员工,这一流程小韩早已驾轻就熟了。

怎样做好一个超市理货员,看似简单,但掌握商品陈列方法和技巧,正确对商品进行陈列摆放,其中的学问可不少。商品陈列必须根据季节性商品、促销类商品、畅销商品、毛利率高低等特性,采取合理有效的陈列方法和根据多种商品陈列的原则进行陈列;遵照零售店铺仓库管理和商品发货的有关程序,有秩序地进行领货工作。作为理货员还要对新商品的扩销问题有敏感的认识。对于折扣折让销售量大的商品、团购量大的商品、需采购的大批量商品、搞好市场调查、掌握消费者需求等这些问题,要及时上报主管,制定新产品购销计划。

11点40分,两位先去吃饭的同事回来了,超市用餐时间是在11点到13点,由于超市要保证不空岗,5位上班的同事分开轮流用餐,每个人有45分钟的吃饭时间。由于集团里有食堂,小韩一般都去那里,四菜一汤,自助想吃多少吃多少,这对干体力活饭量大的小韩可谓是莫大的补助。

该补齐的货也完成了,小韩开始围着自己的辖区到处转转,看到有碎纸屑及空箱子等都把它收起来,通道地面要时刻保持清洁。同时他还担当了保安的角色。当发现有可疑人员,要及时报告安保人员并做好跟踪工作,发现偷窃人员时要交保安处理。另外就是收拾被遗弃的商品,顾客选好了某样商品,中途又改变主意的情况很多,能把商品放回原处的固然很好,没有放回原处的,理货员只好去归位,有的顾客甚至将楼上楼下的商品对调。对于这些被顾客遗弃的商品,理货员要随见随收,不分辖区,像这样的劳动小韩每天都要重复数百次。

临近下班时间,小韩到收银处收起当天顾客未结算的商品并办好有效手续,把未完成的事情和一天中遇到的问题向上级领导汇报。

14点30分,小韩结束了一天的工作,晚班人员开始上班。

思考问题:
1. 从上述材料中可以看出理货员每日基本的作业内容是什么?
2. 结合案例分析理货员的工作流程及工作过程中的注意事项?

项目四

连锁门店商品管理

项目介绍

商品是连锁门店销售的基础,商品管理工作将直接影响门店的经营绩效。进、销、存是连锁门店运营过程中的三大基本环节,对连锁门店而言销售管理固然重要,但是采购管理与存货管理也有着举足轻重的地位。采购是门店销售商品的前提和基础,决定着商品流通费用的高低、商品售价的高低、购买数量的高低以及经营效益的高低;要使门店的进货与存货作业完善和效率化,门店还必须与总部密切配合,按照作业程序操作,合理进货并妥善管理。

学习目标

知识目标:掌握采购商品的原则;了解采购商品的方式;熟知采购商品的程序;掌握订货流程及注意事项以及进货作业流程;了解验收人员的工作职责、注意事项;掌握退换货及调拨作业管理。

能力目标:会依据采购原则及程序采购门店所需要的商品;会按照订货流程进行订货;会进行进货作业并验收;会进行退换货作业;能够与其他门店进行调拨作业。

素养目标:培养承担责任和恪守底线的诚信品质;培养良好的职业操守、工匠精神;培养团队协作和组织协调能力。

任务一 采购商品

采购已经成为连锁企业门店经营的一个核心环节,是获取利润的重要资源,它在门店的产品开发、质量保证、整体供应链及经营管理中起着极其重要的作用。

工作任务

资料

解百集团的采购

1. 制定一套规范的操作流程和配套的组织机构，把加强商品采购管理放到极其重要的位置

解百集团设立了专门的采供部，下设专职采购人员和三信员（质量、计量、物价管理员）。采购人员由一批综合素质较强且具有一定的经营管理意识、市场意识和公关谈判技巧的人员组成，负责新渠道引进和新产品营销；三信员负责商品质量把关，并直接参与新产品引进的资质审核，包括商品质量、计量、价格、标识、标志、合同的审核，引进的新产品必须做到证件齐全。各连锁门店专门负责销售，并不具有独立的进货权。新产品引进后配送到各门店，门店销完后向采供部提出要货计划，采供部保证在两天内将货品配送到要货门店，实行统一进货、统一配送、统一结算。这种"进销分离"的经营模式为净化进货渠道、杜绝人情货，引进货真价实的商品提供了机制上的保障。

2. 强化商品控制，完善淘汰机制

解百集团建立起一套商品控制和淘汰机制，主要措施有：

（1）进货时坚持"六不进"原则，即：假冒伪劣产品不进；无厂名、无厂址、无合格证产品不进；不符合质量标准及有关法律法规产品不进；索证不齐产品不进；进货渠道不正产品不进；来路不明、有疑问产品不进。上柜时坚持商品检查验收，超市每月定期和不定期对商品进行抽查，并形成制度，对于不符合质量标准的坚决不予上柜。

（2）对同类商品的品种实行严格的控制，对于那些生活必需品，如拖鞋、扫帚、拖把等，顾客对此类商品的品牌要求不高，所以要控制同类商品的重复和重叠；而对于那些品牌认知度较高的商品，如化妆品等，则尽量扩大经营的品牌，细分目标顾客群，从而提高销售。

（3）对于新引进的商品实行试销制度，新产品引进后配送到各门店，试销3~6个月，如门店销售不畅，该产品坚决予以清退。

（4）换季商品及时撤换，腾出场地销售当季热销商品，提高场地的利用率。

（5）对那些逐渐滞销的商品及时淘汰，使超市商品常换常新，保持旺盛的生命力。

要求：

1. 根据案例指出解百集团的采购原则。
2. 你认为解百集团的采购有哪些地方值得其他门店借鉴。

相关知识

一、商品采购的原则

（一）以需定进原则

以需定进是指根据目标市场的商品需求状况来决定商品的购进。对连锁门店来说，

买与卖的关系绝不是买进什么商品就可以卖出什么商品,而是市场需求什么商品,什么商品容易卖出去,才买进何种商品。所以以需定进的原则又称之为"以销定进",也即卖什么就进什么,卖多少就进多少,完全由销售情况来决定。

以需定进原则既可以解决进货与销售两个环节之间的关系,又能促进生产厂家按需生产,避免了盲目性。

坚持以需定进原则时,还要对不同商品采取不同采购策略,如:

(1)对销售量一直比较稳定,受外界环境因素干扰较小的日用品,可以以销定进,销多少进多少,销什么进什么。

(2)对季节性商品要先进行预测,再决定采购数额,以防止过期造成积压滞销。

(3)对新上市商品需要进行市场需求调查,然后决定进货量。销售时,商店可采取适当广告宣传引导和刺激顾客消费。

(二)勤进快销原则

勤进快销是指连锁门店进货时坚持小批量、多品种、短周期的原则,这是由连锁门店的性质和经济效益决定的。因为连锁门店规模有一定限制,周转资金也有限,且商品储存条件较差,为了扩大经营品种,就要压缩每种商品的进货量,尽量增加品种数,以勤进促快销,以快销促勤进。

勤进快销的原则还可以使连锁门店的周转资金加快流转,加强了资金的利用率,因此这一原则又是提高企业经济效益的有效手段之一。

(三)以进促销原则

以进促销是指连锁门店采购商品时,广开进货门路,扩大进货渠道,购进新商品、新品种,以商品来促进、拉动顾客消费。

以进促销原则要求门店必须事先做好市场需求调查工作,在此基础上确定进货品种和数量。

一般来说,对那些处于新开发的,还只是处于试销阶段的商品,要少进试销,只有证明此商品被顾客认可和接受以后,才批量进货。

(四)符合经营业态特性原则

采购商品时,连锁门店应选择符合自身经营特性的商品。如便利商店最大的特色是以"便利"作为思考的基点,应从顾客在消费、使用、携带时的便利等各方面着眼,方可塑造与其他业态商品结构的差异性;超市最大的特色是以品种丰富、价格低廉,能满足日常消费需求作为采购的基点,采购商品时必须求全求廉。

(五)进、退货规定原则

为提高配送效率及门店处理效率,一般采取由配送中心或中央仓库直接以多样、少量、多次的配送方式配送,所以采购时,应衡量供应商配送作业的频率、最低订购量等配合状况,是否合乎各分店的订货及进货需求。此外,连锁门店为了充分利用经营面积,会经常淘汰一些滞销商品。因此销售不佳的商品须迅速自各分店中淘汰,并要求供应商处理退货。故采购商品时,应要求供应商配合办理,否则可依规定处理。

（六）追求差异化原则

近年来零售业在大城市急速成长，各种新的业态不断兴起。在这种情况下，门店经营的商品如何表现差异性，提供给顾客更大的满足感，以形成经营优势，已是商品采购的重要课题。在采购时，除了必要的畅销品外，更应掌握市场趋势及顾客需求，以开发引进差异化商品。例如，大型购物中心除购物外，都在努力发展服务性商品——健身、餐饮、娱乐、休闲等，这些都可以说是竞争下所呈现出的差异化产物，不但可满足顾客需求、提升形象，更可增加营业绩效。

（七）信守合同原则

信守合同原则即采购商品时，要以经济合同的形式与供货商之间确定买卖关系，保证买卖双方的利益不受损害，并使零售企业的经营能够正常进行。

因此，在制定采购合同时，必须保证其有效性和合法性，使采购合同真正成为连锁门店正常运转的保护伞。

（八）文明经商原则

门店面对的是顾客，以向顾客销售商品来获取利润，因此必须坚持文明经商、诚信待客的原则。这一原则与商品采购相联系，便是进货时要保证质量，杜绝假冒伪劣商品。

许多门店进货时都坚持"五不进一退货"原则，以保证消费者和自身利益。"五不进一退货"原则具体如下：

(1) 不是名优商品不进。
(2) 假冒伪劣商品不进。
(3) 无厂名、无厂址、无保质期的"三无"商品不进。
(4) 无生产许可证、无产品合格证、无产品检验证的"三无"商品不进。
(5) 商品流向不对的不进。
(6) 购进商品与样货不符合的坚决退货。

二、商品采购的方式

（一）集中统一进货

由门店店长或专门商品采购部门全权负责商品采购，各商品部只负责填报订货单和销售。

集中统一进货具有许多优点：

(1) 节省成本，由少数人员负责全店采购。
(2) 统一使用资金，节约费用。
(3) 防止进货渠道过于分散，可以获得大批量进货的折扣优势。
(4) 有利于各商品部集中精力，做好商品销售的服务工作。

当然，集中统一进货也有不足之处，如进货与销售脱节、商品脱销、增加内部调拨手续、不利于商品内部流通等。因此必须加强商品采购的计划性。

集中统一进货方式适用于中小型门店，大型购物商场则不宜采用。

(二) 分散独立进货

这种方式是由各商品部直接负责商品的采购,连锁门店只控制全局平衡,根据各商品部的销售状况来调节资金的分配和使用。

分散独立进货方式的优点:

(1) 各商品部了解本部门销售动态,了解消费者的偏好,因而有利于及时组织经销对路的商品,节省了时间。

(2) 有利于加速资金周转,提高经营效益。

(3) 充分发挥各商品部及营业员的工作主动性和积极性。

当然,这种进货方式也有缺陷和不足,如:

(1) 采购业务比较分散,不利于统一管理。

(2) 要使用较多的人力、运力和财力,增加了成本。

(3) 增加了营业员的进货负担,不利于提高服务质量。

分散独立进货方式比较适合规模较大、就近采购的门店。

(三) 集中与分散相结合进货

这种方式一般适合大型门店。其特点是就近采购时由各商品部分散进货,到外地采购时则由门店集中统一进货。这种综合方式有利于门店集中统一使用资金和组织采购人员,又可以充分发挥各商品部的积极性,如果在采购时加强计划性和衔接性,就可以起到上述两种进货方式所难以起到的作用。

(四) 委托进货

这种方式主要适用于中小型门店。这类企业因为规模相对较小,所购商品种类较多而批量却较小,加上手续复杂,没有专人负责进货,就委托中间商代为采购,付给对方一定代理费即可。采用委托进货方式时,必须对采购商品质量、规格、品种进行严格检查,对不符合采购标准的坚决退货。

三、商品采购的程序

商品采购是一个非常复杂的问题,涉及许多方面,处理不慎就会出现误差、延误进货,最终影响商品销售。商品采购时,主要有以下步骤:

(一) 制定采购商品目录

商品目录是门店经营的全部商品品种目录,是门店组织进货的指导性文件。

在制定采购商品目录时,应根据目标市场需求和自身的经营条件,具体列出各类商品经营目录,借以控制商品采购范围,确保主营商品不脱销,辅营商品花色、规格、式样齐全,避免在商品采购上的盲目性。

采购商品目录并不是一成不变的,也要根据市场需求变化和商家经营能力适时进行调整。调整中可依据商品销售数据进行分析:哪些种类的商品销售下降,如果较长时间内无销售记录,可逐渐筛选淘汰;有些商品销售上升,可适当增加经营品种和采购数量。门店还应经常开展市场调研预测:分析市场需求变化趋势,了解新产品开发情况,根据自身条件增加市场前景好的商品经营。在深入研究市场发展变化,总结自身经营状况的基础上,适时调整商品经营目录,是门店改善经营的重要手段。

(二)选择供货商,洽谈商品供销事宜

门店供货商很多,如何从中进行选择呢?门店供货商可以分为三类:一是自有供货商;二是原有的外部供货商;三是新的外部供货商。

1.自有供货商

有些连锁企业自己附设加工厂或车间,有些则设有商品配送中心。这些供货者是连锁门店首选的供货商。

连锁企业按照市场需要,组织附属加工厂加工或按样生产,自产自销,既是商品货源渠道,又有利于形成商家经营特色。有些商品如时装、针纺织品、鞋帽,市场花色、式样变化快,从外部进货,批量大、时间长,不能完全适应市场变化。而从加工厂或车间加工定做,产销衔接快,批量灵活。有些商家加工定做的时装品牌也有较高的知名度和市场影响,成为吸引客流,扩大销售的有力手段。

2.原有的外部供货商

门店与经常联系的一些业务伙伴,经过多年的市场交往,对这些单位的商品质量、价格、信誉等比较熟悉了解,对方也愿意与商家合作,遇到困难相互支持。因此,可成为商家稳定的商品供应者。

在选择供货商时,原有的外部供货商应优先考虑,这样一方面可以减少市场风险,又可以减少对商品品牌、质量的担忧,还可以加强协作关系,与供货商共同赢得市场。

3.新的外部供货商

由于市场竞争激烈,新产品不断出现,门店需要增加新的供货商。选择新的供货商是商品采购的重要业务决策,要从以下方面做比较分析:

(1)货源的可靠程度。主要分析商品供应能力和供货商信誉。包括商品的花色、品种、规格、数量能否按商家的要求按时保证供应,信誉好坏,合同履约率等。

(2)商品质量和价格。主要是供货商品质量是否符合有关标准,能否满足消费者的需求特点,质量档次等级是否和商家形象相符,进货价格是否合理,毛利率高低,预计销售价格消费者能否接受,销售量能达到什么水平,该商品初次购进有无优惠条件、优惠价格等。

(3)交货时间。主要是采用何种运输方式,运输费用有什么约定,如何支付,交货时间是否符合销售要求,能否保证按时交货。

(4)交易条件。供货商是否提供供货服务和质量保证服务,是否同意商家售后付款结算,是否可以提供送货服务和提供现场广告促销资料和费用,是否利用该地传播媒介进行商品品牌广告宣传等。

(5)审查供应商的各种证明材料,以便对其各种情况进行调查,评估。

为了保证货源质量,商品采购必须建立供货商资料档案,并随时增补有关信息,以便通过信息资料的比较对比,确定选择供货商。

(三)进行市场采价,与供货商的价格进行比较,作为商品采购价格的基础

采购人员在接受了供应商的产品报价以后,应亲自到市场上了解同类产品的价格,与

供应商的报价进行比较,再进行审查。即所谓"货比三家",在同等质量、品牌相近、信誉良好的前提下,选择报价低的商品。

(四)查看样货,看样选购

查看样货对商品采购非常重要,如果不查看样货,就如隔山买牛,商品的材料、款式、尺寸、功能等都无法证实。查看样货、看样选购是采购商品质量的保证。

(五)与供货商议定商品供应条件

在对供货商进行评价选择的基础上,采购人员必须就商品采购的具体条件进行洽谈。在采购谈判中,采购人员要就购买条件与对方磋商,提出采购商品的数量、花色、品种、规格要求,商品质量标准和包装条件,商品价格和结算方式,交货方式,交货期限和地点也要双方协商,达成一致,然后签订购货合同。

(六)发出订购合同

一项严谨的商品采购合同应包括:货物的品名、品质规格;货物数量;货物包装;货物的检验验收;货物的价格,包括单价、总价;货物的装卸、运输及保险;货款的收付;争议的预防及处理。签订购货合同,意味着双方形成交易的法律关系,应承担各自的责任义务。供货商按约交货,采购方支付货款。

(七)收货及验货存库,并记录存档

采购商品到达门店或指定的仓库,要及时组织商品验收工作,对商品进行认真检验。商品验收应坚持按采购合同办事。要求商品数量准确,质量完好,规格包装符合约定,进货凭证齐全。商品验收中要做好记录,注明商品编号、价格、到货日期。验收中发现问题,要做好记录,及时与运输部门或供货方联系解决。

(八)跟踪管理

根据采购商品的销售情况,调整商品摆放位置、陈列面积等,以促进商品销售。

知识拓展

商场采购合同的内容

商场采购合同的条款构成了采购合同的内容,应当在力求具体明确、便于执行、避免发生纠纷的前提下,具备以下主要条款:

1. 商品的品种、规格和数量

商品的品种应具体,避免使用综合品名;商品的规格应规定颜色、式样、尺码和牌号等;商品的数量多少应按国家统一的计量单位标出。必要时,可附上商品品种、规格、数量明细表。

2. 商品的质量和包装

合同中应规定商品所应符合的质量标准,注明是国家或部颁标准;无国家或部颁标准的应由双方协商凭样订(交)货;对于副、次品应规定出一定的比例,并注明其标准;对实行保换、保修、保退办法的商品,应写明具体条款;对商品包装材料、包装式样、规格、体积、重

量、标志及包装物的处理等,均应有详细规定。

3.商品的价格和结算方式

合同中对商品和价格的规定要具体,规定作价的办法和变价处理等,以及规定对副品、次品的折扣办法;规定结算方式和结算程序。

4.交货期限、地点和发送方式

交(提)货期限(日期)要按照有关规定,并根据双方的实际情况、商品特点和交通运输条件等确定。同时,应明确商品的发送方式(送货、代运、自提)。

5.商品验收办法

合同中要具体规定在数量上验收和在质量上验收商品的办法、期限和地点。

6.违约责任

签约一方不履行合同,违约方应负违约责任,赔偿对方遭受的损失。在签订合同时,应明确规定,供应者有以下三种情况时应付违约金或赔偿金。

(1)未按合同规定的商品数量、品种、规格供应商品。

(2)未按合同规定的商品质量标准交货。

(3)逾期发送商品。购买者有逾期结算货款或提货、临时更改到货地点等情况,应付违约金或赔偿金。

7.合同的变更和解除条件

在什么情况下可变更或解除合同,什么情况下不可变更或解除合同,通过什么手续来变更或解除合同等情况,都应在合同中予以规定。

除此之外,采购合同应视实际情况,增加若干具体的补充规定,使签订的合同更切实际、更有效力。

能力训练

假设你是某连锁门店采购人员,负责某一种或几种商品的采购事宜,请结合所学知识完成一份采购报告(企业和采购的商品可根据自己熟悉的领域自由选择)。报告要求:(1)要有明确的采购流程;(2)明确采购目标;(3)选择和确定供应商;(4)采购方法选择与应用;(5)采购价格分析(如你所采购的商品价格受哪些因素的影响、你是怎么确定价格的等);(6)收货与质量控制;(7)此次采购活动总结。

任务二 管理门店进货

进销存是门店经营的三个重要环节,进货作业是商品进销存各环节中的第一个环节,要及时订货,满足顾客的需求,同时又要保证商品的质量和消费者的利益,所以进货作业非常重要。

工作任务

资料

便利店的进货作业

较多连锁便利店为了减少成本,都建立了自己的配送中心,门店向配送中心订货,配送中心按照规定的时间进行送货。当然也有个别的商品是门店向采购部提供的供应商直接订货,不过基本过程都相似。

门店的营业员在营业时间内一般都是一边整理商品一边进行商品数量的统计,根据商品库存的数量以及每日商品的销售数量通过收银机向配送中心进行订货,订货截止时间一般都是每日的下午三点,如果超过这个时间就算作第二天的订货了。有库房的便利店可以每隔一日订货,没有库房的便利店就需要每日订货。配送中心一般都会在第二天早上进行送货。

门店在订货的时候可能会订错商品,也有可能由于商品质量问题、外包装问题等,商品不能进行销售,那样就需要进行退换货处理。不论便利店还是超级市场,如果需要进行退换货处理,那么在收货的时候就要先进行退换货处理,如果不这样,这些商品就要占用库房的面积,导致其他的商品无处可放。尤其是便利店,一般面积较小,空间相对更珍贵,退换货时要注意仔细填写退换货表。

如果是总部的配送中心送货,可以有保留地接收。关于商品的数量和商品的质量在整理商品的时候进行核实和检查。而对于供应商的送货则要仔细清点,送货单与订货单是否一致,商品质量是否符合要求,商品包装是否损坏,等等。异常情况要及时处理,尽量不要影响门店的正常销售。

门店的销售有些时候是不能预测的,顾客的需求是千变万化的,偶尔会有顾客来店里大量购买某种商品,超出门店正常的销售数量。如果不满足顾客的需求有可能失去一个永远的顾客,如果能够在一定范围进行适当的调整,就有可能为企业获得一个忠实顾客。这时就需要进行调拨作业。调拨作业需要双方店长同意,并进行填单、签名等环节。如需要商品的数量较大,则需事前电话联系、确定其他门店的商品数量,再给顾客准确的答复。

所以,便利店要适时、适量地订货,并严格验收,保证满足顾客的需求,增加门店的销售额。

要求:
1. 连锁企业门店进货包括哪些内容?
2. 连锁企业门店订货时应注意哪些事项?
3. 连锁企业门店的进货作业流程有哪些?
4. 门店在调拨商品时应注意哪些事项?

相关知识

一、门店订货作业

门店的订货作业是指门店依据订货计划向总部配送中心或总部指定的厂商及自行采

购单位进行点叫货物的活动。一般来说,连锁总部会对各个门店统一规定每天的订货时间,以保证订货作业的计划性。可采用的订货方式有人工、电话、传真、电子订货系统等多种形式。随着我国连锁经营规范化的发展,最终将采用 EOS 订货系统。订货信息汇总到总部或传达到厂商后,由总部来配送商品或由厂商直接配送。

(一)订货作业流程

连锁门店订货作业流程,如图 4-1 所示。

(二)订货作业注意事项

库存检查(数量、质量、有效期),适时订货,适量订货。

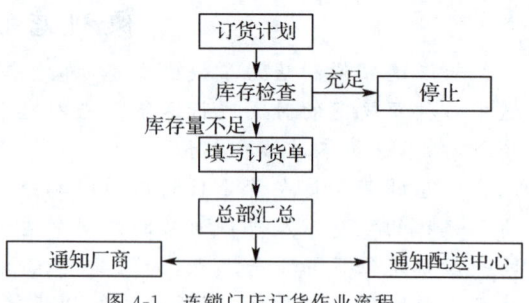

图 4-1 连锁门店订货作业流程

二、门店进货作业

(一)进货作业流程

门店进货是指订货后对厂商或配送中心配送来的商品进行接收或验收,从而使商品进入卖场或内仓。

连锁门店进货作业流程,如图 4-2 所示。

(二)进货作业注意事项

(1)进货要考虑地形环境,设置进货码头、等候区、卸货区、升降机和堆高车等。

(2)要严格遵守总部规定的时间。

(3)进货时应核对订货记录。

(4)先进货再退货。

(5)产品分类必须清楚。

(6)验收后的商品有的可以直接上架,省去周转麻烦。

(7)产品的出入库均应登记,确保料账相符。

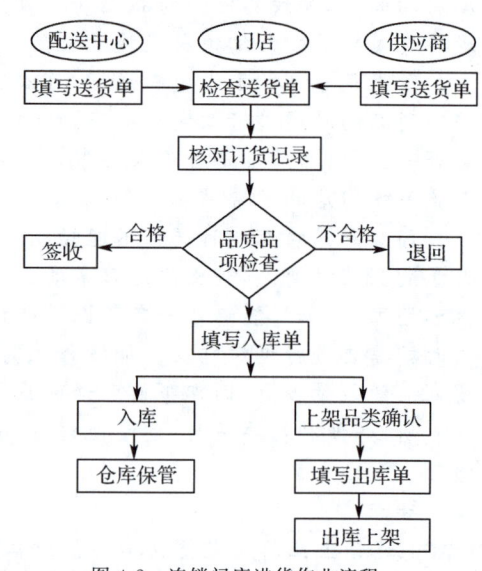

图 4-2 连锁门店进货作业流程

三、门店收货作业

(一)收货作业原则

1.诚实原则

收货的数据必须是真实的,不是虚假的;收货的人员必须是诚实的,不得接受供应商的任何馈赠和索要任何物品、钱财等。

2. 正确原则

收货的数据必须是正确的,与实际的送货相一致。错误的单据必须进行及时的纠正。

3. 优先原则

收货执行优先原则,任何时候,生鲜类食品比其他类商品优先收货,生鲜类食品中的优先程序是活鲜、冷藏食品、冷冻食品;退货优先原则,即先办理退货后,再进行收货程序;紧急优先原则,已经缺货并等待销售的商品,可以考虑优先收货。

4. 区域原则

收货执行严格的区域原则,即未收货、正收货、已收货区域。各个流程中的商品必须在正确的区域内,如未进行收货的商品或不符合收货标准的商品必须在未收货区域内存放或处理,正在进行收货的商品只能在正收货区域内,已经完成收货程序的商品才能进入已收货区域。

5. 安全原则

收货部的整个区域执行严格的安全原则,包括叉车的运作、周转仓的商品存放、收货商品的码放与运输等,都必须遵守安全原则。

6. 当日原则

收货部执行当日原则,即当天的收货、退货必须当日完成确认的工作,不能推迟录入和确认。

(二)验收组组长的工作职责

(1)安排验收人员作业计划,并适当安排供应商送货时间。

(2)进货验收。①商品品名、数量、规格等核对。②拒收不符合门店要求的商品。③是否赠品搭配。④拒收品质不良商品。⑤拒收仿冒、违禁商品。

(3)存货管理。①交接各部门商品的存量及需求量。②存货定位管理使之易取易拿。③标签管理。④空篮、空箱管理。⑤周围环境保持清洁。

(4)退回品处理。

(5)验收人员管理。①验收人员考勤、仪容、服务管理。②空闲时安排人员协助其他部门,如商品陈列、收银或协助装袋等。

(6)顾客的送货服务。

(7)传达并执行总部对门店的相关指令和规定。

(三)验收工作人员的工作职责

(1)整理后场环境整洁,并且将相关物品(如塑料箱、推车等)堆放整齐。

(2)商品收货时应依照订货单上内容逐一清点,并抽查商品内容是否一致。

(3)按连锁企业总部规定的商品验收办法验收商品。

(4)商品验收时发现有拆箱或其他异常状况时,应予以全部清查。例如,通常超市内的生鲜品都必须逐一过磅检查。

(5)验收结束,必须将商品堆放在暂存区或直接放入卖场,再由理货员确认,不可与其他进货商品混淆。

(6)厂商退货时必须检查退货单,由验收人员确认品名、数量无误后,方可放行。

(7)供应商带回的商品空箱,必须由验收人员检查确认。

(8)门店员工购物,必须由验收人员确认。

四、连锁门店收货的业务流程

(一)单据检查

门店必须对随货单据按《调拨商品收货管理规范》《直配商品的收货管理规范》进行检查。

(二)安排卸货

门店应安排指定区域卸货。卸货验收区域应在收货区或卖场外,到货商品应与库存商品明确区分。

(三)商品验收

(1)外箱验收:是否破损、严重变形、有污点、霉斑。出现该情形而无内包装的商品(如家电),不必开箱,可即行退回;其他商品,直配商品可直接退回,调拨商品应对全部外箱有问题的商品开箱检查单品质量,单品质量不符的亦应退货。

(2)检查品项:商品的品名、规格、型号等与订单是否一致,品项不符的应予拒收。

(3)检查条码:除散装商品、生鲜称重商品外,所有商品均必须有标准原印条码或粘贴本公司的内码;无条码、有条码无法扫读或扫读后商品品名、规格等与订单、调拨单不一致的,应予拒收(此规定的执行时间另行通知)。

(4)检查包装规格:部分商品会有不同组合式量贩包装,交货商品包装数量规格应与订单或调拨单上一致,否则,应拒收。

(5)检查标示:进口商品应有中文标示;食品应"八标"(品名、配料表、净含量、生产日期、保质期、厂名厂址、生产许可证、卫生许可证)齐全;百货应有"商品名称、生产许可证、厂名厂址",部分百货类商品外包装无明确标示的应与配货中心商品主管及时联系,确认可以收货时,应加贴标示。

(6)检查保质期:商品若有保质期限,则须在允收期内交货,否则拒收。允收期是指商品允许收货的期限,即商品自生产制造日起至收货日止的期间,未超过此期限,方可收货。

资料

某门店商品保质期与允收期

表4-1　　　　　某门店商品保质期与允收期对应表

国产商品		进口商品	
保质期	允收期(距生产日)	保质期	允收期(距生产日)
10天以下	2天(含)以下	3个月	1个月(含)以下

(续表)

国产商品		进口商品	
保质期	允收期(距生产日)	保质期	允收期(距生产日)
15天	3天(含)以下	6个月	2个月(含)以下
1个月	7天(含)以下	8个月	3个月(含)以下
3个月	20天(含)以下	1年	4个月(含)以下
6个月	40天(含)以下	1年半以上	6个月(含)以下
8个月	2个月(含)以下		
1年	3个月(含)以下		
1年半以上	4个月(含)以下		

(7)检查保修卡：按国家规定应实现"包换、保修"的商品,无论是国产还是进口,商品内均应有有效的保修卡。

(8)检查数量、重量。

①商品的计量单位以订单或调拨单为准。

②若有搭赠,则应以订单数量加搭赠数量的总和点验收货。搭赠商品的处理按公司《门店赠品管理制度》执行。

③实收数量应先扣除不良品的数量。

④若为称重商品,应以过磅方式查验并将添仓板、各种容器及含冰、水分及其他非商品称重扣除。门店应关注生鲜品合同规定的交货状态,生鲜品有固定运送包装材料、固定含水量的可由采购部与厂商议定扣除数量的协议,门店在收货时扣除。门店应检查扣除重量的合理性。

⑤直配商品若实际查验量大于订货量,门店应予拒收;特殊情况(低温冷冻商品等)或与供应商签有可退换货协议的,门店可以补充紧急订单收货。

⑥商品净重不符且超过允许范围的应予拒收。

(9)检查商品质量：商品若为假冒伪劣者拒收,商品外观有破损、破包、凸凹罐、变形、油渍、发霉、生锈、瑕疵以及真空包装漏气等情形,应拒收;商品内容物有异味、结块、杂质、渗漏、发霉、鲜度不佳、容量不足等情形均视为不良品,亦应拒收;其他对商品质量有严重影响,从而难以销售的均应考虑拒收。如无法确认品质,应通知对应商品区域业务人员会同查验商品质量。

(10)上述商品如为采购部买断而无法退货的,采购部事先通知门店时,可放门店由采购部打折定价后处理,损耗计入采购部。低温冷冻调拨商品原则上不退货,确有质量问题,应及时与配货中心联系,由配货中心决定打折处理,损耗计入配货中心。

(四)赠品的收货

(1)调拨商品应有箱外赠品的,由配货中心书面通知门店。

(2)直配商品应有箱外赠品或搭赠赠品的由采购部通知门店。

(3)应有箱外赠品而不全的,门店应予拒收商品。

(4)赠品的收货和使用按公司《门店赠品管理制度》执行。

(五)验收方式

(1)外箱检查：对所有商品的外箱均应检查。

(2)对玻璃、陶瓷、塑料等易破损商品及以上述材料包装的商品应全面开箱检查。

(3)对非原包装商品应全面开箱检查。

(4)其余包装完好商品按比例抽查,抽查发现有某一项不合格时,应对该商品进行全面检查。

(六)商品验收必须当场完成

商品验收必须当场完成,不得先入库再验收,更不能拖到第二个工作日。因为商品只有在验收合格后才能正式入库。这种必要性体现在:一方面,商品来源复杂,渠道繁多,从结束生产过程到进入仓库前,经过一系列的储运环节,受到储运质量和其他各种外界因素的影响,其质量和数量可能发生某种程度的变化;另一方面,各类商品虽然在出厂前都经过了检验,但有时也会出现失误,造成错检或漏检,使一些不合格商品按合格商品交货。

(七)单据的录入、登记、传递

单据的录入、登记、传递要按连锁企业《商品进销(调)存票据及数据管理规范》《调拨商品收货管理规范》《直配商品收货管理规范》和其他相关规定执行。

五、门店退换货作业

(一)退换货原因

退换货原因有:品质不良、破包、商品标志不符、试销品、卫生机构检验不合格产品、配件不全、送错货、订错货、滞销品等。

(二)换货作业流程

(1)连锁门店相关人员发现有不符合验收规定的商品时,应立即通知负责核验商品的营业人员办理换货手续。

(2)营业人员发现换货商品、接到换货通知时,一方面将该商品送至仓库,由仓库人员登记保管;另一方面通知供应商办理换货。

(3)供应商接到采购人员的换货通知后,应在供货合约中规定的期限内将换货商品送至门店验收,然后送至仓库并将更换情况进行记录,经验收员复核、登记、查验后,供应商取回换货商品。

(三)退货作业流程

(1)门店遇有退货发生时,应请营业人员清点整理退货商品,送至仓库保管、登记。

(2)营业人员同时填写退货申请单,经门店主管签核后,将退货申请单送往采购部门,通知供应商办理退货。

(3)供应商接到采购部门的通知后,到采购部门领取退货单,并持退货单到门店仓库登记,取回退货商品,经验收人员查验、登记后放行。

(4)验收人员完成退货品的查验后,将退货单呈报主管核定,由采购人员编制退货报表,送往会计部门扣款,完成退货手续。

（四）办理退换货作业的注意事项

(1)供应商确认,即先查明待退换商品所属供应商或送货单位。

(2)退调商品也要清点整理,妥善保存,一般整齐摆放在商品存放区的一个指定地点,而且这些商品应按供应商或送货单位分别摆放。

(3)填写退换货申请单,注明其数量、品名及退货原因。

(4)迅速联络供应商或送货单位办理退换货。

(5)退货时确认扣款方式、时间及金额。

六、调拨作业

调拨作业是指连锁企业门店之间的作业,它是某门店发生临时缺货,且供应商或配送中心无法及时供货,而向其他门店调借商品的作业。

（一）调拨发生的原因

(1)门店销售急剧扩大,而存货不足。

(2)供应商送货量明显不足。

(3)顾客临时下大量订单。

（二）调拨作业流程

调拨作业流程,如图4-3所示。

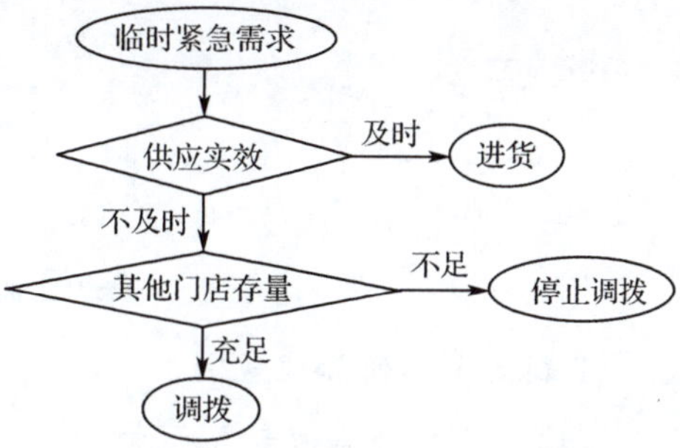

（三）调拨作业的注意事项

1. 调拨前注意事项

(1)若是临时大量订单,门店在接单前最好先联系一下其他的门店,确认可调拨数量是否足够,不要任意接单,而影响连锁企业的商誉。

(2)门店之间的商品调入与调出,必须在双方店长同意下才能进行。

(3)调拨车辆安排。

(4)工作人员与时间安排。

2. 调拨时的注意事项

(1)必须填写调拨单,拨入、拨出门店均须在其上签名确认。

(2)拨出或拨入时均须由双方门店验收检查并确认。

(3)调拨单一式两联,第一联由拨出门店保管,第二联由拨入门店保管。

(4)调拨单须定期汇总送至总部会计部门,以配合账务处理。

3. 调拨后的注意事项

(1)拨入、拨出门店均须检查存货账与应付账是否正确。

(2)拨入门店应注意总结教训,重新考虑所拨入商品的最低安全存量、每次订货量以

图4-3 调拨作业流程

及货源的稳定性，尽量避免重复发生类似事件。

能力训练

1. 设想你是连锁门店的理货员，在你负责的商品中，有需要退货的商品，你会怎么处理？请说明流程。

2. 假如你是收货部主管，正当盛夏，前来送货的供应商排成了长队，但供应生鲜冷冻食品的供应商却排在了后面，估计半个小时也不能收货，你会如何解决这个问题？

任务三　管理门店存货

做好门店存货管理工作，是门店顺利运营的加油站。门店存货的管理很大部分体现在仓库管理上，并直接通过进销存反映门店的状况。

工作任务

资料

某门店仓库管理规定

1. 制定仓库的管理规定

(1) 门店的仓库由专人负责。

(2) 采购人员购入的物品必须附有合格证及入库单，收票时要当面点清数目，检查包装是否完好，发现短缺或损坏应立即拆包核查。如发现实物与入库单数量、规格、质量不符合，仓库管理人员应向交货人提出并通知有关负责人。

(3) 库房物品存放必须按分类、品种、规格、型号分别建立账卡。

(4) 严格管理账单资料，所有账册、账单要填写整洁、清楚、计算准确，不得随意涂改。

(5) 严格执行出入库手续，商品出库必须填写出库单，经相关负责人批准后方可出库。

(6) 定期对仓库进行盘点、整理，对账实不符及时上报，不得隐瞒。

(7) 严格按照门店管理规定办事，不允许非工作人员进入库房。

(8) 仓库管理要做到清洁整齐、码放安全、防火防盗。

(9) 仓库内严禁吸烟，禁止明火，禁止无关工作人员入内，库内必须配备消防设施，做到防火、防盗、防潮、防鼠，相关管理制度张贴于明显位置，禁烟、禁火标识应设置于库房大门外。

(10) 因管理不善造成物品丢失、损坏，物品管理人员应承担不低于物品价值30%的经济损失。

2. 制定仓库保管的原则，进行合理的商品陈列

(1) 面向通道进行保管。

(2) 尽可能地向高处码放，提高保管效率。

(3)根据出库频率选定位置。
(4)同一品种在同一地方保管。
(5)根据物品重量安排保管的位置。
(6)依据形状安排保管方法。
(7)定期对仓库的商品进行盘点。
要求:
1.仓库管理规定是否全面,还有哪些需要补充的?
2.仓库商品陈列还有哪些注意事项?
3.坏品的处理流程是什么,并列举其注意事项。

相关知识

一、仓库管理

仓库管理也叫仓储管理,是对仓储货物的收发、结存等活动的有效控制,其目的是为企业保证仓储货物的完好无损,确保生产经营活动的正常进行,并在此基础上对各类货物的活动状况进行分类记录,以明确的图表方式表达仓储货物在数量、品质方面的状况,以及目前所在的地理位置、部门、订单归属和仓储分散程度等情况的综合管理形式。

(一)仓库管理的原则

(1)面向通道进行保管。为使物品出入库方便、容易在仓库内移动,应将物品面向通道保管。

(2)尽可能地向高处码放,提高保管效率。为有效利用库内容积,应尽量向高处码放;为防止破损、保证安全,应当尽可能使用棚架等保管设备。

(3)根据出库频率选定位置。出货和进货频率高的物品应放在靠近出入口、易于作业的地方;流动性差的物品放在距离出入口稍远的地方;季节性物品则依其季节特性来选定放置的场所。

(4)同一品种在同一地方保管。为提高作业效率和保管效率,同一物品或类似物品应放在同一地方保管。员工对库内物品放置位置的熟悉程度直接影响着出入库的时间,将类似的物品放在邻近的地方也是提高效率的重要方法。

(5)根据物品重量安排保管的位置。安排放置场所时,当然要把重的东西放在下边,把轻的东西放在货架的上边。需要人工搬运的大型物品则以腰部的高度为基准。这对于提高效率、保证安全是一项重要的原则。

(6)依据形状安排保管方法。依据物品形状来保管也是很重要的,如形状标准的商品应放在托盘或货架上来保管。

(7)依据先进先出的原则。保管的重要一条是对于易变质、易破损、易腐败的物品要定时查看,以便剔出不合格物品;对于机能易退化、老化的物品,应尽可能按先入先出的原则,加快周转。

(二)仓库管理方法和内容

1. 仓库管理方法

首先,制定仓库管理制度。其实任何企业的管理都离开不了制度的约束,尤其是在仓库管理这方面,程序多,项目繁杂,小到货物的摆放,大到全部货物的采购,都应该有一个可以遵循的制度,这样才能井井有条地来做。井井有条就是仓库管理制度的核心内容,以条例管理,以制度执行,仓库管理才有效果。

其次,建立仓库管理平台。仓库零乱主要是因为我们在零乱之前没有畅通的信息流,如果我们清清楚楚地知道,哪些货物应该多进,什么货物有破损应该何时交给谁处理,那么仓库管理就不再盲目,所以,建立一个以仓库管理软件为支撑点的科学的管理平台对一个企业的发展尤为重要。

最后,强化仓库管理执行力。有了制度,有了仓库管理平台,剩下最重要的就是执行力了,强化执行力,对于仓库管理工作至关重要,毕竟制度实施和平台操作都是靠人来完成的。如果执行者能根据仓库管理软件上的仓库信息,严格按制度执行,再乱的仓库都会管理得好。

2. 仓库管理内容

仓库管理的内容包括:订货、交货;进货、交货时的检验;仓库内的保管、装卸作业;场所管理;备货作业。

(三)仓库管理应注意的问题

(1)库存商品要进行定位管理,其含义与商品配置图表的设计相似,即将不同的商品以分类、分区管理的原则来存放,并用货架放置。仓库内至少要分为三个区域:

第一,大量储存区,即以整箱或栈板方式储存;

第二,小量储存区,即将拆零商品放置在陈列架上;

第三,退货区,即将准备退换的商品放置在专门的货架上。

(2)区位确定后应制作一张配置图,贴在仓库入口处,以便于存取。小量储存区应尽量固定位置,整箱储存区则可弹性运用。若储存空间太小或属冷冻(藏)库,也可以不固定位置而弹性运用。

(3)储存商品不可直接与地面接触。一是为了避免潮湿;二是由于生鲜食品有卫生规定;三是为了堆放整齐。

(4)要注意仓储区的温湿度,保持通风良好、干燥、不潮湿。

(5)仓库内要设有防水、防火、防盗等设施,以保证商品安全。

(6)商品储存货架应设置存货卡,商品进出要注意先进先出的原则。也可采取色彩管理法,如每周或每月不同颜色的标签,以明显识别进货的日期。

(7)仓库管理人员要与订货人员及时进行沟通,以便到货的存放。此外,还要适时提出存货不足的预警通知,以防缺货。

(8)仓储存取货原则上应随到随存、随需随取,但考虑到效率与安全,有必要制定作业时间规定。

(9)商品进出库要做好登记工作,以便明确保管责任。但有些商品(如冷冻、冷藏商品)为讲究时效,也采取卖场存货与库房存货合一的做法。

(10)仓库要注意门禁管理,不得随便入内。

二、坏品处理

坏品是指门店在销售或储存过程中过期的商品、包装破坏不能再销售的商品或者因停电、水灾、火灾、保管不善造成的瑕疵商品。

(一)坏品处理作业流程

(1)不论是由卖场自行检查或消费者退货还是因意外事件而出现的坏品,均必须由营业现场店长再度确认,看是否真的无法再销售。

(2)门店工作人员在店长确认之后,必须进行登记,同时一方面将坏品集中装箱保管;另一方面通知供货商,确认换货的可行性。

(3)若经供货商确认后可退换货,即实施退换货作业;否则由门店自行承担损失。

(4)若无法退换货,则门店要实施坏品销毁,而该作业最好会同验收人员共同进行,并切实核对坏品记录。

(二)坏品处理的注意事项

(1)门店店长应查清坏品发生的原因,以明确责任归属,并尽快做出处理。

(2)坏品必须登记详细,以方便账务处理以及门店管理分析。

(3)若经确认,发生坏品的责任在门店,如商品保存不当、订货过多、验货不仔细等,那么门店须做出反省,并通报各部门,避免此类事件再度发生。

(4)不能退换货的坏品不可任意丢弃,必须做好记录、集中保管,待会同验收人员确认后共同处理。

课堂阅读

生鲜商品仓库管理

1.仓库区规划设计

(1)应以厂商类别规划,并固定位置管理。

(2)商品入库前须外箱标示商品品名、进货时间及单位数量。

(3)商品入库、出库、补货一定注意"先进先出"。

(4)仓库平面图须张贴门外。

2.仓库区的整理、整顿、清洁、美观

(1)排定清洁表。

(2)依每日、每周、每月、每季、每年排定人员清洁。

3.冷冻藏仓库管理重点

(1)有计划地定时清洁,包括:纸箱、货架、栈板、地面、破损商品及排水口等。

(2)体积大、重量重、不易渗水、无碰撞破损的商品,应堆放下方;反之则应堆放上方。

(3)切实遵守先进先出的原则。

(4)回转率高、放置时间较短或促销用的商品,应放在较靠近出入口的位置,以利补货;反之则放在较内侧的位置。

(5)相同商品应集中放置,不可相互混杂。

(6)商品不应全无包装或覆盖直接暴露在储藏库内。

(7)商品不可直接放在地面上,应以栈板垫高,同时栈板应分类排整齐,不可占用走道。

(8)货与货、货与墙之间应保留适当距离,前者3厘米,后者5厘米,以利空气流通及商品区别与搬运。

(9)风扇附近的商品,其堆放高度限制应为风扇下方0.3米左右。

(10)入口处保留1米左右宽度的走道,以供手推车及人员操作进出之用。

(11)易解冻商品,应尽量勿放在风扇下方及门口附近。

(12)随时清除因库内积水所结成的碎冰。

能力训练

以网上查阅资料的方式,了解不同业态的连锁企业存货管理状况,发现不足,提出改进措施。

任务四　管理畅销商品

门店的经营活动是围绕如何以其商品和服务来满足消费者的需求这个中心环节来进行的。多数门店经营面积有限,为了适应消费者需求变动和市场发展趋势,对商品品种的选择就变得尤为重要,而它所经营的每种商品不可能总处于畅销阶段,因此,门店应该掌握商品的发展规律,不断挖掘和培养畅销商品。

工作任务

资料

新开店畅销品确定方法

某家开业不久的门店,每天都会在营业高峰过后派自己的员工去同一商圈内几家竞争门店卖场内部"考察",留心竞争门店营业高峰结束后,陈列货架上的商品情况,悄悄记下货架缺货、数量少、在货架位置比较靠后的商品,经过几周的"考察"后,该门店也制定了自己的畅销商品目录。

要求:

1.该门店应用的畅销商品确定方法是什么?

2.你认为哪些因素决定了商品是否畅销?

3.你还知道哪些确定畅销商品的方法?

相关知识

一、分析畅销商品影响因素

商品畅销市场的原因主要是因为它对消费者有吸引力,能更好地满足消费者需求。商品是否畅销主要取决于以下因素:

(1)商品功能。商品的用途对于消费者来说至关重要,缺之不可而又不能被替代。

(2)商品质量。同类商品中质量的佼佼者,最有可能成为受消费者欢迎的畅销品。

(3)商品价格。质量保证的前提下,价格便宜的商品容易畅销。

(4)商品包装。包装上体现便利性的商品容易被消费者接受。

(5)商品品牌。名牌商标是商品畅销市场的通行证。在同类商品差别化逐渐缩小,市场出现大量不同品牌的今天,商标知名度便成为左右消费者购买行为的重要因素。

(6)售后服务。售后服务是商品销售的延续,服务做得好可以打消消费者的各种后顾之忧。

二、选择畅销商品

门店应该从畅销商品影响因素出发选择畅销商品,当一种新产品出现在市场上时,应考察其市场销售潜力并对其进行综合评估。常见的方法有:

(一)打分法

将多种因素按照不同程度折成数字来评估某一新上市商品,高于某一水平即可列入门店培养的对象。当然,有些因素很难用数字来表示,而且不同商品的各因素所占比例也不一定完全相同,如日用品应注重质量与价格;礼品应多考虑包装;服装应多关注品牌与款式;电器则侧重于售后服务。

(二)历史记录法

门店过去的销售统计资料也是选择畅销商品的一个主要依据。可以将每一时期排列在前十位的商品作为重点畅销商品来培养,同时建立商品淘汰制度,将每一时期排列在最后几位的商品定期清除出场,并补充新商品。

百佳超级市场的采购计划值得借鉴:为确保采购适销对路的商品,总部每年都要制订详细的滚动商品计划,其步骤是首先收集上一年超级市场发展形势、顾客购买频率、购买金额、顾客消费心理和要求等资料,然后对过去5年的营业额增长率和发展形势做出统计,在销售的1万多种商品中找出最受欢迎的品种,在对社会及经济环境变化作全面分析的基础上确定下一年采购计划。

(三)竞争店借鉴法

即从竞争对手的营销推广中选择畅销商品。连锁门店的竞争对手很多,不仅包括其他连锁集团,还包括争夺同一类市场的其他零售业态等,因此,从竞争对手的营销推广活动中去发现新的畅销商品不失为一条捷径。一般来说,几乎所有门店都会把销路最好的商品陈列在最显著的位置,或者为了推广某种商品,卖场内往往会张贴各式各样的POP广告,经常到竞争店里观察,可以更为全面地了解畅销商品。

(四)追赶潮流法

门店在选择畅销商品时,需要充分了解市场上的流行趋势,最好到国内发达地区进行考察。如广州、上海、北京、深圳等发达城市的同类门店大都销售比较超前的流行商品,对开发畅销商品有一定的借鉴作用。

三、调整畅销商品

(一)按季节变化调整

畅销商品随着季节变化至少要做四次重大调整,每次调整的畅销商品约占前一个目录总数的50%左右,即使在某一个季节内,不同的月份由于气候、节假日等影响,畅销商品也会有一定差异,每个月畅销商品调整幅度一般会超过10%。

(二)按商品生命周期调整

商品进入成长期、成熟期时,由于消费群体的增加,它可能会被引入畅销商品目录,当它由成熟期转入衰退期时,它必然会在畅销品目录中被删除。

(三)按顾客需求变化调整

在某种商品大规模做宣传广告,预计会对消费者偏好和消费时尚产生巨大的影响和推动时,这种商品很可能会进入畅销商品目录。

四、畅销商品的管理策略

畅销商品在门店经营中占有绝对的地位,是门店管理的重点,为了使畅销商品能真正畅销起来,不缺货,门店应做好以下工作:

(一)优先采购

在制订采购计划时,应将门店畅销商品采购数量指标的制定和落实作为首要任务,要保证门店畅销商品供货的稳定足量,保证门店畅销商品在所有门店和各个时间都不断档缺货,这是门店畅销商品保证的前提条件。

(二)优先存储

在配送中心,要将最佳库存量留给门店畅销商品,要尽可能使门店畅销商品在储存环节中物流线路最短,要尽量做好保管工作。

(三)优先配运

在门店畅销商品由配送中心到门店的运输过程中,门店应要求配送中心优先充足地安排运力,根据门店订货、送货的要求,保证畅销商品准时、准量、高频率配送。

(四)优先上架

理货员应该在商品配置图中,将卖场最好的区域、最吸引顾客的货架,指定留给门店畅销商品,并保证畅销商品在卖场货架上有足够大的陈列量。门店畅销商品一般应配置在卖场中的展示区、端架、主通道两侧货架的磁石点上,并根据其销售额目标确定排列数。

(五)优先促销

促销计划的制订及实施都应围绕畅销商品,门店畅销商品的促销应成为门店卖场促销活动的主要内容,各种商品群的组合促销也应突出其中的畅销商品。

(六)优先结算

在要求门店畅销商品供应商足量准时供货的同时,门店也要向畅销商品供应商承担足额按时付款的义务。只有足额按时付款,才能与提供畅销商品的品牌供应商建立良好的合作伙伴关系,才能保证充足的畅销货源,才能与供应商分享市场占有率提高的利益,才能有效地做大供应商品牌产品销量和增强对供应商的控制力。

总之,畅销商品应该是我们要去花大力重点关注和经营的商品,它经营的好坏直接影响着门店的经营业绩,是真正体现门店商品竞争力优势的表现。因此,门店经营管理者都要做好畅销商品的培育、选择及经营。

能力训练

4～5人一组,考察所在城市一家知名大型综合超市,结合所学知识,分析该超市的畅销商品有哪些。

任务五 淘汰滞销商品

滞销商品是门店的毒瘤,直接侵蚀门店的经营效益。由于门店的资金及卖场资源的有限性,同时为保证门店销售的业绩,门店通常要淘汰相当数量的滞销商品,有些门店甚至做了每年必须淘汰多少个滞销商品或滞销比例的规定。

工作任务

资料

商品滞销的原因

某门店经营者认为滞销商品的产生多半是由于消费者对商品不满意所致,如产品的款式、设计、价格、用料、断码等。只要有一项顾客不满意就不会购买,那么商品就会出现滞销。有时由于天气的原因也会让商品产生滞销,例如,服装业遇到暖冬,羽绒服就容易产生滞销。

要求：

1. 该门店经营者所说的商品滞销的原因全面吗？你认为还有哪些因素可能导致商品滞销。
2. 你认为滞销商品的选择依据有哪些。
3. 滞销商品一定要全部淘汰吗？淘汰的程序如何？

相关知识

一、滞销商品形成的原因

(1) 供货商所提供商品的质量问题、顾客买后退货，造成门店商品积压而成为滞销商品。
(2) 供货商供货不及时，延误了销售时机。
(3) 进价及采购成本过高，影响商品畅销度。
(4) 未掌握商品的畅、滞销状况。
(5) 贪图供应商搭赠或数量折扣，贸然大量进货。
(6) 市场供求量发生变化，以致畅销商品成为滞销商品。
(7) 商品库存分类不清，门店陈列不准，或促销方式不佳。
(8) 总部对分店存货及销量没有准确把握。

二、滞销商品的选择依据

(一) 销售额排行榜

即根据本门店 POS 系统提供的销售信息资料，挑选若干排名最后的商品作为淘汰对象，淘汰商品数大体上与引入新商品数相当。

以销售排行榜为淘汰标准，在执行时要考虑两个因素：一是排行靠后的商品是不是为了保证商品的齐全性才采购进场的；二是排行靠后的商品是不是由于季节性因素才销售欠佳，如果是这两个因素造成的滞销，对其淘汰应持慎重态度。

(二) 最低销售量或最低销售额

对于那些单价低、体积大的商品，可规定一个最低销售量或最低销售额，达不到这一标准的，列入淘汰商品，否则会占用大量宝贵货架空间，影响整个卖场销售。实施这一标准时，应注意这些商品销售不佳是否与其布局与陈列位置不当有关。

(三) 商品质量

对被技术监督部门或卫生部门宣布为不合格商品的，理所当然应将其淘汰。

对于门店来说，引进新商品容易，而淘汰滞销商品阻力很大，因为相当一部分滞销商品当初是作为"人情商品"进入的。为了保证门店经营高效率，必须严格执行质量标准，将滞销商品淘汰出卖场。一个经验型的建议是，如果新品引进率不正常地大大高于滞销商品淘汰率，那么采购部门的不廉洁采购是可以确定的。

> **知识拓展**

针对大型消费客户的 RFM 模式分析

在评估和判断该客户的购买绩效时，我们可以参考 RFM 模式。R(Recency)表示最近一次消费，即客户最近一次购买的时间有多远；F(Frequency)表示消费频率，即客户在最近一段时间内购买的次数；M(Monetary)表示消费金额，即客户在最近一段时间内购买的金额。

最近一次消费意指上一次购买的时间——客户上一次是什么时候来店里，如客户在你的门店买牛奶最近的一次是什么时候。

最近才买你的商品、服务或是光顾你商店的消费者，是最有可能再向你购买商品的顾客。再则，要吸引一个半个月前才上门的顾客购买，比吸引一个半年多以前来过的顾客要容易得多。这里所蕴含的营销哲学就是——与顾客建立长期的关系而不仅是卖东西，会让顾客持续保持往来，并赢得他们的忠诚度。

消费频率是顾客在限定的期间内所购买的次数。我们可以说最常购买的顾客，也是满意度和忠诚度最高的顾客。增加顾客购买的次数意味着从竞争对手处获取了市场占有率，从别人的手中赚取营业额。

消费金额是所有数据库报告的支柱，也可以验证"帕雷托法则"——公司80%的收入来自20%的顾客。如果你的预算不多，那你就可以考虑瞄准其中一些重点的消费客户。

RFM 是测算消费者价值最重要也是最容易的方法，我们可以尝试去使用这个指标综合考评我们的重点消费客户——如果该客户很久都已不来，且最近频率越来越低，即使来了购买量也不大，则可认为本店商品结构不适合该客户。

三、滞销商品的淘汰程序

（1）对销售数据进行分析。制定不同类型商品的淘汰标准和计划，根据滞销商品标准，进行数据分析。例如，以销售额排行榜最后5%为淘汰基准，以每月销售未达到3件为基准、以商品品质为基准等，找出销售不佳、周转慢或品质有问题的商品作为淘汰品进行相应的退货处理。

（2）确认原因。采购人员应分析和了解商品淘汰的真正原因，是商品不佳，还是工作人员作业疏忽，如缺货未补、订货不准确、陈列定位错误等，然后确定淘汰。

（3）统计出各个门店和配送中心所有淘汰商品的库存量及总金额。

（4）确定商品淘汰日期。门店最好每个月固定某一日期为商品淘汰日，所有门店在这一天统一把淘汰商品撤出货架，等待处理。

（5）淘汰商品的供应商货款抵扣。到财务部门查询被淘汰商品的供应商是否有尚未支付的货款，如有，则作淘汰商品抵扣货款的会计处理，并将淘汰商品退给供应商。

(6)将淘汰商品记录存档,以便查询,避免时间一长或人事变动等因素将淘汰商品再次引入。

> **业务指导**
>
> **删除滞销商品以后做什么?**
>
> 可能我们都知道什么时候应该删除商品了,但是却不知道删除商品之后应该怎么做呢?一般实践中可以考虑三种选择:
>
> (1)删除滞销商品后,不做品类的其他调整,而是引入了新的品类。因为删除这种商品就是在调整商品结构,删除单品后,既不会影响品类的总体销售又不会影响消费者的正常购物,这样是可以的。而同时,零售门店发现了新的商品经营的空白点,于是决定引入新的商品进行销售。
>
> (2)删除滞销商品后,引入一个新的替代商品,但是品牌不一样了。因为消费者还需要这类型的商品,只是在某些因素上令顾客不满意。
>
> (3)删除滞销商品后,引入新的定位商品。例如,某个门店经过消费者购物行为分析发现,门店所经营的商品单品大都是在10元以下的巧克力,这一部分的商品定位相互交织,冲突很大,而在10~15元档次的巧克力商品是门店的经营空白,而这一部分的商品又存在一定的销售空间,所以需要在10元以下的巧克力品种中删除某些单品,引入一些稍高价位的巧克力品种来扩大门店的商品价格带,满足尽量多的消费者购买。

四、淘汰滞销商品的注意事项

连锁门店无论以何种标准淘汰滞销商品,都应具体分析淘汰原因。例如,是否因为商品的配置和陈列失误而滞销,是否因为季节性因素而滞销,是否因为保证商品的齐全性而滞销等。如果存在上述因素,应对该商品的淘汰持慎重态度,在对其改变经营方式重新检验后,再决定是否淘汰。

另外,有些商品虽销售不畅,却是必备商品,为保证顾客流量,这些商品也不宜淘汰。

五、控制滞销商品产生的方法

连锁门店要尽可能地控制滞销商品的产生,具体的方法有:

(1)树立"退货也须付出成本"的观念,进货退回是不受供应商欢迎的,退货过多会影响企业的商誉及供销之间的关系,而且也会增加商品进、销、存的费用,造成不必要的浪费。所以要强化销售力,尽量做到不退货。

(2)依据商品类别及厂商类别将商品归类,制作商品目录和商品订货表,加强存货及陈列定位管理。

(3)把握各类商品总部库存及分店库存总量,不能光凭总部库存来决定采购。

(4)制定门店每次最后订货量及最大库存量。

课堂阅读

删除滞销商品十大问题

淘汰商品,说简单了,只要店主勤快,就能迅速起色;但它又不是一件简单的事情,在实际工作中,零售商经常遇到一些问题,其中包括:

1. 跨品类删除商品是中小零售企业常犯的错误

对于有些小型的门店,门店管理者习惯将所有商品的前几名和后几名进行分析,这种全品类下的分析不仅没有可比性,甚至难以判断什么是滞销商品?什么是畅销商品?

难道便利店中食用盐的利润没有巧克力高,就可以淘汰它吗?难道某些高档白酒的销售数量没有口香糖多,就可以淘汰它吗?跨品类的商品对比是没有意义的,所有商品的淘汰必须是在一个品类下进行对比。

2. 如何面对删除某个淘汰商品就是删除品类的情况

跟上个问题一样,这种问题是一些习惯了"跨"品类分析的管理者常遇到的。他们在删除某些单品后,回头发现整个品类都消失了,因此产生上述疑问。我们要习惯用品类定位和品类角色的设定去考核品类,如果该种商品有潜质(如成为形象品),那么你可以思考该品类/单品的一些突破口,通过其他方式来赢得出其不意的胜利。

3. 淘汰品类的处理办法

有些门店不经过分析,贸然就将整个品类的商品拿掉,这是不正确的。我们在进行淘汰商品的过程中,首先应当做的就是对品类结构进行再次认定和调整,然后变更门店的品类计划。

例如,由于某品类商品在整个消费品市场份额中不断下滑,同时在该门店内的销售也长期徘徊在比较低的数量和利润水平上。门店需要经过全方位考评和分析消费者购物篮才能决定:该品类对于消费者的吸引力是否在不断减少,整个品类的商品是否正在逐步退出市场。然后再决定是否删除品类。

此时,该品类下的商品可能面临全部被淘汰掉。其中包括该品类的品类首领,这种商品的销售曾经是门店的畅销商品,但是现在正在不断地没落,销售不见太多好转。但这不影响淘汰整个品类的决定。

其次是有些面临淘汰的品类中的商品经过商品定位、包装、形象、价格等多方面的调整后,获得了销售的新生。这种情况通常是已经脱离了原有品类的定义和判定,所以此时的新商品应该重新划分品类,不应当属于原先的经营品类。

4. 关注滞销商品的销售拉动能力

在《销售与市场·中国商贸》中有一篇文章叫作《陷入死亡螺旋的中小超市》,讲述的就是中小型超市面对来自外界的市场竞争,不断追求企业的经营利润,将一些非重点品类进行逐一删除,结果删除这些陪衬性质的商品的同时,也影响了顾客的关联性购物和企业最终追求经营利润的目标,不断陷入了死亡的陷阱。

所以进行消费者的购物篮分析是极其必要的——必须从顾客"买了什么,又买了什么"中，了解这些品类的拉动性和关联性。要注意：对于品类和商品的调整，零售企业不应当简单地只是从商品的构成表、利润贡献度角度去分析，同时还要根据门店的目标消费者的购物习惯和购物行为去分析，否则，即使是大型综合超市也可能陷入小型超市的死亡陷阱之中。

5. 是否应当从销售数据中排除某次团购

在分析某种商品是不是"滞销"时，总要分析它的销售数据。那么，是否在销售数据中保留超出平时销售很多倍的特殊销售事件？

例如，某个商品在1～30日的销售数量为3个，而在31日商品的销售数量为100个，这个数据如果参与数据分析，那么下次订货数字就会产生巨大的差异。门店的库存数量是为了保证正常的商品销售情况，不是为了某一次的突发销售事件而在囤积商品。因此，零售门店的大型团购销售是绝对不能参与到商品的经营分析中。

当然，当前大部分的零售软件都会将这种异常数字予以排除在外，因为保留这种情况的数据并参与销售分析，容易产生巨大的分析差异，不符合门店的实际销售情况。

有些零售企业对于团购销售的商品，并不是在前台收款机的POS上进行收款结算，而是统一由门店的客户服务部或者团购服务部进行相关的服务，并将其团购脱离正常的数据类型进行销售统计。因此也使团购数据不会出现在"滞销"判断中。

6. 是否为了某个固定购买滞销商品的大客户而保留商品位置呢

在零售企业的门店中，有些时候，会遇到这样一个尴尬的局面：该种商品的正常销售不是很好，一直是处于淘汰的边缘，但是有一个固定的大客户会定期对其购买。

基于这种情况，门店应当从三个方面进行分析解决：

其一，从商品的自身角度发现销售潜力，这个商品是否具有可扩大销售的特点，能否吸引更多的消费者购买？是否能够通过销售该种商品拉动其他商品的销售？

其二，从消费者的角度出发，这种商品能够满足消费者的哪些需求？门店内是否有可替代的商品？

其三，该大客户的消费能力是多少？门店能否通过该种商品获得一定的利益？

在通过上述的评估之后，如果通过商品的分析找出改变商品销售的突破点，那么这是最好的现象。如果不成功，门店可以通过介绍比较畅销的替代品改变消费者的消费习惯，从而达到平稳调整商品品类结构的目的。

下策就是只有合理评估消费者的消费能力和绩效，选择是否放弃该客户。如果门店需要继续服务该客户，那么可以通过了解客户的需求情况，根据客户的周期性需求规律，直接由配送中心（如果是厂商发货，容易影响到零售终端的利益）发货到客户办公地址进行验收，这样既不影响门店的单位销售业绩，也能够保住这个重要的客户。

7. 根据经营业态合理安排商品品类，不要删除某些商品的备选方案

如果零售商在设计备选品时，使其中某一商品明显优于其他商品，消费者购买较优商品的可能性会提高；如果在备选系列加入一个和目标商品相比更差的商品，而且该商品与备选系列中的其他商品没有关系，就可以提高目标商品的销量。

针对上述的备选商品的分析，在实际操作中应当注意什么呢？当在该品类下仅仅有

一个单品,即该品类的货架上只有一个商品可以供顾客选择的时候是比较危险的。备选商品没有产品特色,没有销售业绩,这些条件看上去简直是天生"滞销胚",是否应该马上删除?不是,在你删除该备选商品的时候,必须要引入一个新单品来弥补备选商品的位置,否则会影响该品类商品的整体销售绩效,那就不如先留着。

8.怎样看待重点品类中的滞销商品

在零售门店中,有些品类被设定为重点经营的销售品类,但是对于这个品类下的滞销商品应当如何处理呢?

作为重点获得销售额或者销售利润的品类,所面对的压力是非常大的。所以在这种品类下的商品表现不佳,将会带来的影响也是非常巨大的。重点品类的销售变动可能将会影响整个门店的销售绩效。所以对于这部分的滞销商品一定要进行谨慎合理的判断,不要因小失大——如果竞争店有货,而该滞销品又常出现在"购物篮"的搭配中,就不应删。

9.销售下降幅度很大的商品,是否一定是滞销商品呢

不一定,销售起伏比较大,往往是由于该种商品具有季节性。但零售商很有可能对于季节性产品管理不到位,结果到了第二年,根据销售数据却把该商品给删除了。

对于季节性商品管理,我们可以在商品的基本属性中进行标注,在商品的物流属性中限定其订货的月份。由于其在基本属性中的标注就可以在非季节的时候将季节性商品排除在日常经营的商品之外,当进入其销售月度的时候,季节性商品再次出现。这样就可以避免季节性商品的管理麻烦。

10.怎样看待已经退市的商品

有些商品原本销售业绩不错,但是因为制造商或者供应商的问题,其经营的商品正在逐步退出市场,销售绩效正在不断下滑。面对这种情况,零售商所能做的方法是一方面协调厂商关系看是否能够再次提升该种商品的销售业绩,另一种方法就是寻找新的商品引入或者在所经营的商品中培养新的可替代的力量,让其他商品补充该种商品的销售地位,减少因为厂商的退市而带来的影响。

能力训练

某零售商以前一直销售中档价位的家用面包机,后来他又增加了一种价格比原面包机价格高出50%的新面包机,而这种新的面包机除了比原来的面包机更大以外,其他属性都一样。结果,新面包机并没有卖出几台,但原面包机的销量却几乎翻了一番。

请完成:

1.请分析说明上述情况发生的原因。

2.针对上述情况,在实际操作中应当注意什么?

任务六　引进新商品

新商品引进是连锁门店经营活力的重要体现,是保持和强化门店经营特色的重要手

段,是门店创造和引导消费需求的重要保证,是门店商品采购管理的重要内容。比竞争对手更早引进新产品,不仅可以取得独特的商品,还会获得新产品上市的超额利润。

工作任务

资料

顾客意见使超市引进了新商品

在某超市,有三位顾客在一周内不同时间向营业员询问是否有杏仁粉卖,引起了营业员的关注。营业员在早会上发布了这条顾客需求信息,采购员在早会结束后,上网查找供应商,经过比价,选定一家供应商订货,半个月后商品到货,当天有一家店就卖出一箱。

要求:

1. 该超市根据三位顾客的意见引进了新商品,分析这种方法的可行性。
2. 你还知道哪些引进新商品的办法?

相关知识

一、认知新商品

对于零售门店而言,凡是门店原来没有经营过的商品都属于新商品,包括:生产商新开发的新产品,或是生产商在其他区域市场有销售但在本区域市场中没有销售的产品,或是生产商在本区域市场有销售但在本超市中没有销售的产品。

二、商品的生命周期原理及应用

在不断变化的市场上,没有哪种商品能永远畅销,每一种商品都要经历由盛到衰的演变过程,与此同时另一种更能满足消费者需求的商品也会应运而生。因此,在经营中要不断优化商品结构,淘汰没有生命力的老商品,开发、引进新商品,使商品结构在动态中保持合理。

一般来说,商品生命周期可以分成四个阶段,即:试销期→成长期→成熟期→衰退期。商品生命周期是制订进货计划时要考虑的一个因素。我们在制订进货计划时应分析商品处在生命周期的哪个阶段,有针对性地把握进货量,以保证进货量的合理性。

1. 试销期

试销期是新商品的介绍、培育阶段。有的新商品一上柜就迅速进入成长期,而有的新商品介绍、培育期则需要一段时间(一般高档商品培育期相对要长一些)。因此新商品引进后应采用广告宣传、重点展示、重点推荐等方式,积极提炼主导款式(或品种)并将其培养成畅销商品(需要提醒大家的是,即使高档商品培育期也不能过长,因为市场是不断变化的,所以要积极找原因,制定改善办法)。

试销期的进货原则:多品种、少批量,先进行试销。通过试销提炼出畅销款后,要保证畅销商品不缺货,对不畅销的及时调整。

2.成长期

如果新商品被消费者认可,它将进入成长期,在该阶段销量会迅速提升。通过前期对畅销款的提炼,在该阶段要明确主导、辅助款式(颜色、功能、口味等),有针对性地做好畅销商品的运营管理。

成长期的进货原则:多品种、大批量,保证畅销商品不缺货。通过丰富品类、品种,形成系列化经营,提高市场竞争力和增长率,同时及时调整不合理库存。

3.成熟期

每一种商品在销量进入高峰后,将放慢增长步伐,进入成熟期,销售趋于平稳并维持一段时间。

成熟期的进货原则:少品种、大批量,在保证畅销商品不缺货的同时,及时调整销售不畅的商品。另外,要重视新商品的引进。

4.衰退期

当商品销量逐步呈下降趋势(不包括缺货或陈列不当等人为原因造成的下降)时,该商品就进入了衰退期。

衰退期的进货原则:少品种、少批量。在保证畅销商品不缺货的前提下,有计划地缩小经营规模(包括缩减款式、颜色、号型),做好库存的调整,并积极引进、培育新商品,最终使衰退期商品与新商品顺利交接,退出市场。

商品生命周期运用最理想的状态是:当"第一代"商品(柜组眼下的主导商品)进入成长期后,"第二代"商品进行入试销期,这样当"第一代"商品进入了成熟期,尚未进入衰退期时,"第二代"商品就进入了成长期,以此类推,新、老商品能够自然衔接,这就要求我们要有计划、有步骤地开发新商品,淘汰没有生命力的商品,使柜组经营进入良性循环。

三、新商品引进的系列化

1.商品系列化

商品系列是指密切相关的一组商品。此组商品能形成系列有一定的条件。有的商品系列是由于商品属性均能满足消费者某种需求而组成,如款式系列、风格系列、口味系列、价格系列等;还有的是商品搭配在一起形成主题系列,如超市的"春游季""烧烤季",箱包、文具项目的"开学季"以及一些节日系列商品等。

2.品牌系列化

品牌系列化就是以品牌为定位标准,借助品牌效应系列化经营。一个成熟的品牌,品类、品种很丰富,如果我们只经营其中的一种或几种,不成系列,很难突出品牌形象,不能体现品牌风格,也不能满足品牌目标消费群的需求。例如,其护肤品牌有三大品类:美白、保湿、抗皱;某服装品牌更注重风格、款式、颜色、规格的合理组合,做到主导突出,辅助有力。品牌系列化经营利于把品牌做精做细，做大做强；有利于获得品牌代理商和厂家的支持。当然，品牌系列化也不能一概而论，主导品牌应做到系列化经营，而辅助品牌有些则要视该品牌在企业商品结构中的辅助定位情况而定。

四、引进新商品的途径

（一）原有供应商的新商品

原有的供应商，因其原有的产品在门店中已有销售数据，已体现出较好的市场运作能力，只要新产品的功能具有独特性，就是非常具有成长潜力的商品。这是一个成本最低且非常有效的新品引进方法。

（二）广告热播商品和网络热销商品

由于人们好奇和尝鲜的特性，消费者容易受广告（包括电视广告和时尚杂志广告）的影响，喜欢购买和寻找广告热播的新商品。由于人们的从众心理，消费者会很关注网上的排行榜，如果消费者在店里买不到这类商品，就会认为该店商品陈旧，跟不上时代。采购员引进广告热播商品也是一个成本最低且非常有效的新品引进方法

（三）知名同类门店和经营同类别商品的其他业态企业

采购员可通过知名同类门店或经营同类别商品的其他业态企业，寻找在本地没有销售的商品，因该商品在知名同类门店已经销售，引进的成功率会非常高。某门店以这种方法为主要的新商品引进渠道，70%的商品在该地区是独特的，没有竞争对手经营，商品的毛利率达到了30%。

（四）顾客意见反馈

消费者对市场最为敏感，门店应建立一套良好的顾客意见收集反馈系统，并从中筛选出有价值的意见对工作进行改进，特别是顾客提出的店里没有但希望买到的商品。

五、新商品引进的注意事项

1. 树立代客进货的意识，不以自己的好恶进货

连锁企业应尽量减少因个人好恶对商品选择带来的影响，树立代客进货的意识，在企业定位范围内最大限度地丰富商品，为消费者提供一个广阔的选择空间，更好地满足顾客需求。

2. 差异化经营，减少内耗

模仿是新商品引进的最大忌讳，也会造成内耗。因此，不但要看竞争企业有什么，还要看竞争企业没有什么；看市场上有什么，听顾客需求什么。只有这样，才能引进差异化的商品。

差异不仅指与竞争企业的商品要形成差异，自己经营的商品在保证企业定位的基础上，也要形成差异。例如：有一服装主管因偏爱某种款式，因此每次引进商品都是这种款

式,即使又开发了新品牌,商品也并无新意。所以,虽然服装品牌不少,但款式都极其相近,不能形成互补,不能为消费者提供一个广阔的选择空间,也给导购员推荐商品增加了难度。

3. 新商品的引进要有前瞻性和预见性

对于即将上市的新商品要有敏锐的市场眼光,抓住新商品销售的第一时机和新品促销机会,比竞争对手更早地赚取新品第一桶金。

对于连锁门店来说,商品是第一位的,因此企业要勤考察市场,提高对新商品的敏感度,预知项目商品的发展方向和流行趋势,不断研究顾客需求,挖掘经营空缺,积极开发引进新商品、好商品,做到人无我有,人有我全,人全我优,人优我特,满足顾客需求的同时提升企业经营效果。

能力训练

在三四线城市,门店经常可以从竞争对手那里发现好的产品,但是根据联系电话打到供应商那里以后,常常都被告知在当地没有代理商。4~5人一组,讨论这种情况下能成功引进好产品的措施。

任务七 盘点商品

门店在运营过程中存在各种损耗,有的损耗是可以看见和控制的,但有的损耗是难以统计和计算的,如偷盗、账面错误等。因此需要通过盘点来得知门店的盈亏状况。盘点是衡量门店运营业绩的重要指标,也是对一段时间内运营管理的综合考核和回顾。

工作任务

资料

家乐福的库存盘点流程

1. 盘点的准备工作

清洁:提前一天清扫仓板、地面与货架。

货架编号:将仓库、卖场、外仓的货架进行编号(注意按顺序,不跳号),从头到尾每个货架都必须清楚地编号,货架编号与部门编号组成货架号。

注意事项:所有的退货必须于盘点前完成;所有损坏而无法退货的单品必须经扫描后销毁,不能进入盘点,并在送到垃圾房时由保安在清单上签字;没有其他部门的单品;当天销售的高回转商品,在仓库设置临时堆放区,不计入仓库盘点(加入卖场);将已打开的纸箱运到卖场,尽量补放到货架上;尽量保留满箱的商品(便于清点和复核);堆箱时,一处只堆一种单品,上下统一,过道上不能保存商品;赠品、外送商品单独堆放,不计入盘点。

2.仓库初盘

顺序：同一货架从左至右，从上至下。

盘点卡贴在商品上或货架上，从纸箱中取出一个单品，条码向外，将盘点卡贴在单品条码边上（便于扫描）。

注意：清点开始前在货架号控制表上做标记；清点结束之后再在货架号控制表上标记，并由主管签名。

3.仓库复盘

顺序：从左至右，从上至下。

检查初盘，重新数；盘点之后用红笔写上数量，并签字，如有涂改，必须由主管签字确认。

注意：复盘开始前先在货架号控制表上做标记；复盘结束后再在货架号控制表上做标记，并由主管签名。

4.仓库扫描

顺序：（按盘点卡顺序）从左至右，从上至下。

扫一个条码，划掉一张盘点卡；用扫描枪扫下条码，输入数量，如果初盘数量和复盘数量有差异，以复盘数量为准。

注意：扫描开始前先在货架号控制表上做标记；扫描结束后再在货架号控制表上做标记，并由主管签名。

5.仓库验单

按照货架上所列的商品一个一个核对数量，由部门主管同财务人员一起验单，结束后由财务人员签字，再由部门主管签字。

验一个条码，划掉一张盘点卡；仓库开始盘点后封仓，不再有商品进出。

注意：验单开始之前先在货架号控制表上做标记；验单结束之后再在货架号控制表上做标记，并由主管签名。

6.卖场初盘

卖场在关店之后才能开始初盘；确认所有顾客退货已全部归位；将货架号控制表贴在每个货架号开始处并逐步签字；把盘点卡放在价格标签套里。

顺序：从左至右，从上至下。

数完之后用蓝笔在盘点卡上写下数量，并签名；盘点卡上要写明编号，编号顺序以一个货架为准，从上到下，从左到右逐一编号。

7.卖场复盘

顺序：从左至右，从上至下。

检查初盘，重新数；盘点之后用红笔写上数量，并签字。

8.卖场扫描

扫描单品条码，而不是标签；打出报表。

9.卖场验单

按照货架上所列的商品一个一个核对数量，由部门主管同财务人员一起验单，结束后由财务人员签字，再由部门主管签字。

要求：
1.盘点作业的流程有哪些？盘点作业包括哪些内容？
2.如何操作才能提高盘点的准确性？

相关知识

一、盘点的概念

盘点是指定期或临时对库存商品的实际数量进行清查、清点的作业，即为了掌握货物的流动情况（入库、在库、出库的流动状况），对仓库现有物品的实际数量与保管账上记录的数量相核对，以便准确地掌握库存数量。

二、盘点的目的、原则与方式

（一）盘点的目的

门店在运营过程中存在各种损耗，有的损耗是可以看见和控制的，但有的损耗是难以统计和计算的，如偷盗、账面错误等。因此需要通过年度盘点来得知门店的盈亏状况。

通过盘点，一来可以控制存货，以指导日常经营业务；二来能够及时掌握损益情况，以便真实地把握经营绩效，并尽早采取防漏措施。

具体来说，盘点可以达到以下目的：

(1)了解门店在本盘点周期内的亏盈状况。
(2)掌握门店最准确的目前的库存金额，将所有商品的电脑库存数据恢复正确。
(3)得知损耗较大的营运部门、商品大组以及个别单品，以便在下一个营运年度加强管理、控制损耗。
(4)发掘并清除滞销品、临近过期商品，整理环境，清除死角。

（二）盘点的原则

门店在进行商品盘点时，应该按照以下原则进行：

(1)真实：要求盘点所有的点数、资料必须是真实的，不允许作弊或弄虚作假，掩盖漏洞和失误。
(2)准确：盘点的过程要求是准确无误，无论是资料的输入、陈列的核查、盘点的点数，都必须准确。
(3)完整：所有盘点过程的流程，包括区域的规划、盘点的原始资料、盘点点数等，都必须完整，不要遗漏区域、遗漏商品。
(4)清楚：盘点过程属于流水作业，不同的人员负责不同的工作，所以所有资料必须清楚，如人员的书写必须清楚、货物的整理必须清楚，才能使盘点顺利进行。

盘点工作在制造型或流通型企业里随处可见，因为料账合一是企业进行管理工作的最基本条件。盘点依照进行的目的，可分为以下几种：

(1)抽样盘点：由审查单位或其他管理单位所发起的突击性质的盘点，目的在于对仓储管理单位是否落实管理工作进行审核。抽样盘点可针对仓库、料件属性、仓库管理员等不同方向进行。

(2)临时盘点：因为特定目的对特定料件进行的盘点等。

(3)年终(中)盘点：定期进行大规模、全面性的盘点工作，根据相关的规定，一般企业每年年终应该实施全面的盘点，部分上市公司在年中还要实施一次全面的盘点。

(4)循环盘点：采用信息化管理的企业，为了确保料账随时一致，将料件依照重要性区分成不同等级后赋予不同循环盘点码，再运用信息工具进行周期性的循环盘点。

三、盘点作业流程

盘点作业流程包括四个阶段：一是盘点基础工作；二是盘点前准备工作；三是盘点中作业；四是盘点后处理。

(一)盘点基础工作

盘点基础工作包括：确定盘点方法、账务处理、盘点组织、制作盘点配置图等内容。

1.确定盘点方法

盘点方法可以从以下四个方面来划分：

(1)以账或物来区别，可分为账面存货盘点和实际存货盘点。账面存货盘点是指根据数据资料，计算出商品存货的方法；实际存货盘点是针对未销售的库存商品，进行实地的清点统计。

(2)以盘点区域来区别，可分为全面盘点和分区盘点。全面盘点是指在规定的时间内，对店内所有存货进行盘点；分区盘点是指将店内商品以类别区分，每次依顺序盘点一定区域。

(3)以盘点时间来区别，可分为营业中盘点、营业前(后)盘点和停业盘点。营业中盘点就是"即时盘点"，营业与盘点同时进行；营业前(后)盘点是指开门营业之前或打烊之后进行盘点；停业盘点是指在正常的营业时间内停业一段时间来盘点。

(4)以盘点周期来区别，可分为定期和不定期盘点。定期盘点是指每次盘点间隔时间相同，包括年、季、月度盘点，每日盘点，交接班盘点。不定期盘点是指每次盘点间隔时间不一致，是在调整价格、改变销售方式、人员调动、意外事故、清理仓库等情况下临时进行的盘点。

2.账务处理

有些门店由于商品种类繁多，各类商品的实际成本计算有一定的困难，所以一般采用"零售价法"来进行账面盘点。

其计算公式是：账面金额＝上期库存零售额＋本期进货零售额－本期销售金额＋本期调整变价金额。

3.盘点组织

盘点工作一般都由门店自行负责，但随着规模的扩大，盘点工作也需要专业化，即由专职的盘点小组来进行盘点。例如,一般情况下,500平方米的门店,盘点小组大约要有6人,作业可分3组同时进行。

4.制作盘点配置图

确定存货及商品陈列位置;根据存货位置编制盘点配置图;对每一个区位进行编号;将编号做成贴纸,粘贴于陈列架的右上角;详细分配责任区域,以便使盘点人员确实了解工作范围,并控制盘点进度。

(二)盘点前准备工作

盘点前除应把握盘点基本工作规范外,还必须做好盘点前的准备工作,以利于盘点作业顺利进行。

盘点准备工作包括:

(1)人员准备。通常盘点当日应停止任何休假,并于一周前安排好出勤计划。

(2)环境整理。一般应在盘点前一日做好,包括:检查店铺各个区位的商品陈列及仓库存货的位置和编号是否与盘点配置图一致;整理货架上的商品;清除不良品,并装箱标示和作账面记录。

(3)准备好盘点工具。若使用盘点机盘点,需先检查盘点机是否可正常操作;如采用人员填写方式,则需准备盘点表及红、蓝色圆珠笔。

(4)通知顾客。盘点若在营业中进行,可通过广播来通知顾客;若采用停业盘点,则最好在3天前以广播及公告方式通知顾客。

(5)盘点前指导。盘点前一日最好对盘点人员进行必要的指导,如盘点要求、盘点常犯错误及异常情况的处理办法等。

(三)盘点中作业

在进行盘点工作时,商品管理人员不宜自行盘点,但由于品项繁多,差异性大,不熟识商品的人员进行盘点难免会出现差错,所以在初盘时,最好还是由管理该类商品的从业人员来实施盘点,然后再由后勤人员及部门主管进行交叉的复盘及抽盘工作。

(四)盘点后处理

(1)资料整理。将盘点表全部收回,检查是否有签名,并加以汇总。

(2)计算盘点结果。在营业中应考虑盘点中所出售的商品金额。

(3)根据盘点结果实施奖惩措施。

(4)根据盘点结果找出问题点,并提出对策。

(5)做好盘点的财务会计账务处理工作。

四、盘点人员管理

(一)盘点人员的安排

(1)分店楼面部门除必需的留守人员外,所有人员均应参加年度盘点,包括行政部门等,必须支援楼面进行盘点。

(2)盘点前1个月,各个部门将参加盘点的人员进行排班,盘点前1周,原则上取消年假休息,盘点当日应停止任何休假。

(3)各个部门将参加盘点的人员报盘点小组,必须注明哪些是点数人员,哪些是录入人员。

(4)盘点小组统一对全店的盘点人员进行安排,分库存区盘点人员、陈列区盘点人员。

(5)盘点小组安排盘点日陈列区的人员时,各个分区小组中必须包括本区营运部门的经理、主管、熟练员工,其中经理任本分区内设置的分控制台台长。

(6)盘点小组在每一个分区小组的人员安排中,必须明确初点录入人员、点数人员、复点录入人员、点数人员等。

(二)对盘点人员的培训

盘点小组在成立后,必须制订详细的盘点计划,包括对盘点小组人员的培训、盘点管理层的培训、点数员工的培训、输入员工的培训等。建立培训档案,进行盘点培训的考核,要求所有参加盘点的人员均须通过考核。

盘点培训的具体内容主要有以下几个方面:

1.盘点表使用的培训

(1)盘点表是盘点库存区时使用的。所有的库存区域,盘点小组全部设置盘点表。

(2)盘点表是编号的,在某一个编号下,盘点表的增加必须经过盘点小组的登记审核后才可以增加。

(3)盘点前到总控制台领取盘点表,盘点完毕后,回归总控制台。

(4)盘点表必须经过盘点专员的抽查确认后,才能封存,等待输入系统。

(5)如果需要修改盘点表上的数字,不能用涂改液或圈涂法,必须将原来的数据划掉,重新书写。

(6)盘点表上只记录商品的品名,因此盘点表上的数据是该商品在该盘点位置下的所有库存的总数。

(7)盘点表上的数据只能用蓝色、黑色签字笔或圆珠笔书写,不能用红笔、铅笔或彩色笔书写。

(8)盘点人员必须在盘点表上签字,用中文正楷字体。

2.盘点点数的培训

(1)点数的原则

①点数必须是销售单位的数量,即销售单位是该商品盘点时的单位。如口香糖,如果超市是整盒销售的,则盘点时的计数单位是××盒;

②库存区的盘点是两个人为一组,同时点数,当两人点数一致时,才将该数据作为盘点数据记录在盘点表上;

③陈列区的盘点则采取"互点法",即商品A的初点人员与复点人员及三点人员不同,点数人员与记录人员不同;

④非供应商免费提供的样品必须点数,样品的配件不点数;

⑤赠品不盘点;

⑥不足一个销售单位的商品,不计数。

(2)陈列区的点数

①初点规定。盘点货架或冷冻柜、冷藏柜时,依序由左至右,由上至下;两人一组,一人点,将数量写在自粘贴纸上,放置在商品价格卡的上边,另一人用HHT(一种数据采集器)输入数字;盘点的数字书写要清楚,不可潦草让人混淆;数字写错,要按要求进行涂改;清点时,一定要按销售单位清点,不够一个销售单位的不能计入,应取出归入待处理品堆放处;盘点时,顺便查看商品的有效期,过期商品不应点入,应归入待处理品堆放处;对无法查知编号的商品,用红色粘贴纸做标识,报告分控制台进行处理;遇到非本部的散货,将其送到分控制台,归入散货堆放处。

②复点规定。复点时要首先确认需要复点的区域,是否已经完成初点的录入,是否有遗漏区域;复点需要用不同颜色的自粘贴纸,以示区别;复点录入的HHT,必须将其初点的数据全部清理完毕后,才能再输入复点数据;复点时重复初点的流程,但人员不同。

③抽点规定。楼面需要抽点的商品是初点与复点有数量差异的商品、初点或复点中漏点的商品,或初点与复点中位置不正确的商品;安全部的检查则是选择体积小、单价高、量多或容易点错的商品。

课堂阅读

各司其职

1.店长:盘点前3天召集盘点组织工作小组会议,分配各成员的组织职能;在早班会上召开全员盘点动员大会;对整个盘点过程、人员的调配负责;监督盘点过程。

2.财务经理:协助店长盘点前召集盘点组织工作小组会议;总结上次盘点工作,提醒各成员盘点前和盘点中应注意的事项;准备和发放盘点工具;写出每次盘点报告;注意盘点差错表的复查组织和修正。

3.店长助理:协助店长和财务经理落实盘点过程的组织、人员分工;盘点前组织主管对商品进行整理、报损处理;对盘点前商品的购进作合理的计划和控制;协同保安经理对盘点配置图和盘点人员安排表进行划分,并检查落实。

4.保安经理:牵头绘制盘点配置图、盘点人员分配表;组织货架、端头、堆位等位置编号的粘贴和检查;对本区的盘点工作全面负责,协助店长和财务经理对盘点过程的组织、人员的分工进行跟踪和落实;对内仓、堆位、货架顶上等非常规位置的商品进行重点监督;初盘、复盘的现场组织和参与。

5.主管:负责本柜盘点工作的组织和安排以及错盘、漏盘商品的复核。

6.财务人员:负责错盘、漏盘商品的复核以及差错情况的清理。

7.柜组人员:负责初盘、复盘以及差错商品的再次复盘。

五、游离商品的处理

(一)商品盘点后的特殊状况

门店进行商品盘点后,通常会发现一些号、名不符或有名无号的特殊商品(门店统称为游离商品):

(1)有些商品有品号,但在电脑内无品名或非此品名。

发生原因:标签编号错误;电脑编号已淘汰,但商品仍在销售。

(2)有些商品有品名,但无品号。

发生原因:标签脱落,又无资料查询;店内自行引进商品,却未呈报核准及编号。

(二)游离商品的处理程序

(1)退回店内清查(若盘点单有陈列架编号,极易找寻),2天内回报。

(2)清查后,仍无法找出原籍的商品,一方面要列清单送交采购单位确认,一方面将商品尽量集中,以便处理。

(3)采购单位接到游离商品的清册后,逐项确认,若仍无法找出原籍,则可以下列方式处理:

①售完为止,不再销售。

②若商品包装已破旧,以特卖方式出售。

能力训练

1.4~5人一组,利用所学知识,为一家综合门店设计日常盘点流程,并设计盘点表及填表说明。

2.有条件的学校,利用自有的实训基地按照盘点流程进行实际盘点。

综合案例分析

【案例分析1】

如此经营

6月10日是公司高层领导到朝阳店巡店的日子,朝阳店的李店长却因为缺货问题而头疼,卖场商品由于供应商的断货和采购部跟进不及时出现多个空排面的现象,而这种现象又无法在几天时间内解决,如何应对总部领导的巡店呢?李店长最后决定将库存量大的商品全面拉出来,将空排面填满,以应付巡店。7月28日采购在分析朝阳店销售业绩时发现当期销售额明显低于去年同期水平,再看畅销商品库存,几乎有15%的畅销商品库存为0。这引起了采购总监与营运总监的重视,通过调查发现,该店在6月以后只要畅销商品一断货,部门经理和主管就将库存量大的商品拉出将排面填满。另外营运部门人员对信息系统的重视度不够,平常都是看着排面要货,排面没有货了就填要货单,而且要货单交到采购以后也没有继续跟进。久而久之朝阳店的畅销商品有20%断货,并且没有很好的销售。

思考问题:

该门店出现这种情况原因可能有哪些?如何解决?

【案例分析2】

日本卡斯美的商品管理

据统计,日本卡斯美拥有102家超市,年经营额约为1 480亿日元,折合人民币123亿元,经营品种约为1.2万种。卡斯美总部负责商品业务的部门被称为商品部,商品部以商品的进货、开发和管理为中心,其职能包括起草进货单和计划书,负责商品开发、制品开发、渠道开发。

商品部内部设11个部门,设立的原则是根据其在经营额中的重要程度。目前卡斯美鲜鱼部约占经营额的15%,鲜肉部约占经营额的12%,果蔬部约占经营额的14%。

1. 确定商品分类表

开办超市,首先要做的工作就是决定卖什么商品,即把商品的大分类、中分类及小分类确定下来,这就要根据当地的消费水平、消费习惯来确定商品分类表。由于各地区生活习惯的差别,各地超市的商品分类表也不相同。比如说南方地区由于天气炎热,饮料可作为一个大类来经营。在商品的经营和管理上,卡斯美有一套根据自家的理解而设定的分类框架。通常的做法是,按照使用者的用途或TPOS(时间、场所、动机、生活方式)设定商品分类。分类框架设定好后,再筛选、找寻应备齐的具体商品品种,最后建立起自己的MD体系(商品体系)。

日本超市的商品分类框架一般设定为5个梯度(五段分位法),即部门、品群、小分类、品种、品目。

根据当地实际编制出的商品分类表是推行标准化的内容之一,作用极大。一是界定所经营的商品范围,二是便于对经营业绩按商品结构进行分析。做商品分类后,计算机系统也同时对卖场进行分类管理,分析销售额、毛利率、损耗率、费用额、客单价、卖场效率、周转天数的变更。

2. 确定大众品和实用品

根据业态理论,超市经营居民日常生活需要的食品和日用品,也就是高消耗、高周转的大众品和实用品。大众品不是指便宜的商品,而是一般老百姓日常生活要吃或要用的东西。实用品是指用完了还要周而复始地去购买的东西。就具体的小分类来讲,要适合居民日常生活消费的特点,如酒类,市场上最便宜的酒假设是3元1瓶、二锅头酒是5元1瓶,最贵的酒是洋酒。根据中国目前的收入水平,15元1瓶的酒应当作为大众品,这样在安排商品备齐的时候,15元1瓶的酒品目数应当最大、品种最全。

3. 确定商品陈列面表,确定小分类的适当规模

在确定商品陈列面表时,卡斯美首先从理论上认为,商品陈列的货架越多、展示越充

分,所实现的销售额也就越大。但是摆放多少货架总有个度,什么是适当规模、各个小类引进多少个名目、摆在多少个货架上最出效益呢?并没有现成的计算方法,需要陈列员对每个小类的陈列面与销售额进行对比、分析。确定各个小分类的适当规模的原则是:要满足一般老百姓生活需求的品目数的80%;了解其他商场各个小分类的布局情况;容易陈列,方便顾客选择购买。

卡斯美的酱油和奶酪分别有45个品目和69个品目,都是用2个货架摆放的,而针棉织品需用10个以上的货架才行,因为年龄段、性别不同,需要的规格、颜色、式样十分复杂繁多,应按系列化做足才能满足顾客需求。卡斯美认为,必须这样考虑设置多少个货架。

其次,卡斯美还十分注重陈列面管理表。在其成员的职责中,货架管理必须细致到对各个小分类的货架陈列进行设计,设计出来的货架陈列图样称为陈列面管理表。陈列面管理表规定了陈列格式:用几层隔板及隔板的尺寸,悬挂陈列时用多长的挂钩及使用数量;规定了每一种商品的售价、陈列位置、排面数及陈列量。使用这种标准化的陈列面管理表能够将总部的商品策略贯彻到每一个店铺,使整个连锁系统的商品营运容易控制,对于季节性变动修正及新品的增列、滞销品的删减等工作,执行起来效率比较高。

在卡斯美,陈列面管理表运用得非常广泛,几乎每家连锁店的每个店铺都有陈列面管理表,它是管理控制商品最基本的工具。因此一个店在开设之前,应当首先把陈列面管理表规划好,再进行一切硬件的设置与进货陈列。

4.新的导入

在日本,厂商推出新品有固定的日期,一般是春、秋两季各1次。每年年初,日本大厂商召开新品发布会,各商业单位派人到那里去看,对感兴趣的新品就会索取资料。在导入新品的时候,先要把旧的商品砍掉。第一次导入新品时,为了避免风险,一般先选择标准店铺进行试销,作堆头陈列,统计每天的顾客量、销售额,计算PI值。试销一星期,如卖况较好可引进,其陈列面数的安排可与老商品进行类比做出,如卖况不好就不再引进。在电视上做广告的新品要比别人更快地导入。

5.老的淘汰

在卡斯美,老商品的淘汰也是其成员的职责之一。当有新品引进时必先淘汰老商品,否则货架上的商品品目就会越来越多,而陈列面会越来越少,销售额就会下降。

淘汰老商品的标准主要是依据各项额度。根据计算机系统提供的小分类报表、商品额排序、商品量排序、ABC分析、部门管理表等资料,各超市能够非常精确地淘汰掉那些卖况差的品目。

卡斯美的管理是现代零售业态和经营方式下的一种管理模式,是现代零售管理模式的重要标志之一。与传统的商业管理方式相比,这种操作方式使职能大大扩展,工作方法和管理手段的技术含量大大提高。

思考问题:

日本卡斯美超市的商品管理有哪些方面值得我们借鉴?

【交流探究】

党的二十大报告指出,强化食品药品安全监管。食品安全是重大的基本民生问题,涉及千家万户,关系着群众的身体健康和生命安全。连锁企业如何优化食品采购管理,从采购源头上控制食品安全,全力守护好人民群众"舌尖上的安全"?

项目五 连锁门店顾客服务管理

项目介绍

门店顾客服务工作包括收银、销售、处理顾客投诉、前台服务等内容。作为门店服务人员提高自身的服务意识是最基本的。对顾客热心是服务理念很重要的一部分,它既是一种主动、奉献的态度,也是一种把满足顾客的需求当成最大目标、不断满足顾客需求并尽量超越顾客期望的服务行为。

学习目标

知识目标:认知收银岗位所需具备的能力与素质;掌握收银岗位职责和管理重点;了解顾客的购物心理,掌握顾客接待步骤;理解顾客投诉原因;掌握处理顾客投诉的程序;掌握顾客满意度调查方法。

能力目标:能准确、迅速地为顾客结算;能够在收银出错时快速、准确地纠正;能按照服务规范进行门店销售服务;能有效地防止与排除和顾客的冲突;能够正确处理顾客的投诉;会进行顾客服务质量调查,制定调查问卷。

素养目标:培养遵纪守法的底线意识和敬业精神;形成义利协同和诚信为本的经营理念;培养善于观察、换位思考、开拓进取的职业素养;培养服务无止境的终身学习意识;培养团队协作能力;提高化解矛盾、解决问题的能力。

任务一 收银服务作业

连锁门店收银员的工作关系到各个门店营业收入的准确性,其服务态度和服务质量也直接体现了门店形象和管理水平,所以收银作业是整个连锁门店的一项综合性管理工作。

工作任务

资料

某卖场收银员的工作流程及标准

一、班前准备

1. 提前5分钟到岗,检查工作所需设备是否正常,如有问题及时报修。

2. 清洁、整理收银台和收银作业区,包括:收银台、收银机、收银台四周和垃圾桶。

3. 检查工作必需品是否齐全。

（1）购物袋（所有尺寸）及小票打印纸。

（2）凭证类别:微信凭证、支付宝凭证、刷卡凭证、优惠凭证（优惠5元以上需授权人签名）。

二、当班具体步骤

1. 收银员面带微笑,与顾客目光接触,使用标准用语,欢迎顾客光临。

2. 帮助顾客将购物篮内的商品放到收银台上;将商品的类别编号及售价输入收银机,检查购物篮底部是否还留有商品未结账,结算商品总金额,并告知顾客总金额。

3. 收取顾客支付金额:确认顾客支付金额,并检查是否有伪钞。若顾客未付账,应礼貌性地提醒顾客,不可表现出不耐烦。

4. 找钱:找出正确零钱,双手将现金递交给顾客,并告知顾客找零数目。

5. 付款完毕后须与客人盘点货物。

三、结账注意事项

1. 如有需要优惠的商品可在条码输入栏中输入编码然后再输入优惠金额。

2. 客人刷完卡后需要拿回刷卡小票（商用存根）。

四、交接班注意事项

1. 现金交接:清点金额数目。

2. 交、接双方清点无误后,在交接班登记表上签字。

五、收银礼貌用语

1. 您好,欢迎光临。

2. 请问有什么可以帮到您的?

3. 请稍等。

4. 请慢走。

要求:

1. 收银员应该具备哪些能力和素养?

2. 收银员应该掌握的知识和技能有哪些?

3. 收银员的基本工作要求有哪些?

相关知识

一、认知收银岗位

作为一个专门的岗位和一项专门的技术,收银岗位有以下几个方面的特点。

(1)专业性。收银工作是门店设立的一个重要的经济岗位,有专门的操作技术和工作要求,是一项专业技术性很强的工作。

(2)效率性。收银工作时间性很强,为了节省顾客的时间,就需要收银员抓紧时间,提高收银速度,从而提高收银效率。

(3)责任性。收银台每天收取大量的现金,这些现金关系着门店的经济利益和顾客的切身利益,因此,需要收银员具有高度的责任心。

(4)服务性。收银工作是一项典型的服务工作。让每一位顾客满意是收银工作的宗旨,所以,收银服务应主动、热情、周到。

(5)法律性。收银工作需要与金钱打交道,所以,收银员要有良好的思想品德和较强的法律意识,不但要管住自己的手,还要管住别人的手。因此,收银员有严明的作业纪律。

二、收银岗位的服务礼仪

(一)收银员的仪表

收银员的仪表应以整洁、简便、大方并富有朝气为原则。以下是作为收银员通常在仪表方面应注意的事项。

(1)整洁的制服。收银员的制服主要包括衣服、鞋袜、领结等,必须保持一致并保持整洁、不起皱。上岗时必须按规定在统一且固定的位置上佩戴好工号牌。

(2)清爽的发型。收银员无论是长发还是短发都应梳理整齐。

(3)适度的妆容。女性收银员化适度的淡妆可以让自己显得更有朝气,但切勿浓妆艳抹,以免造成与顾客的距离感。

(4)干净的双手。连锁企业门店无论销售的是食品还是服装等商品,若收银员的指甲藏污纳垢,或是涂上过于鲜艳的指甲油,都会使顾客感觉不舒服,同时过长的指甲也会造成收银员工作上的不便。

(二)收银员的举止态度

(1)收银员在工作时应随时保持亲切的笑容,以礼貌和主动的态度来接待和协助顾客。与顾客应对时,必须态度诚恳,而不应带有虚伪、僵化或敷衍的表情。

(2)当的确是顾客发生错误时,切勿当面指责,应以委婉有礼的言语来为顾客解脱。

(3)收银员在任何情况下都应保持冷静和清醒,能控制好自己的情绪,切勿与顾客发生任何口角。

(4)员工与员工之间切勿大声呼叫或相互闲聊。

(三)收银员的待客用语

由于顾客需求的多样性和复杂性,难免会有不能被满足的情况出现,使顾客产生抱怨,而这种抱怨又常会在付账时对收银员发出,因此,收银员应掌握一些正确的待客用语。只要收银员能够友善、热心地对待顾客,顾客也会以友善的态度来回馈收银员。收银员常用的正确待客用语如下:

(1)暂时离开收银台时,应说:"请您稍等一下。"

(2)重新回到收银台时,应说:"真对不起,让您久等了。"

(3)遇到由于自己疏忽或的确没有解决办法时,应说"真抱歉"或"对不起"。

(4)提供意见让顾客决定时,应说:"若是您喜欢的话,请您……"

(5)希望顾客接纳自己的意见时,应说:"实在是很抱歉,请问您……"

(6)当提出几种意见请问顾客时,应说:"您的意思是……"

(7)遇到顾客抱怨时,应仔细聆听顾客的意见并予以记录,如果问题严重,不要立即下结论,而应请主管出面向顾客解说,其用语为:"是的,我明白您的意思,我会将您的建议汇报店长并尽快改善,或者您是否要直接告诉店长?"

(8)当顾客买不到商品时,应向顾客致歉,并给予建议,其用语为:"对不起,现在刚好缺货,让您白跑一趟,您要不要先买别的牌子试一试?"或"您要不要留下您的电话和姓名,等新货到时立刻通知您?"

(9)不知如何回答顾客询问或者对答案没有把握时,绝不能说"不知道",应回答"对不起,请您等一下,我请店长来为您解答"。

(10)顾客询问商品是否新鲜时,应以肯定、确认的态度告诉顾客:"一定新鲜,如果买回去不满意,欢迎您拿来退钱或换货。"

(11)顾客要求包装所购买的礼品时,应微笑地告诉顾客:"好的,请您先在收银台结账,再麻烦您到前面的服务台(同时打手势,手心朝上),会有专人为您包装的。"

(12)当顾客询问特价商品的信息时,应先口述数种特价品,同时拿宣传单给顾客,并告诉顾客:"这里有详细的内容,请您慢慢参考选购,祝您购物愉快。"

(13)在店门口遇到购买了本店商品的顾客时,应说:"谢谢您,欢迎再次光临(面对顾客点头示意)。"

(14)本收银台收银空闲,而顾客又不知道要到何处结账时,应该说:"欢迎光临,请您到这里来结账好吗(以手势指向收银台,并轻轻点头示意)?"

(15)有多位顾客等待结账,而最后一位表示只买一样东西且有急事待办时,对第一位顾客应说:"对不起,能不能让这位只买一件商品的先生(小姐)先结账,他好像很着急。"当第一位顾客答应时,应再对他说声"对不起"。当第一位顾客不答应时,应对提出要求的顾客说:"很抱歉,大家好像都很急。"

业务指导

收银员应该避免的言行表现

(1)收银员在为顾客做结账服务时,从头至尾不说一句话,只是闷着头打收银机,脸上也没有任何表情。找钱给顾客时,未立即进行装袋工作,或进行下一笔结账作业。

(2)为顾客做装袋服务时,不考虑商品的性质,全部放入同一购物袋内,或者将商品丢入袋中。

(3)顾客询问是否还有特价品时,收银员以不耐烦的口气用一句话来打发顾客。例如,"不知道""你去问别人""卖光了""没有了""货架上看不到就没有了""你自己再去找找",等等。

(4)收银员彼此互相聊天、谈笑,当有客人走来时,往往不加理会或自顾自地做事。等到顾客开口询问时,便以敷衍的态度回答,然后继续聊天或做自己的事。

(5)当顾客询问时,只是让对方等一下,即离开不知去向,由于没有告诉对方离去的理由,使顾客不知所措,到底要不要等或等多久。

(6)在顾客面前,和同事议论或取笑其他的顾客。

(7)当顾客在收银台等候结账时,负责该柜台的收银员突然告知顾客:"这台机不结账了,请到别的收银机去",即关机离开,让排队的顾客浪费了许多等候的时间又必须重新排队。

案例分析

收银员工作的失误引发顾客投诉

顾客服务中心收到这样一个投诉,顾客杨某一家在买完单时无意中发现他的小票上多录入了2件他并没有购买的商品,与此同时,跟随他身后买单的家人也发现小票上多录入了2件并没有购买的商品。杨某当时非常气愤地跑到顾客服务中心,大骂:"你们这简直是诈骗!"而且一直嚷嚷:"如果不对这件事做出合理解释,我就投诉到消协。"并口口声声说"要炒掉这样的员工,要狠狠地处罚她"。闻讯而来的主管马上拿过电脑小票进行核实,发现情况确实如此,而且错误出自同一个收银员。主管立即向顾客道歉,并将这一家子带到自己的办公室内,倒水安慰他们,待他们冷静后,主管再次对收银员工作的失误进行诚恳的道歉和检讨,并答应就此事要对该收银员进行严肃的处理和教育。当时商场正在进行有奖促销活动,主管就多给了几张抽奖券给顾客,并说"这次差错是我们工作中的一次失误,我们一定会引以为戒,提高我们员工的工作质量,希望您能继续支持和相信我们商场。"在主管的耐心解释下,杨某一家才慢慢地消了气,并主动说:"算了,也不要炒掉她了,现在找一份工作也不容易,但要好好教育她,不能再出现这样的失误,否则对你们商场的声誉影响太坏了。"

思考问题:

1. 案例中的收银员犯了哪些方面的工作失误?
2. 如果你是这位收银员,面对这种情况应该怎样处理?

三、收银员的工作职责

(一)为顾客提供结账服务

收银员在提供结账服务时不仅要快捷,唱收唱付,而且必须准确,不可将低价位的商品以高价打出,损害顾客利益;也不可将高价位的商品以低价位打出,损害企业的利益。对于扫描不出的商品,应输入商品的条码,在输入时应看清数字,杜绝错误。

(二)为顾客提供咨询服务

收银员不仅要熟练掌握收银工作技能,还要全面了解整个商场商品的布局。在顾客询问时,收银员要能够准确回答顾客的问题,热情礼貌待客,做好导向服务。

(三)现金管理

收银员由于其工作岗位的需要,每天与大量现金接触,所以必须严格遵守收银员的规章制度,如工作时身上不可带私人物品,不可在工作岗位上清点个人的现金等。

(四)门店防损

顾客在结账时会因某种原因将一些商品留在收银台上,这时,收银员应及时将顾客不需要的商品进行登记然后归位到货架上,避免不必要的损耗。从某种程度上说,收银员也是兼职防损员。

(五)推广促销活动

门店经常有各种各样的促销活动,收银员在推广促销活动中,除正常收银作业以外,应特别注意做好宣传和告知工作。其告知的内容主要包括:

(1)得到优惠或赠品的条件。当顾客所购商品的金额已接近这次活动所需金额时,收银员应提醒顾客再选购一些商品就可以得到某种优惠或赠品等,这样可以使顾客获得某种意义上的满足并感到被尊重。

(2)有关注意事项。收银员在解答顾客关于促销活动的问题时,应将有关注意事项告知顾客,例如,促销活动的类型、截止日期、参与条件等。

四、收银作业流程

收银作业针对每日安排,每日作业流程可以分为营业前、营业中和营业后三个阶段。

(一)营业前

营业前作业流程如下:
(1)领取机号。
(2)领取设备用具。
(3)清洁整理收银作业区。
(4)准备购物袋、小票纸等。
(5)仪容检查。
(6)开机、检查收银机。

(二)营业中

收银工作基本的结账步骤如下:
(1)欢迎顾客。面带笑容,与顾客的目光接触;等待顾客将购物篮里或手上的商品放置收银台上;将收银机的活动荧屏面向顾客。

(2)扫描商品。以左(右)手拿取商品,并确定该商品的售价及类别代号是否无误;以右(左)手按键,将商品的售价及类别代号正确地登录在收银机内;登录完的商品必须与未登录的商品分开放置,避免混淆;检查购物篮底部是否还留有商品尚未结账。

(3)结算商品总金额并告知顾客。将空的购物篮从收银台上拿开,叠放在一旁;趁顾客拿钱时,先行将商品入袋,但是在顾客拿现金付账时,应立即停止手边的工作。

(4)收取顾客支付的金钱。确认顾客支付的金额,并检查是否为伪钞;若顾客未付账,应礼貌性地重复一次,不可表现出不耐烦的态度。

(5)找零。找出正确零钱;将大钞放下面,零钱放上面,双手将现金连同收银条一并交给顾客;待顾客无疑问时,立刻将磁盘上的现金放入收银机的抽屉内并关上。

(6)商品入袋。根据入袋原则,将商品依序放入购物袋内。

(7)感谢顾客。一手提着购物袋交给顾客,另一手托着购物袋的底部,确定顾客拿稳后,才可将双手放开;确定顾客没有遗忘的购物袋;面带笑容,目送顾客离开。

(8)保持整洁。时刻保持收银台及周围环境的清洁,包括擦拭收银台、清理环境、整理购物篮和手推车。

(9)及时协调。需要时要协调、指导新员工及兼职人员,还要协助门店搞好安全保卫工作。

(10)整理退货。收银空闲时,及时整理顾客的退货,并进行分类。

(11)服务下一位顾客。重复以上步骤,接待下一位顾客。

(三)营业后

收银员下班前工作流程如下:

(1)检查当天的票据是否与营业额和信用卡相符,上缴当班营业款。

(2)与店长(值班班长)一起收取当天营业款,并将营业款锁进保险箱,在登记本上签名确认后留待明日存款,填写收银报表。

(3)收银打烊时,如果还有顾客等待收银,应该继续为他们服务。

(4)退出收银机收款系统。

(5)整理电脑小票以及各种有效价券。

(6)点出备用金后,结算营业总额。

(7)整理收银台及周围环境。

(8)关闭收银机电源并盖上防尘套。

五、收银作业管理的重点

(一)收银纪律管理

现金的收受与处理是收银员相当重要的工作之一,这也使得收银员的行为与操守格外引人注意。为了保护收银员,避免不必要的猜疑与误会,也为了确保门店现金管理的安全性,作为与现金直接打交道的收银员必须遵守企业严明的作业纪律。

(1)收银员在营业时,身上不可带有现金,以免引起不必要的误解和可能产生的公款

私挪的现象;

(2)收银员在进行收银作业时,不可擅离收银台。收银台内现金、礼券、单据等重要物品较多,如果擅自离开,将使歹徒有机可乘,造成店内的钱币损失,而且可能引起等候结算顾客的不满与抱怨;

(3)收银员应使用规范的服务用语;

(4)收银员不可为自己的亲朋好友结算收款,以免引起不必要的误会和可能产生的收银员利用收银职务的方便,以低于原价的收款登录至收银机,以损害企业利益;

(5)在收银台上收银员不可放置任何私人物品;

(6)收银员不可随意打开收银机抽屉查看数字和清点现金;

(7)暂不启用的收银通道必须用链条拦住,如果不启用的收银通道也开放的话,会使一些不良顾客不结账就将商品带出;

(8)收银员在营业期间不可看报与谈笑,看报与谈笑不仅容易疏忽店内和周围的情况而导致门店遭受损失,而且给顾客留下不佳的印象;

(9)收银员要熟悉门店的商品和特色服务内容,了解商品位置和门店促销活动,尤其是当前的商品变价、商品特价、重要商品存放区域以及有关的经营状况等,以便顾客提问时随时做出正确的解答。

(二)收银员装袋作业管理

将结算好的商品替顾客装入袋中是收银工作的一个环节,不要以为该项工作是最容易不过的,该项工作做得不好,往往会而使顾客扫兴而归。连锁门店装袋作业的控制程序是:

(1)根据顾客购买量选择合适尺寸的购物袋;

(2)不同性质的商品必须分开入袋,例如,生鲜与干货类,食品与化学用品,以及生食与熟食;

(3)掌握正确的装袋顺序:硬与重的商品垫底装袋——正方形或长方形的商品装入购物袋的两侧,作为支架——瓶装或罐装的商品放在中间,以免受外在压力破损——易碎品或较轻的商品置于购物袋的上方;

(4)冷冻品、豆制品等容易出水的商品和鱼、肉、菜等容易流出汁液的商品,或是味道较为强烈的食品,先应用其他包装袋包装妥当后再放入大的购物袋中,或经顾客同意不放入大购物袋中;

(5)确定附有盖子的物品都已经拧紧;

(6)装入袋中的商品不能高过袋口,以免顾客提拿不方便,一个袋中装不下的商品可放入另一个袋中;

(7)确定连锁企业的传单宣传品及赠品已放入顾客的购物袋中;

(8)入袋时应将不同顾客的商品分列清楚,要绝对避免不是一个顾客的商品放入同一个袋中的现象;

(9)对购物袋装不下的体积过大的商品要另外用绳子捆好,以方便顾客提拿;

(10)提醒顾客带走所有包装入袋的商品,防止其遗忘商品在收银台上的情况发生。

(三)收银员离开收银台的作业管理

当收银员由于种种正常的原因必须离开收银台时,其作业程序控制如下:

(1)离开收银台时,要将"暂停收款"牌摆放在收银台上顾客容易看到的地方;

(2)用链条将收银通道拦住;

(3)将现金全部锁入收银机的抽屉里,同时将收银机上的钥匙转至锁定的位置,钥匙必须随身带走或交店长保管;

(4)将离开收银台的原因和回来的时间告知邻近的收银员;

(5)离开收银机前,如还有顾客等候结算,不可立即离开,应以礼貌的态度请后来的顾客到其他的收银台结账,并为现有等候的顾客结账后方可离开。

(四)顾客要求兑换现金的原则

店内所持有的各种纸币和硬币,是为了维持门店每日正常的营业的,找钱给顾客的时候应保证收银机内有一定的存量,如果接受所有顾客额外兑换现金的要求,必将难以有效控制门店内的现金。尤其是有一些不法分子以换钱为由,运用各种手段诈骗金钱,致使门店遭受损失。

因此,若顾客是以纸钞兑换纸钞的话,收银员则应予以婉言拒绝。若门店内设有公共电话或在店门口设有儿童游艺机,则可让顾客兑换小额硬币零钱,一般连锁企业都会规定兑换的最高限额;有些连锁企业为了不影响收银员的正常工作,规定顾客必须在服务台上兑换零钱,那么收银员应耐心地引导顾客到服务台进行钱币兑换。

(五)营业结束后收银机的管理

营业结束后,收银员应将收银机里的所有现金(除门店规定放置的零用金外)、购物券、单据收回金库放入门店指定的保险箱内,收银机的抽屉必须开启,直至明日营业开始。收银机抽屉打开不上锁的理由是,为了防止万一有窃贼进入门店时,窃贼为了窃取现金等而敲坏收银机抽屉,徒增公司的修理费用。

(六)本店职工的购物管理

(1)门店职工不得在上班时间内购买本店的商品,其他时间在本店购买的商品,如要带入门店内,其购物发票上必须加签收银员的姓名,还需请店长加签姓名,这双重的签名是为了证明该商品是结过账的私人物品;

(2)本店职工调换商品应按连锁企业规定的换货手续进行。不得私下调换,收银员不可徇私包庇,以避免员工因职务上的便利,任意取用店内商品或为他人图利。

(七)收银员对商品的管理

连锁企业门店集中结算的原则,就是凡是通过收银区的商品都要付款结账,因此收银员要有效控制商品的出入,商品的进入如无特殊需要,一般不经过收银通道。有些商品的出店,如对工厂或配送中心的退货,应从指定地方退出,不得通过收银通道,这样可避免厂商人员或店内职工擅自带出门店内的商品,造成门店的损失。对厂商人员应要求其以个人的工作证换领门店自备的识别卡,离开时才换回。

(1)通过收银区的商品都要付款结账。

(2)收银员要有效控制商品的出入,避免厂商人员或店内职工擅自带出门店内的商品造成损失。

(3)收银员应熟悉商品价格,以便尽早发现错误的标价,特别是调价后新价格日,需特别注意调价商品的价格。如果商品的标价低于正确价格时,应向顾客委婉解释,并应立即通知店内人员检查其他商品的标价是否正确。

(八)商品调换和退款的管理

每一个连锁企业都有自己的商品调换和退款的管理制度,原则上食品不予调换和退款,除非是商品质量问题,其他商品应予以调换。

(1)顾客要求调换商品或退款,门店应设有指定人员专门接待,不要让收银员接待,以免影响收银工作的正常进行。

(2)接待人员要认真听取顾客要求调换商品和退款的原因,做好记录,借此了解顾客退、换货的原因,同时这些记录可能成为门店今后改进工作的依据。

(3)此作业最好在门店的服务台或其他指定地点进行,以免影响收银员的正常结账作业。

(九)收银员金钱管理

1.零用金管理

(1)零用金应包括各种面值的纸钞及硬币,其数额可根据营业状况来决定,每台收银机每日的零用金应相同。

(2)每天开始营业前,必须将各收银机开机前的零用金准备妥当,并铺在收银机的现金盘内(有的连锁企业门店是将上一次结账结束后置放的零用金作为下一次开机前的零用金)。

(3)除每日开机前的零用金外,各门店还备有足够数额的存量,以便在营业时间内,随时为各台收银机提供兑换零钱的额外需要。因而,应随时检查零用金是否足够,以便及时兑换。

(4)零用金不足时,切勿大声喊叫,也不能与其他收银台互换,以免混淆账目,一般可请店长或理货员进行兑换。

(5)执行零用金兑换作业时,应填写"兑换表",并由指定人员进行。兑换时必须经过收银员与兑换人员双方对点清楚。完成兑换之后,应将兑换表收存在指定位置,以便日后查核。

2.大钞管理

(1)收银台不仅人员出入频繁,也是卖场唯一放现金的地方,其安全值得格外重视。尤其是找钱给顾客时,并不需要用到最大面值的现钞,因此无须将最大面值的钞票放在收银机抽屉内的现金盘内,为了安全起见,可放在现金盘的下面,以现金盘遮盖住。

(2)当抽屉内的大钞累积到一定数额时(可按各连锁企业门店的营业状况加以规定,如2 000元),应立即请收银主管或店长收回至店内的保险箱存放,此作业称为中间收款,可避免收银台的现金累积太多,而引发歹徒作案。即使真遇到歹徒强行抢劫,也可因大钞已自收银台收走,而使门店的损失降到最低。

(3)收取大钞时,应暂停收银台的结账作业,将现金放在特定的布袋内,然后系在手上带走,并随时注意四周的情况。

(4)每次收大钞时,经过点数后,必须将收取的现金数额、时间登录在该收银台的中间收款记录本内,由收银员及收银主管分别签名确认。每台收银机应分别有中间收款记录本。

3.交接班金钱管理

(1)交班收银员在交班前应将预留的额定零用金备妥。

(2)门店应准备一本现金移交簿,用于营业现金的交接签收。

(3)有些连锁企业门店(如便利店),有24小时门店与16小时门店之分。通常,24小时门店其交班收银员应取出收银机中的现金,先将额定零用金清点给下一班收银员,然后清点营业款,收银员将清点好的营业款填写现金解款单。

(4)16小时门店,其中班收银员在清点额定零用金时,店长应当场监点并放入收银机内,供次日早班收银员找零。次日早班的收银员上班营业前应与门店理货员同时打开收银机,清点额定零用金,发现不符应及时记录,并向店长汇报。

(十)营业收入管理

(1)每个门店可根据实际情况配备保险箱一只,用于存放过夜营业款,保险箱钥匙由门店店长保管。

(2)收银员的营业收入结算,除了在交接班和营业结束后要进行外,每天要固定一个时间做单日营业的总结算。这个时间最好选择在15:00~16:00,这样可避免营业的高峰,也可在银行营业结束之前进行解款。在每天这个总结算时间里结出的营业收入代表单日营业总收入金额。在进行总结算时,应将所有现金、购物券等一起进行结算。结算后由收银员与值班长在指定地点面对面点算清楚,并填写每日营业收入结账表,由收银员和值班长签名,该结账表是会计部门查核和做账的凭证。

(3)值班长在收银员清点营业款后,打印收银员日报表,并与现金解款单核对,收银损益在现金解款单中写明,然后将现金与现金解款单封包并加盖骑缝章,最后在交接簿登记,移交给店长。

(4)店长将收到的营业款存入保险箱,如由银行上门收款的,在银行收款员上门收款时,在交接簿上登记并交给银行收款员;如直接解缴银行的,应由专人(最好是两人)存入指定的银行,如可由店长在当班时解缴银行,同时最好对营业款存入银行的时间、路线等作出规定,以免发生意外。

(5)店长每日打印销售日报表,并收齐当日收银员日报表与现金解款单,同时按连锁企业总部规定的时间送到总部财务部(如每星期二、五)。

知识拓展

收银考核体系

收银考核体系包括以下几个方面:

(1)收银速率。收银速率是检验收银员对商品的熟悉程度、对收银系统的了解程度、系统操作的灵活度的基础,收银速率的优良与否将直接影响到商品的通货率。

(2)收银差错率。收银差错率将直接影响到商品的盘点准确率、顾客投诉率、公司效益等,收银差错的产生是因为收银员的失误、顾客的作弊、收银员的作弊、系统错误等方面因素造成的,控制收银员的收银差错率是控制公司利益的必要手段,公司规定收银差错率必须低于0.5‰。

(3)信息反馈。信息反馈指的是在销售过程之中收银员对所接触到的商品信息、服务信息、业态信息与工作信息的反馈。要求收银员对所接触的信息应进行及时反馈,信息反馈率达到100%,信息总结率达到95%以上,信息分析率达到85%以上。

(4)顾客服务。顾客服务是商业企业的基础,提高顾客服务质量与服务意识是改变商业企业经营环境的必要条件。收银服务是超市经营的一个全视野的服务平台,如何利用,并达到经营目的,则需要我们去不断地完善服务来营造,减少服务的投诉,降低我们的商品服务成本是公司经营的一项硬指标,公司对收银员的服务考核与前台相同。

六、收银错误的作业管理

(一)收银差异产生的原因

(1)收银员收款错误和找零错误。
(2)收银员没有零钱找给顾客或顾客不要小面额零钞。
(3)收银员收到假钞。
(4)收银员不诚实,盗窃卖场的收银款。
(5)收银员将收银机的输入键按错,如将现金键按成卡键。
(6)收银员在兑零过程中出现错误。

(二)收银差异处理原则及方法

(1)收银差异必须在24小时内进行处理,由现金室处理收银差异。
(2)超出一定金额的收银差异,必须在发现的第一时间报告安全部和收银主管。
(3)收银差异的原因由现金室进行查找。
(4)所有收银员的收银差异必须进行登记。
(5)对于有超出规定收银差异的收银员必须给予警告处理。

(三)减少收银差异的措施

(1)加强收银员的培训,减少假钞带来的损失。
(2)加强收银员的道德品质培养,杜绝因不诚实而引起的现金盗窃。
(3)加强收银过程的标准化服务,包括唱收唱付,减少因收款、找零错误带来的损失。
(4)加强收银区域安全防范管理,对收银员的工作进行有效的监督。
(5)加强营业高峰和节假日的大钞预提工作,减少收银现金积累,减少现金被盗机会。

案例分析

沃尔玛超市收银员的损耗控制管理

收银员在收银过程中所导致的损耗,占整个商场损耗的三分之一左右。

首先是漏扫商品。在沃尔玛公司有两个代名词,一个是"BOB先生",一个是"LISA小姐"。这听起来是对两个人的称呼,而实际上它们各有含义。

"BOB"是指顾客拿在手中或放在购物车及购物篮里的、未被收银员注意到的商品,如小孩手中拿的糖果、小玩具,放在购物车下面的整箱酒、饮料、大袋的米或面等。收银员在顾客结算时,要主动帮助顾客把商品从购物车或购物篮中拿到收银台上。这既可以显示出收银员对顾客的热情,又可以看清有无漏掉的商品。

"LISA"是指所有非原始包装且包装内可放其他物品的商品,必须开箱检查,如棉被、箱包、电饭煲等,因为里面可放些牙膏、鞋油、面霜等小件的商品,或可把贵重的商品放入廉价的包装盒内,诸如此类容易造成损耗的商品很多。

如果收银员在忙碌之中忘记做防损工作,须由周围的同事(领班或主管)来提醒。

但为什么要这样称呼呢?就是怕直接指出来会使顾客反感,误以为把他当成小偷。所以,同事要像找人一样提醒收银员:"有没有见到BOB或LISA在哪里?"使收银员在顾客没有任何察觉的情况下做好防损工作,为公司挽回不必要的损失。

其次是扫描条码。一种情况是整箱的商品,由于商品录入的不同,有些包装箱上的条码是单品的价格,收银员误以为是整箱的条码,又不核对价钱,导致商品流失。另一种情况是促销装的商品(即赠品)与商品捆绑式售卖,由于捆绑不规范,将赠品的条码露于表面(应将赠品条码覆盖或在电脑中删除),使收银员错扫了价值低的赠品,而把商品漏掉。或者"买二赠一"的商品采用捆绑式售卖时,本应把绑在一起的两件商品分别扫描,但由于楼面与收银员沟通不及时,收银员错扫成"买一赠二",给公司造成损失。

再有,就是要核对所扫商品是否与电脑打出的一致,尤其是生鲜食品及糖果的称重码,一定要核对商品名称、型号、重量、价格。如有任何疑点,要立即让领班重新拿到楼面核对条码或重新称重,避免给公司造成损失。

思考问题:

1. 常见的因收银员工作不当而导致的损耗情况有哪些?
2. 收银员应如何做好防损工作?
3. 在此案例中,你可以得出哪些对今后从事收银作业有益的经验?

能力训练

1. 听装可乐、瓶装啤酒、牛奶、面包、火腿、方便面、膨化食品,请将这些食品按照装袋顺序进行装袋作业。
2. 为顾客结账时,发现多找了顾客十元钱,请模拟处理这件事情。
3. 4~5人一组,到所在城市一家综合超市调研收银员每天的工作,课堂交流。

任务二 销售服务作业

销售服务连接企业与市场,主要任务是为顾客介绍产品及服务,实现门店的商品销售、资金回笼并获取利润。销售是门店生存和发展的动力源泉。

工作任务

资料

下次来，我还住你们酒店

晚上10:30左右，餐厅走进来一位客人，说："还能在这儿吃点夜宵吗？累了不想再往外跑了。""可以，您想吃点什么？我去给您准备。"服务员对客人说。客人一听开心地说："太好了，谢谢你小姑娘，我们一起三个人，随意点就行。"

已经这么晚了，复杂点的饭菜餐厅也没法做了，晚上吃多了也不利于消化。想到这儿服务员对客人说："10点多了，过会儿就该休息了，给您上点易消化的可以吗，每人喝上一碗面，外加几个可口的小菜您看可以吗？""可以，太好了，热乎乎的面，想想是又馋又饿。"客人满意地说。

十分钟过后，饭菜上齐。服务员从客人的交谈中得知，这三位客人是来看病人的，不知道去医院怎么走，他们是开车过来的。于是服务员详细地给客人讲了去医院的路线，还简单地画了张小图给客人，并且画上了回酒店的路线。

服务员耐心细致的服务得到了客人的好评，客人临走时直夸服务员热情、周到，服务员的素质高，说："下次来，我还住你们酒店。"

要求：

1. 如何评价这位服务员的服务？
2. 如果产品同质化现象严重，你认为吸引顾客的重要手段是什么？

相关知识

一、营业员的服务要求与服务规则

（一）服务要求

(1) 热情——面带微笑、热情招呼，缩短与顾客的距离感；

(2) 真诚——态度诚恳，有礼貌，尽最大努力满足顾客要求；

(3) 自然——言行举止大方得体，有亲切感；

(4) 耐心——百问不厌，百拿不烦，如实介绍商品，买与不买一个样；

(5) 快捷——为顾客节省时间；

(6) 准确——准确地回答顾客的问题，帮助顾客选购最适合的商品。整个接待过程（如找、拿商品）熟练、迅速；

(7) 无干扰服务——顾客希望得到一个自由的空间，不需要服务的时候，无须打扰。为顾客提供适时、适当的服务。

（二）服务规则

(1) 凡事要从顾客的角度去思考，不符合此顾客要求的服务，当然也不会满足其他

顾客;

(2)永远不要与顾客为敌;

(3)提供顾客喜爱的商品;

(4)保持工作区域清洁;

(5)笑脸相迎,热诚地打招呼;

(6)永远不能让顾客感觉受到冷落;

(7)营业员在顾客面前一律不得吃食物、嚼口香糖等;

(8)从顾客进门的第一步起,不论他们的态度是好是坏,都不能用不尊重的语言、态度、举动对待顾客。一定要保持笑容,直到顾客离去。

课堂阅读

海底捞的服务

去过海底捞的顾客是这么评价营业员的服务的:

1.有一次跟家人过生日,我就随口说了句,"今天你生日,面要点一个的",结果吃到一半,来了3个服务员,唱生日歌,给了一个很大的果盘,点的面也免费,太意外了,太惊喜了。

2.海底捞的服务员看到我用手抓住头发吃东西,怕头发掉碗里,他立马拿皮筋来给我绑头发!

3.海底捞的服务员听到我嘶哑的嗓音,默默端来姜汁可乐,对我说:"小姐,这个对感冒好,我特意为你准备的。"

二、营业员接待顾客

案例分析

愉快的购物经历

正值国庆销售高峰前期,卖场内的各大堆头前都人潮涌动,皮鞋堆头更不例外,各位促销小姐都彬彬有礼地站在堆头前,等待着过往的顾客前来选购。

这时一个温柔的声音吸引了我:"小姐,您看这双米色的鞋合适吗?"回头一看,只见一位梳着短发的促销员正笑意盈盈地拿着一双休闲鞋给一位怀孕的女顾客看,那位顾客看着面前摆放着的各种各样的鞋子,脸上流露出犹豫的神色,嘀咕说:"我也不知道该选哪双好。"促销员笑着说:"这双米色的比较清爽,这个季节穿刚好,而且今年也比较流行米色,您觉得怎样?"顾客看了看,没有吱声,又随手拿起一双黑色的端详,促销员又耐心地询问:"您打算配什么颜色的裤子?您平日深色裤子多还是浅色裤子多呢?"顾客说:"我想买一双配黑裤子的。"促销员看了看说:"那这双黑色的是不是更好一些?"边说边拿起米色和黑色的鞋子放在一起让顾客比较,然后又说:"您要不要先试穿一下,看哪双更好一些?"顾客这时看了看旁边一双高跟的皮鞋,眼里流露出羡慕的神情,善解人意的促销员马上笑着说:"现在穿这种不太适合,不过再过一段时间就可以了,是吧?"顾客听完笑了笑,便拿起一双黑色的试穿起来,待穿好后,促销员在一边耐心地询问:"合不合脚?感觉还合适吗?"顾客觉得很满意,便点了点头。"就这双吗?那好,我帮您包起来吧。"

促销员边说边动作麻利地把鞋包装好,开好销售小票,双手递到顾客手中,指着前面礼貌地说:"麻烦您到前面床用区的那个收银台付款好吗?谢谢!"顾客拿着小票愉快地走向了收银台。

要求:
1.试归纳出营业员接待顾客的步骤。
2.试分析该促销员的销售技巧。
3.营业员接待顾客是否越热情越好?结合自己的体验说明。

(一)接待顾客的准备

1.了解顾客的购物心理

营业员在接待过程中的工作就是满足顾客的需要和要求。要做好柜台销售接待工作,首先要了解顾客购物时心理的发展过程,才能有针对性地进行接待。

顾客在购买动机驱使下进入商店,挑选商品,到决定购买,在心理上大致经过10个阶段,这就是顾客购物过程中的心理发展过程。

(1)店貌感受。当顾客进入门店后,会有意或无意地环视商店。门店的装饰、卫生、秩序、商品的陈列等都会给顾客留下深刻的印象,这种印象的好坏会直接影响到购物的兴趣,尤其购物环境与商品的相称,也会直接影响顾客的购物兴趣。

(2)注视、留意。当顾客想购买或随意浏览时,首先要环视货架上陈列的商品,如果此时发现了感兴趣的某种商品,顾客就会驻足观看。在浏览的过程中,顾客往往会注意到店内的环境设施、商品陈列、电视演示以及各种宣传资料、POP的摆放等。

从购买过程来看,这是第一阶段,也是最重要的阶段。

如果顾客在浏览中没有发现感兴趣的商品,而销售员又不能引起顾客的注意,那么购买过程即告中断;倘若能引起顾客的注意,就意味着成功了一大半。

因此,当有顾客伫立在货架前看商品时,销售员应立即主动地向顾客打招呼,同时可以用适当的询问来了解和观察顾客购买意图。

一般的招呼语句应为:"您好,请问我能帮助您吗?"如果顾客不回答或明确表示不需要帮助,销售员应该真诚地说:"真对不起,打扰您了!我就在附近,如果您需要帮助,请呼叫我。"

(3)引起兴趣。当顾客驻足于商品之前或观看POP时,可能会对商品的价格、外观、款式、颜色、使用方法、功能产生了兴趣和好奇感,进而会触摸或翻看,同时可能会向销售员询问一些他关心的东西,这时销售员要热情、真诚、如实、礼貌地回答顾客的问题。顾客的兴趣来源于两方面:商品(品牌、款式、促销、广告、POP等)、销售员(服务使顾客愉悦)。

(4)产生联想。顾客对商品产生兴趣时,可能会从触摸和各个不同的角度端详,或相关的产品宣传资料中联想到"此商品将会给自己带来哪些益处?能解决哪些困难?自己能从中得到哪些享受?"顾客经常会把感兴趣的商品和自己的日常生活联系在一起。"联想"阶段十分重要,因为它直接由顾客对商品表示满意或不满意、喜欢或不喜欢的最初印象上升到感情阶段——"喜欢阶段"。在这个阶段,顾客的联想力是非常丰富而又飘忽不定的。

因此,在顾客选购商品时,销售员应使用各种方法和手段适度地帮助顾客提高他的联想力,这也是成功销售的秘诀之一。

微课

销售的学问,
接待顾客十步骤

(5)产生欲望。产生联想之后,顾客就会因为喜欢而产生一种将这种商品占为己有的欲望和冲动。

当顾客询问某种商品并仔细地加以端详时,就已经表现出他非常感兴趣、想购买了。因此,销售员要抓住时机,通过细心观察,揣摩顾客的心理,进一步介绍其关心的问题,促进顾客的购买欲望。

(6)比较、权衡。产生购买欲望仅仅是顾客准备购买,尚未达到一定要买的强烈欲望。顾客可能会做进一步的选择,也可能会仔细端详其他同类产品,还可能从店中走出去,过一会儿(也可能是几天)再次来到本店观察此商品。此时,顾客的脑海中会浮现出很多曾经看过或了解过的同类商品,会在彼此之间进行详细、综合的比较分析,比较的内容一般包括商品的品牌、款式、颜色、性能、用途、价格、质量等。

比较权衡是购买过程中买卖双方将要达到顶点的阶段,即顾客通过比较之后有了更全面的认识,将要决定购买与否的关键阶段。

有些顾客可能会在比较之后不喜欢这种商品,有些顾客可能会做出购买决定,还有些顾客在这时会犹豫不决,拿不定主意。这时,销售员就要善于把握机会,抓住时机,适时、适当地提供一些有价值的建议,供顾客参考,帮助顾客下定决心。

需要注意的是,无论顾客买与不买,我们都要报以同样的真诚、同样的微笑、同样的感谢。如果顾客决定不买,销售员要面带微笑地说:"没关系!没能提供令您满意的商品,真是很抱歉!希望您下次再来我们商场!"

(7)信任。在脑海中进行了各种比较和思想斗争之后,顾客往往要征求(询问)销售员的一些意见,一旦得到满意的回答,大部分顾客会对此商品产生信任感。影响顾客信任感有三个因素:

①营业员。优秀服务能让顾客产生愉悦的心情,从而对营业员产生好感;营业员所具有的专业知识和有价值的建设性意见容易得到顾客的认同,从而产生信赖感。

②商场(经营场所)。大多数顾客(特别是老年顾客)比较注重商场的信誉,对一些国有的大商场或老字号的商店比较信赖;有调查表明,人们65%的日用品是在大型连锁超市购买。

③商品、制造商。年轻顾客多喜欢名牌商品;商品的生产企业值得信赖。

在顾客即将产生信任的阶段,销售员的接待技巧、服务用语、服务态度、专业知识显得非常重要,直接关系到能否当好顾客的参谋,使其产生信任感。

(8)决定购买。对产品产生信任以后,顾客就会做出购物决定;反之,则舍弃。

(9)采取行动。购物决定一经做出,就会付诸购物行动,开始进行商品成交的实际行动,顾客开始进行挑选、检验、付款、取款等一系列行动。

(10)购后体验。顾客做出购买决定还不是购买过程的终点。因为顾客在付款的过程中还可能发生一些不愉快的事情。例如,在交款时、包装时、送客时销售员如果有不周到的地方,就会引起顾客的不满,甚至发生当场退货事件。因此,营业员要自始至终保持诚恳、耐心的待客原则,直至将顾客送走为止。

一般来说,顾客成功愉悦的购后体验有两种:①买到称心如意的商品后所产生的满足感;②对销售员亲切服务的认可所产生的满足感。

另外,商品使用过程中的体验也至关重要。这种体验需要一定的时间才能体现出来,通过自己使用或家人对其购买商品的看法来重新评价所作出的购买决定是否明智。它影响顾客的重复购买率。

2.预测顾客的三种需求

(1)信息需求。信息需求实际上是顾客需要使用帮助,比方说你去餐厅吃饭,那么你的信息需求就是希望知道餐厅有什么菜,哪道菜是招牌菜,哪道菜的口味最好,多长时间能够端上来,价格是多少,提供的服务水平有多高,这些是你非常关心的。要满足顾客的这种信息需求,就要服务人员做充分的准备,而这种准备就要求服务员不断地充实自己的专业知识,因为只有具备了很高的专业度,才有可能为顾客提供满足其信息需求的服务。

(2)环境需求。作为服务人员,还要预测顾客对环境的要求,顾客对环境有什么要求呢?

例如,在天气很热时,顾客希望这个房间里很凉爽;如果这次服务需要等候很长时间,顾客会需要有一些书刊、杂志可以用来打发时间等,这些都叫作顾客对环境的需求。

(3)情感需求。最难预测的顾客需求是情感需求。通常,顾客都有被赞赏、被同情、被尊重的情感需求,服务人员要去理解顾客的这些情感。比如顾客对你说:"你看我这么一大把年纪了,从东边跑到这边来消费,来回就要倒三次车。"你可以这样跟顾客说:"哦,是这样的。您到这边来真的是很麻烦,如果您以后用券就餐的话,您可以到东花园或锦绣花园,我们三家店是一样的。"如果客人说:"哎哟,你看这么热的天,到你们这儿来,我骑车骑了半个小时,浑身都湿透了。"你可以这样回答客人:"今天是很热,我先给您倒一杯水吧。"而当顾客很焦急的时候,你可以跟顾客说:"我理解您,我知道您很着急,我一定会帮您解决,您先坐下来。"预测顾客情感的需求,需要服务人员去做一些准备工作,而这些准备工作相对来说是有一定难度的,因为它要求你有很敏锐的洞察力,能够观察到顾客的需求并尽力满足。

(二)接待顾客的步骤

根据顾客购物过程中心理状态的变化,营业员就有可能采取适当的步骤和方法做好销售接待工作。

1.等待时机

顾客进店后直接接近柜台或货架,营业员要随时注意找机会同顾客接触搭话。

2.接触搭话

接触搭话就是主动接近顾客,并掌握恰当的时机和善地与顾客打招呼。打招呼的最佳时机是在顾客由知晓商品到观察了解之间。若搭话过早会引起顾客的戒心,甚至由于不好意思而离开柜台。搭话的机会一般有六个:

(1)当顾客较长时间凝视某个商品时。

(2)当顾客把头从观察的商品上抬起来时。
(3)当顾客临近柜台停步用眼睛看某种商品时。
(4)当顾客用手触摸商品时。
(5)当顾客临近柜台寻找某种商品时。
(6)当顾客把脸转向营业员时。

接触搭话可采用:打招呼法、介绍商品法和服务性接近法。

打招呼法:打招呼法适用于随意浏览的顾客和因忙于接待别的顾客而无暇顾及的顾客。

介绍商品法:当顾客正在凝视商品时,主动向顾客介绍商品的特点。这种方法是销售中最有效的接近方法,因为通过向顾客介绍商品,可以把顾客的注意力和兴趣与商品联系起来。当商品的某种特性与顾客的需求相吻合时,用这种介绍方法接近顾客十分有效。适用于正注意观察某种商品的顾客。

服务性接近法:当顾客没有观看商品,或者我们不知道顾客的需求时,用友好的态度向顾客提供帮助。一般情况下,可以直接地向顾客询问,例如,"您好,我能帮到您什么吗?"或"您好!您想看看什么商品呢?"等。服务性接近法适用于对那些明确要购物的顾客,特别是那些急于要购物的顾客。

需要特别注意的是,有的顾客在浏览商品时不愿意被别人打扰,可能会说:"我什么都不买,只是随便看看。"这时,我们应以真诚的口吻说:"没关系,您可以慢慢看,如果需要帮助,请随时叫我。"然后必须注意:不能紧跟着顾客,也不要紧盯着顾客的一举一动(因为这样会使顾客产生受到监视的错觉),用眼睛的斜光照顾到顾客就行了。

3.出示商品

出示商品就是在顾客表明对某种商品产生兴趣时,营业员要立即取出商品送到顾客手中,在这一步骤中,营业员不仅要把商品拿给顾客看,还要将商品本身的情况(款式、种类、功能等)进行简单明了的介绍,以提高顾客的联想力,刺激其购买欲望。

(1)介绍商品本身的情况。

①让顾客了解商品的使用状况。购买之前,顾客一般都想知道商品在使用时的效果。营业员要想方设法多向顾客介绍这方面的情况,其中包括商品的款式、种类、使用方法、功能、原料、工艺等,这也是做商品展示的过程,展示的目的就是要使顾客看清商品的特点,减少挑选的时间,引起其购买的兴趣。

②鼓励顾客触摸、试用商品。营业员不仅要将商品知识解释给顾客听,将商品拿给顾客看,更要让顾客触摸、试用商品,充分调动顾客的多种感官,以刺激顾客的购买欲望。

③让顾客看到复数以上的商品。顾客在购买时都喜欢比较,在许多同类商品中挑选出一件他最中意的。营业员应该拿出不同颜色、不同款式的商品让顾客自由选择。这样做一来可以满足顾客的欲望,二来满足顾客希望商品是自己判断挑选而不是营业员推荐的愿望。

(2)介绍商品行情。顾客一般都会有从众的心理,他(她)们一般都会选择热销的商品。

(3)介绍时引用例证。一般可引用的证据有:荣誉证书、质量认证证书、数据统计资料、专家评论、广告宣传情况、媒体报道情况等。除此以外,以往顾客使用商品的情况、体验与评价,都能作为说服顾客购买的依据。

为使出示的商品达到出示的目的,需要注意以下几种方法:

①示范法:这种方法就是商品的表演。

②感知法:这种方法就是尽可能地让顾客实际感知商品的优点,以消除顾客的疑虑。

③多种类出示法:这种方法适用于顾客具体购买某种商品无主意时,营业员可出示几种性能相近或者价格相近的商品供其选择。

④逐级出示法:这是在顾客可能接受的价位上,先出示价格低的商品,再出示高档商品的办法。

4. 商品说明

前面已经说过,顾客在对商品产生欲望后,并不会立即购买,而会在心里反复进行衡量,经过多方面的"比较权衡",直到充分信赖之后,才会采取购买行动。营业员要给顾客做好商品说明,首先必须精通商品知识。

(1)要注意调动顾客的情绪。我们经常可以见到一些推销人员只顾自己口若悬河、滔滔不绝、"单口相声",实际上顾客是非常反感的,没有人愿意被强迫推销。推销是互动的,是双向的沟通和交流,它应该由问题和解释、特性、优点和利益方案,以及一种简单、轻松的对话方式组合而成。如果营业员不顾及顾客的感受,顾客可能只会记住你讲话的一小部分,还因不感兴趣或反感而扭头就走。如果能与顾客展开对话,让顾客参与到说明的活动中来,让其发表意见,营业员在适当的时机主动提问并回答一些问题,就会大大提高成交的概率。

(2)语言要流利,避免口头禅。在进行商品说明时,要尽量避免"啊""嗯""那么""呢""大概""可能"等口头禅或含糊不清的语言,否则轻会让顾客认为你对商品不熟悉,重会让顾客认为你不诚实。

5. 参谋推荐

经过营业员适当或详细的说明之后,顾客对商品的特性、使用方法、价格等会有较全面的认识,可能会产生强烈的购买欲望。但是,大多数顾客在这个阶段是不会冲动地立即掏钱购买的,在他们的脑海中还会浮现出很多曾经看到过或了解过的同类商品,会在彼此间做个详细、综合的比较和分析;有的顾客也可能只是有一些犹豫,不知道该不该买、值不值得买。

顾客的"比较权衡"是购买过程中买卖双方将要达到顶点的阶段,所以在此时,营业员应把握机会,提供一些有价值的建议给顾客,供其参考,帮助顾客下定决心。

(1)认识顾问式服务。所谓顾问式服务是指营业员要真诚地帮助顾客,不论顾客能否在商品知识和自身决策方面做某种程度的选择,营业员都要站在顾客的立场上为其着想,针对顾客的需求给予他们最多的商品咨询和建议,使他们能放心、愉快地购物。

(2)积极推介的四个原则。

①帮助顾客比较商品。营业员要帮助顾客进行商品比较,利用各种例证充分说明所推荐的商品与其他商品的不同之处,并对顾客特别强调此商品的优点在哪里。

②要实事求是。千万不要信口开河,把不好的说成好的、没有的说成有的,要本着诚

实的态度、实事求是的原则介绍商品。

③设身处地地为顾客着想。营业员必须站在顾客的角度,为顾客的利益着想,只有这样才能说服顾客购买。

④用商品说话。把商品自身的特点展示给顾客看,效果会更好。

为了赢得顾客的信赖,营业员不仅要熟悉自己的产品,还要对竞争产品加以研究,这样,推介才更有说服力。

(3)推介时要抓住重点。商品一般都有多种特性,营业员在介绍商品时,首先要抓住重点,把最能影响顾客购买决定的特点用最简单、最有效的语言表达出来,然后再介绍其他特点,这样才能取得好的推介效果。

知识拓展

推介商品的最佳方法——FAB法

FAB法是指根据顾客需要,强调产品能够带给顾客的利益的一种推销方法。

顾客购买的不是商品本身,而是商品的效用、价值,即商品能带给顾客的利益。对自己没有好处的商品,顾客是不会买的。营业员的任务就是通过商品介绍,让顾客充分认识到商品能够给他/她带来的利益、能够满足的需要、能够解决的他/她所遇到的问题和困难。

FAB法中,F是指产品的特点,A是指这一特点所产生的优点,B是指这一优点能带给顾客的利益。例如,某化肥原料供应公司向化肥厂推销煤,他说:"我们供应的是山西晋城、杨城一带的一级煤,炭块率在85%以上(特征),这种煤发热量大、烟灰少、含硫量低于0.5%(优点),生产化肥上气快、产量高(利益),经各厂实际使用得到一致好评。"

FAB的意思是在商品推介中,将商品本身的特点、商品所具有的优势、商品能够给顾客带来的利益有机地结合起来,按照一定的逻辑顺序加以阐述,形成完整而又完善的推销劝说。

FAB法就是这样将一个产品分别从三个层次加以分析、记录,并整理成产品销售的诉求点,向客户和顾客进行说服,促进成交。但需要注意的是客户(顾客)本身所关心的利益点是什么,然后投其所好,使我们诉求的利益与客户所需要的利益相吻合,这才能发挥效果。切不可生搬硬套,不加以分析就全部用上。

FAB关注的是客户的"买点",利益是相对的。一位哲学家说过:"对一个人来说是蜜糖,对另一个人来说是毒药。"营业员要了解顾客的实际需要,根据顾客的需要来介绍商品。如果商品非常符合顾客的需要,但顾客有点接受不了价格,营业员可以站在顾客的立场,认真分析购买此商品的利弊,分析商品能带给顾客的使用价值。例如,一位复印机推销员,了解到顾客需要一台快速、高质量的复印机而又手头拮据、难以接受复印机的价格时说:"这台复印机每分钟可以复印××张A4纸,比其他型号的快3倍,而且质量可靠,使用寿命是普通复印机的2倍。它的价格虽然比其他复印机贵30%,但是从长远利益来看,平均分摊下来,实际上是节约了您不少的成本。"这样一来,顾客就能真正认识到商品的实际价值,就很可能购买。

FAB法要求营业员要注重说话的技巧。例如,"这件商品虽然质量、功能都很好,但是价格有点贵"和"这件商品价格虽然有点贵,但是质量、功能却很好"是同一个意思,但表达方式不同,效果就会截然不同,前者强调的重点是价格贵,后者强调的重点是质量、功能好。FAB法中,营业员要强调的是商品的使用价值,即后者。

6. 处理反对意见

在推介过程中,顾客会随时提出各种疑问或是用各种理由来挑剔,我们把这种疑问和挑剔统称为反对意见。

顾客提出反对意见是销售活动中的一种必然现象,它既是成交的障碍,又是顾客有购买意图的征兆。如果顾客没有购买兴趣和动机,他(她)就不会在商品上多费唇舌。

为把反对意见转化为有利于销售的行为,营业员要抓住机会,了解隐藏在反对意见背后的真实动机。

处理反对意见的注意事项:

(1)要抱有积极态度,绝对不能一副不屑的样子。
(2)不要与顾客争辩。
(3)找出顾客误解和反对意见的真正原因。
(4)在解释时,如遇顾客提及竞争品牌,要从正面阐述自己品牌的优势,讲述竞争品牌不具备的优点,不要讲竞争对手的坏话。
(5)要不断观察顾客的反应。
(6)当遇到不懂或无法处理的事件时,首先表示歉意并真诚感谢顾客,然后要请示上级或厂商。

7. 建议购买

当顾客一旦出现购买的信号时,营业员就要自然停止商品介绍,转入建议购买的攻势中。机会常常是稍纵即逝,要好好把握。值得注意的是,营业员建议顾客购买绝不等同于催促顾客购买。

(1)语言上的购买信号。
①反复关心某一优点或缺点时。
②询问有无赠品时。
③征询同伴的意见时。
④讨价还价,要求打折时。
⑤关心售后服务时。

(2)行为上的购买信号。
①面露兴奋神情时。
②不再发问,若有所思时。
③同时索取几个相同商品来比较、挑选时。
④不停地把玩、爱不释手时。
⑤关注营业员的动作与谈话时。
⑥不断点头时。
⑦翻阅产品说明和有关资料时。
⑧离开后又转回来时。

⑨查看商品有无瑕疵时。
⑩不断地观察和盘算时。

(3)建议购买的方法。建议购买的方法主要有以下几种：

①直接建议法。当顾客对商品没有问题可提了，就可以直接建议顾客购买。

②选择商品法。这是采用促使顾客做出购物决定的含蓄的方法。

③化短为长法。当顾客面对商品的几个缺点犹豫不决时，营业员应能够将商品的长处列举出来，使顾客感到长处多于短处，就能促进顾客对商品的信任。

④机不可失法。这是指让顾客感到错过机会就很难买到的、一种坚定顾客购物决心的方法。

⑤印证法。当顾客对个别商品总是持有疑虑，迟迟不愿做出决定时，可向其介绍其他顾客使用此商品的情况来印证营业员所做的介绍，或转化商品的问题，消除顾客的疑虑。

⑥奖励法。这是一种通过向顾客提供奖励、鼓励顾客购买某种商品的方法。

8.成交

要尽快帮助顾客确定他喜欢的款式，包装时要快捷，并检查商品有无污损。

9.出售连带商品

当将包好的商品交到顾客手中时，可以顺便推荐相关联的产品。

另外要注意主动口头向顾客表示感谢，赞扬顾客的明智选择，并请其对商品质量放心。无论顾客最终购买与否，我们都要对顾客表示真诚的感谢。要注意顾客有无遗留物品，提示顾客带好随身物品，而不要忙于收拾、整理商品。送客是最后的服务机会，给顾客留下一个好印象，有助于顾客的重复购买或以后再买。

10.收取货款

收取货款务必要做到"三唱一复"。"三唱"即"唱价"（确认顾客所购买商品的价格）、"唱收"（确认所收顾客现款金额）、"唱付"（确认找给顾客余额）、"一复"即"复核"（确认所付商品与收取货款是否相符）。

课堂阅读

常见的顾客购买动机

1.求实。购买的主要原因在于追求商品的实际使用价值，希望商品能够实惠和实用。那些功能齐全、质量过得去的产品通常能够打动他们，华而不实的产品容易被他们拒绝。

2.求名。因为求名而购买产品的消费者具有较强的炫耀心理和表现欲，他们以追求名牌为主要特征，而对产品的实际使用价值却很少考虑，希望用名牌的昂贵的产品来彰显自己的身份和地位。

3.求美。注重商品的外在表现形式，以追求商品的艺术欣赏价值为主要特征。商品的造型、色彩、图案等是他们考虑是否购买的主要因素，而对商品的实际使用价值则不太注重。

4.求新。购买产品的主要动机为追求时髦、新颖和奇特。款式新颖、新潮入时的产品比较容易打动他们。

5.求廉。这类消费者对产品的价格比较敏感和看重,在选择产品时他们尤其注重商品的价格而非外形或品牌。

6.便利。希望能够用最快捷、最省时省力的方式来购买到产品,对价格、外形等做次要考虑。

7.从众。为了证明自己与他人一致而产生的购买动机。

8.被说服。被销售人员或其他有影响力的人说服而产生购买行为。

三、营业员与顾客冲突的防治和排除

(一)营业员与顾客发生冲突的原因

(1)顾客多、业务忙,营业员应接不暇;
(2)顾客退换商品;
(3)收款找零发生差错;
(4)商品暂时供不应求;
(5)营业员业务素质不高;
(6)连锁门店组织工作或经营管理不善。

(二)营业员与顾客冲突的防止和排除

1.冲突的防止

冲突的防止应从礼让中求得缓解,从让步中寻找妥协,从转移视线中得到缓和。

(1)保持冷静,明确自己的角色。营业员工作中首先要保持冷静,明确自己的身份。连锁门店要依靠员工来应对顾客的不满,最终满足顾客的需求,为连锁企业带来经营上和形象上的双重利益;同时顾客也必须通过营业员来表达自己的意见和消费权益。因此,营业员必须认知自己的角色,让连锁门店和顾客都得到最大的利益,而不是以逃避、私利心态对待顾客的不满。

(2)让顾客发泄,仔细聆听,充分道歉。仔细聆听,充分道歉是防止冲突的基本态度,在聆听、理解顾客意愿的基础上向顾客真诚地道歉,即使错误不是由门店员工造成的,营业员的道歉表明了门店对待顾客的诚意。

(3)收集信息。抱怨的顾客不仅需要营业员理解他,更需要营业员解决他的问题,营业员应该通过向顾客提问等方式收集足够的信息。

(4)从让步中寻求妥协,给出一个解决的方法。了解了顾客的问题以后,要找出一个双方都可以接受的解决问题的办法。如为平息顾客的怒气,可给予顾客补偿性关照。

(5)跟踪服务。一场冲突避免后,营业员在问题解决后几天可以联系顾客,询问对问题解决办法的看法,这样可让顾客印象深刻,增强顾客对门店的忠诚度。

2.冲突的排除

(1)正确对待顾客批评。营业员一定要认识到顾客的批评意味着店铺在经营管理方面存在弱点。因此,必须从思想认识上善意地看待顾客的批评意见。只有积极正视批评意见,营业员才会成熟,店铺才会顾客盈门。营业员应该在此"妥协"认识的基础上,进而采取"妥协"的姿态,并且不失礼貌地要求顾客提出批评。

在顾客提出批评的过程中,营业员应该让顾客敞开胸怀尽情"倾诉",而不能中途打断顾客的话,否则顾客只会更加冲动。

当顾客说完自己内心的抱怨之后,营业员再阐明自己的立场。每个人都有"宣泄"的心理,只有吐出心中的不快,才能保持心理平衡。

(2)真诚向顾客道歉。如果顾客要求营业员进行解释时,营业员就应该予以解释,而不能单纯辩解。营业员一定要明白,当自己能及时主动地承担过失时,只要是通情达理的顾客,大多不会再抓住不放。而且在营业员的提示下,顾客也会反躬自省,甚至还会反过来向营业员道歉。

对于商家来说,当局面不可收拾的时候,要求营业员利用道歉来及时挽回店铺的声誉,这是最重要的。

(3)提出解决问题的方法。由于在发生冲突时,冲突双方都会把调停人当作公正的化身。因此,由第三者出面调停解决矛盾冲突,会更有利于息事宁人。不管具体情况如何,充当调停角色的店铺负责人一开始就要非常明确自己的地位,首先要表示出对顾客的礼貌、尊敬和歉意,对顾客的"失态"要抱克制和冷静的态度。

调停者千万别过于认真,得礼不饶人,更不必去追究争吵双方的过错。要记住,每个人在感情冲动时往往会失去客观感、公正感和自省感。调停者并不是法官,要力求辨别是非曲直。只要能够将事情化解,不因为冲突而影响店铺的信誉,商家吃点亏也不要紧。

调停者这时候唯一要做的事情就是息事宁人,向顾客提出某种建议,把对方的思路岔开;或者设法将顾客请到休息室去谈话;或定下一个顾客能够接受的合理方法。总之,使顾客尽快平静下来,再积极、真诚地解决问题。

(4)跟踪服务,争取顾客。问题解决几天后,门店相关人员可联系顾客,表示慰问,表达门店的诚意,争取挽回顾客对门店的好感。

案例分析

顾客抱怨商品价格太贵

顾客:小姐,你们的东西为什么比别人贵!

服务人员:有什么问题,我可以为您服务吗(保持平静,将顾客引至一旁)?

顾客:像这个××洗发水,你们卖26元,但是前面××超市人家才卖22.5元,为什么你们要赚得比人家多?简直是剥削消费者嘛!

服务人员:(仔细聆听,并且随时点头,眼神接触顾客,同时面露关心。)在这里买了东西后,发现别的地方更便宜,心里一定很不舒服(运用同情心,同时将顾客的意见记录下来)。

服务人员:实在很抱歉,不过我们很感谢您给我们提供这些商品的信息,让我们了解应该改进的地方。我会将您的建议写在"顾客意见单"上并汇报店长和采购人员,我们一定会改善。如果您还有其他的问题,要不要我请店长出来,您直接告诉他(表示抱歉并提出解决方案)。

服务人员(在顾客同意之后)拿出"顾客意见单"请对方填写,同时填写"顾客投诉意见记录表"存档。

服务人员在处理后,通知店长及采购人员立即做市场调查,由连锁企业总部重新评估是否有修订售价的必要。若商品确有降价的变动,可打电话告知顾客,本店已经依他的建议予以改善。

有关的研究资料指出,顾客就好比是免费的广告,关键是该免费广告所带来的是正面效应还是负面效应。当顾客有好的体验时会告诉5个其他的顾客,但是一个不好的体验可能会告诉20个其他的顾客。因此,门店的营业人员应有效地避免与顾客发生冲突,谨慎处理顾客的每一个投诉意见,使顾客成为连锁企业门店有力的免费宣传媒介。

要求:

1. 上例中导致顾客不满的原因是什么?通常还会有哪些因素会招致顾客的不满?
2. 该服务人员的处理是否得当?他是怎样避免与顾客发生冲突的?
3. 怎样有效地避免和排除营业员与顾客的冲突?

能力训练

卖场的关键时刻管理

某连锁分店一些部门对VIP顾客进行回访,收银部在对顾客L小姐进行回访时,了解到该顾客前不久在分店为其公司下属单位选购了美的空调一台。当时顾客为了确保购买后不出现质量或售后问题,要求营业员对送货、安装、各项费用及售后做出保证,营业员口头承诺没有问题,还叫来电器分部柜长W在送货单上签名保证。但安装时问题还是出现了:顾客发现,空调室内机没有接线插头,便向安装工询问原因,安装工回答:"我也是第一次遇到这种情况。如果您要加插头,要收取10元材料费。"顾客虽然心里生气,但为能正常使用,就支付了此笔费用。过后该顾客联想到之前在此分店购买热水器时,也因销售时营业员没有解释清楚,导致安装热水器时无配套烟管弯头而要另外支付30元材料费。这两次事件联系在一起,顾客十分气愤,失去了对商场的信任。收银部的回访电话及时地捕捉到了顾客的抱怨,顾客倾吐了抱怨后怒气也消了许多。

收银部马上将情况反映给电器分部。电器分部柜长于是打了两个电话向顾客解释,当值营业员也致电给售后部门负责人。售后部门原来并不清楚事情原委,营业员的电话反而使他们糊涂了,于是就向L小姐了解情况,并对L小姐产生了看法。结果回访不但没有解决问题,反而给顾客带来了更多的麻烦,致使L小姐非常气愤,导致投诉升级到找总经理解决的地步。

学生分组讨论20分钟,并回答以下问题:

1. 此案例中顾客的期望是什么?顾客的期望如何由落空变为失望,继而产生不满?不满又如何变为抱怨?抱怨又如何变为投诉?投诉又如何升级?
2. 在此案例中存在哪些服务接触点?哪些"关键时刻"?对这些"关键时刻"应如何正确把握?(提示:可先列出所有出现的人物,再逐一分析)
3. 在这些"关键时刻"中你认为哪个是最重要的?把握了这个环节,就不会引发顾客的一系列的不满和投诉?

4.如果你是总经理,接到投诉后,你如何消除这一事件的影响?应采取哪些措施防止这样的事情再次发生?

任务三 处理顾客投诉

顾客投诉其实是门店的重要财富,是服务水准提升的重要契机,投诉应对流程其实就是为顾客创造价值的过程。正确对待和处理顾客的投诉,化不利因素为有利因素,可以改进客户服务质量,并与顾客形成长期合作的良好关系。因此,如何处理好顾客投诉意见,是连锁门店经营管理中的重要内容,处理得好,矛盾得到化解,企业信誉和顾客利益得到维护;反之,往往会成为连锁企业门店经营的危机。

微课 运用顾客投诉处理技巧扑灭顾客的熊熊怒火

工作任务

资料

正确对待顾客投诉

不管企业是多么友好、高效地对待顾客,仍然会经常产生抱怨。抱怨问题不可小视,它往往体现了企业在经营运作中存在的问题和顾客的潜在需求。以顾客为导向的服务,能激励顾客对企业的信任和支持,保持长期的购买关系,传播积极的口碑效应,使企业在市场竞争中处于有利地位。

随着人们消费观念的日趋成熟,因产品不能达到顾客满意度而导致的各类投诉事件,已是当前司空见惯的现象。面对顾客的投诉,商家最常见的处理办法有以下三种:

1.百般抵赖,对产品存在的问题视而不见,对顾客的要求不理不睬;

2.光有态度没有行动,这类商家或厂家的代表在处理顾客投诉时态度相当好,但就是不肯付诸行动去解决实际问题,其实际效果跟前一种是一样的;

3.道歉并马上付诸行动、解决问题。

但是有的商家认为,顾客的投诉并没有多重要,即使流失一些顾客也不要紧,因为会有新的顾客来到店里。但是要知道获得一个新顾客的成本是保住一个老顾客的8倍。据专家调查统计:公司一般每年平均流失10%的老顾客;一个公司如果将其顾客流失率降低5%,其利润就可能增加25%~45%。

有一些详细的数据更能说明问题。美国白宫全国消费者协会调查统计:

1.顾客不满意,也不投诉,但还会继续购买你商品的有9%,而91%的顾客不会再回来;

2.投诉过但没有得到解决,还继续购买你商品的顾客有19%,而81%的顾客不会再回来;

3.投诉过但得到解决,会有54%的顾客继续购买你的商品,而有46%的顾客不会回来;

4.投诉后迅速得到解决,会有82%的顾客继续购买你的商品,只有18%的顾客不会回来。

销声匿迹是个可怕的事情,沉默的顾客也是最危险的顾客。如果你想保住你的顾客,你应该让他们积极地投诉。这些抱怨的顾客也许就是你最大的财富。

有的企业就鼓励顾客上门投诉,学会"换位思考",正确辨别顾客的不满意,针对顾客申诉的问题,迅速查找出引起顾客不满的真实原因,在处理过程中做到心中有数,有的放矢。树立"顾客至上"的理念,善于站在顾客的角度,以顾客的心理去思考,采取行动,有针对性地加以解决。道歉只是最基本的,而不是最佳的处理顾客投诉的方法,应该提倡的做法是感谢顾客,并采取一定的措施进行奖励。只有这样,才能树立良好的品牌形象,增加产品的美誉度及信任度,从而使企业在竞争中立于不败之地。

有的企业就一贯坚持产品"零缺陷"标准和推行"揭短"工程,企业请员工来"揭短",市场请顾客来"揭短",以挑战自我和服务无限的精神赢得市场顾客的普遍赞誉。

顾客永远是对的,剩下来的就是我们的错误,只有我们承认错误,面对错误,改正错误,我们才能赢得顾客的信任,留住顾客,建立牢固的顾客关系。

要求:
1.顾客投诉的主要原因有哪些?
2.制定一份顾客投诉管理制度。
3.如何做到能鼓励顾客上门投诉?

相关知识

一、如何对待顾客投诉

(一)摆正态度,正确认识顾客投诉

有效地处理顾客投诉,能更有成效地为企业赢得顾客的高度忠诚。顾客选择投诉无非要求问题得到解决,希望得到我们的关注和重视。反之,顾客不向你投诉,是因为他对你的处理能力表示怀疑。同时,选择投诉的顾客往往是忠诚度比较高的,期望我们的产品或服务能够加以改善,我们从中也可以获得他们提供的有价值的信息。可见,对于企业而言正确对待投诉顾客是非常重要的。

(二)明确程序,有条不紊处理投诉

凡事都要按照相关程序进行处理。处理顾客投诉,我们在实际操作中应把握好以下三项原则:

(1)先情感后事件。如果顾客选择投诉,他们的心情肯定非常激动,而作为投诉受理者理应先关注顾客的心情,顾及对方的感受,然后再关注投诉的事件。不可埋头于投诉事件的处理,而不顾顾客的感受,否则最终投诉是处理了,留给顾客的却是一种说不出的遗憾。因此正确处理顾客投诉的原则,首要的就是"先情感,后事件"。

(2)先倾听后平息。只有认真听取顾客的抱怨,才能发现其实质性的原因。在倾听时

避免中途打断顾客的倾诉进行辩解，否则更容易加大刺激顾客的不满情绪。只有等到顾客心情平静下来，顾客才能以放松的心态与你协商，处理效果才能体现出来。例如，卷烟是特殊商品容易受生产计划影响，出现一些畅销品牌断档或少量限量供应，顾客也明白其中的道理，也知道该品牌货源短期无法得到解决。此类顾客投诉最终目的并不是想如何解决货源问题，而是把你当成了倾诉对象，通过发泄来缓解自己不稳定的情绪。因此在处理此类顾客投诉时，不要急于去平息顾客的抱怨，避免与其发生争辩，要耐心地倾听顾客的发泄，否则适得其反。

（3）先分析后行动。在倾听顾客抱怨后必须分析顾客抱怨的原因，清楚顾客投诉的真正目的，只有处理方向正确了结果才能圆满。通过以下案例可以得到证实：某顾客经理通过对消费群体需求与周边顾客的销售走势综合分析后，向经销商引导了新畅销品牌。经过一个阶段的销售后，顾客经理接到顾客投诉，认为因受顾客经理的品牌引导造成货源积压。该顾客经理接到投诉后立即向公司反映争取尽快处理。这次投诉处理理应圆满解决，但在事后的回访中顾客表示并不满意处理结果。分析原因后得知此次顾客投诉的目的是需要顾客经理帮其分析滞销原因和解决对策，而顾客经理在处理这次投诉时急于求成，未分析顾客投诉的真正原因而导致顾客对处理结果的不满。因此，只有正确分析、明确顾客投诉产生的原因以及顾客对投诉后所期望的结果，有针对性地给予解决与处理，才是一个圆满的投诉处理过程。

二、顾客投诉的主要类型

顾客投诉是门店经营不良的直接反映，同时又是改善门店销售服务十分重要的信息来源之一。通常，顾客的投诉意见主要针对商品、服务、安全和环境等方面。

对连锁门店而言，顾客投诉的类型主要有以下几类：

（一）对商品的投诉

商品是满足顾客需要的主体，顾客对商品的投诉意见主要集中在以下几个方面：

（1）质量不良。商品质量问题往往是顾客投诉意见最集中的问题。商品质量问题主要是坏品、过保质期、品质差或不适用，许多商品的品质往往要打开包装进行使用时才能做出判别。特别是食品由于储存、陈列不当引起的商品问题较多，打开包装或使用时发现商品品质不好时，通常顾客的反应较强烈，意见较大，引起的投诉也较多。

（2）价格过高。超市门店销售的商品大部分为非独家经营的商品，在信息时代，顾客对各商家的价格易于做出比较，特别是日用品、食品、生鲜果蔬等商品是顾客经常购买的，顾客对商品的价格十分熟悉，对同一商品在不同商场价格的高低和同一商场的同一商品的价格因季节性因素或促销因素而发生的价格变动十分敏感，顾客往往会因为商品价格过高向门店提出意见。

（3）标示不符。商品包装标示不符往往成为顾客购物的障碍，进而成为顾客的投诉对象。顾客对商品包装标示的意见主要有商品的价格标签看不清楚、商品上有几个不同的价格标签、商品上的价格标示与促销广告上的价格不一致、商品包装上无厂名无制造日期、进口商品上无中文说明等。

(4)商品缺货。顾客对门店商品缺货的抱怨主要是对热销商品和特价商品的缺货以及商品品种的不全而不满。

(二)对服务的投诉

消费者购买商品的同时需要商场提供良好的服务,其对商场服务的不满直接影响商场商品的销售。对服务的投诉主要有以下几个方面:

(1)营业员的服务方式欠妥。如营业员接待慢,搞错了接待顺序;缺乏语言技巧,不会打招呼,也不懂得回话;说话没有礼貌,过于随便;说话口气生硬,不会说客套话等;不管顾客的反应和需要,无重点地一味地加以说明,引起顾客的厌烦和抱怨;商品的相关知识不足,无法满足顾客的询问;不愿意将柜台或货架上陈列的精美商品让顾客挑选。

(2)营业员的服务态度欠佳。如营业员只顾自己聊天,不理会顾客的招呼;紧跟在顾客身后,表现出过分的殷勤,不停地劝说顾客购买,让顾客觉得对方急于向自己推销,在心理上形成一定的压力;顾客不买时,马上板起面孔,甚至恶语相加;以貌取人,瞧不起顾客,言语中流露出蔑视的口气;表现出对顾客的不信任,盯梢或用语言中伤;对顾客挑选商品不耐烦,甚至冷嘲热讽。

(3)营业员自身的不良行为。营业员对自身工作流露出厌倦、不满情绪,例如,抱怨工资、奖金低,工作纪律严等;营业员评价、议论,甚至贬低其他顾客;营业员自身衣着不整、浓妆艳抹、举止粗俗、言谈粗鲁、打闹说笑、工作纪律差,给顾客造成不良的印象,直接影响顾客的购买兴趣;营业员之间发生争吵,互相不满,互相拆台。

(4)服务作业不当。结算错误、多收钱款、少找钱;包装作业失当,导致商品损坏;入袋不完全,遗留顾客的商品;结算速度慢、收银台开机少,造成顾客等候时间过久;顾客寄放物品遗失、存取发生错误;送货太迟或送错了地方;不遵守约定,顾客履约提货,货却未到等。

(三)对安全和环境的抱怨

顾客在卖场购物时因安全管理不当,造成意外伤害而引起不满,如因地滑而摔跤,因停电而碰撞或损失。顾客感觉环境不舒适,如灯的亮度不够,空气不流通,温度过高或过低,商场内音响声太大;卖场走道内的包装箱和垃圾没有及时清理,影响卖场整洁和卫生;商品卸货时影响行人的交通等。

卖场设施不当也有可能导致顾客投诉,如货架高度不当,拿取不方便;无休息的凳椅;收银机少,付款排队的时间较长;商场布局指示不清;无电梯、洗手间等。

三、顾客意见的投诉方式及处理方法

通常顾客投诉的方式主要有电话投诉、信函投诉、直接到门店内当面投诉这三种,根据顾客投诉方式的不同,门店可以分别采取相应的处理方法。

(一)电话投诉的处理方法

(1)有效倾听。仔细倾听顾客的抱怨,应站在顾客的立场分析问题的所在,同时可以利用温柔的声音及耐心的话语来表达对顾客不满情绪的支持。

(2)掌握情况。尽量从电话中了解顾客所投诉事件的基本信息。
(3)存档。

(二)书信投诉的处理方法

(1)转送店长。门店收到顾客的投诉信时,应立即转送店长,并由店长决定该投诉今后的处理事宜。

(2)告知顾客。门店应立即联络顾客,通知其已经收到信函,以显示门店对于该投诉意见的诚恳态度和认真解决该问题的意愿。

(三)当面投诉的处理方法

(1)将投诉的顾客请至会客室或专卖店卖场的办公室,以免影响其他顾客的购物。

(2)千万不可在处理投诉过程中中途离席,让顾客在会客室等候。

(3)严格按总部规定的"投诉意见处理步骤"妥善处理顾客的各项投诉。

(4)各种投诉都需填写"顾客投诉记录表"。对于表内的各项记载,尤其是顾客的姓名、住址、联系电话以及投诉的主要内容必须复述一次,并请对方确认。

(5)如有必要,应亲赴顾客住处访问、道歉并解决问题,体现出门店解决问题的诚意。

(6)所有的投诉处理都要制定结束的期限。

(7)与顾客面对面处理投诉时,必须掌握机会适时结束,以免因拖延过长,既无法得到解决的方案,也浪费了双方的时间。

(8)顾客投诉意见一旦处理完毕,必须立即以书面方式及时通知投诉人,并确保每一个投诉内容均得到解决及答复。

(9)由消费者协会移转的投诉事件,在处理结束之后必须与该协会联系,以便让对方知晓整个事件的处理过程。

(10)对于有违法行为的投诉事件,如寄放柜台的物品遗失等,应与当地派出所联系。

(11)谨慎使用各项应对措辞,避免导致顾客的再次不满。

(12)注意记住每一位提出投诉意见的顾客,当该顾客再次来店时,应以热诚的态度主动向对方打招呼。

知识拓展

聆听的三原则

1. 耐心

(1)不要打断客户的话头。

(2)记住,客户喜欢谈话,尤其喜欢谈他们自己。顾客谈得越多,就越会感到满意。

(3)学会克制自己,特别是当你想发表意见的时候。

2. 关心

(1)带着真正的兴趣听客户在说什么。

(2)要理解客户说的话,这是你能让客户满意的唯一方式。

(3)让客户在你脑子里占据最重要的位置。

(4)始终同客户保持目光接触,一线服务人员应当学会用眼睛去听。
(5)用笔记录客户说的有关词语。
(6)对客户所说的话打个问号,有助你认真地听。

3. 别一开始就假设明白他的问题

永远不要假设你知道客户要说什么。在听完之后,问一句:"您的意思是……""我没理解错的话,您需要……"等,以印证你所听到的。

四、化解顾客投诉的技巧

(一)商品投诉处理技巧

1. 商品质量问题

(1)如果顾客买的商品发生质量问题,说明企业在质量管理上不过关,遇到这类情况,最基本的处理方法是诚恳地向顾客道歉,并更换质量完好的新商品;

(2)如果顾客因为该商品的质量问题而承受了额外的损失,企业要主动地承担起这方面的责任,对顾客的损失包括精神损失都给予适当的赔偿与安慰;

(3)在处理结束后,查找该商品流入顾客手中的原因,采取相应的措施以避免再次发生类似问题,并向顾客说明情况,增强顾客再次购买本企业商品的信心;

(4)将商品的质量问题向供应商反映,要求给予解决或更新,以利于企业的发展。

2. 商品使用不当

如果是因顾客自己使用不当而导致的商品质量问题,卖场员工要意识到,这不仅仅是顾客自身的问题,或许是营业员在销售商品时未向顾客交代清楚注意事项,或者营业员出售了不适合顾客使用的商品,属于这类原因的,卖场也应该承担一定的责任,一定要向顾客真诚地道歉,并根据具体情况给予顾客适当的赔偿。

(二)服务投诉处理技巧

顾客的抱怨有时候是因卖场员工的服务而引起,服务是无形的,不能像商品那样事实明确、责任清晰,只能够依靠顾客与员工双方的叙述,因此,对服务质量问题要明确责任是比较困难的。

(1)处理类似问题时,客服人员首先要明确"顾客就是上帝"这一宗旨,首先听取顾客的不满,向顾客诚恳地道歉,向顾客承诺以后保证不再会发生类似的事件。

(2)必要时与当事人(员工)一起向顾客表示歉意,这样做的基本出发点是让顾客发泄自己的不满,使顾客在精神上得到一定的满足,从而赢得顾客对卖场的信赖。

(3)事件处理完毕,卖场要对在事件中受到委屈的员工在精神上、物质上给予一定的补偿,同时要在处理顾客关系技巧方面对员工进行必要的培训,使企业员工能够在措辞和态度上应对得体,以减少类似投诉的发生。

(三)索赔处理技巧

(1)要迅速、正确地获得有关索赔的信息。

(2)索赔问题发生时,要尽快确定对策。

(3)客服主管对于所有的资料均应过目,以防下属忽略了重要问题。

(4)要访问经办人,或听其报告有关索赔的对策、处理经过、是否已经解决等。与供应商保持联系,召开协商会。

(5)对每一类索赔问题,均应制定标准的处理方法(处理规定、手续、形式等)。

(6)防止索赔问题的发生才是解决问题的根本之道,不能总等索赔问题发生后,才去被动地寻找对策。

案例分析

购买统一鲜橙多

两位顾客到某商场选购商品时,看到此商场的促销价签写着"统一鲜橙多 7.5元/瓶"。当时看到货架上摆的是两支促销装,便拿了好几瓶,然后很高兴地选购了其他的商品到收银台结账。她们在付款时,听到收银员告诉的总金额,两位顾客很奇怪地想"怎么会这么贵呢",但是谁也没有问,以为东西较多的原因。付款之后两位顾客随便一看小票,原来7.5元/瓶的"鲜橙多"变成了15.9元!

两位顾客当下便询问了收银员怎么回事。收银员礼貌地告诉顾客到总服务台咨询一下,到了服务台两位顾客将当时的情况告诉了接待员,接待员听后便叫该商品部的主管来解决此问题。主管到后提出去复合价格,来到柜台时,负责人看了价格又看了促销商品,便对顾客说:"小姐,我们上面写得很清楚,7.5元一瓶,因为缺货,所以摆的就是这个。"顾客听后便问:"但是这里也没有其他的标价。"负责人听后便说:"反正7.5元一瓶,就这样吧。"说完就走了。

两位顾客顿时便有点上当受骗的感觉,便来到服务台投诉。当时的值班经理不但没有及时接待,反而在与其他员工讨论休息的事情。两位顾客等了好一会,终于有人搭理她们了,又将此事反映给值班经理,原以为这位经理会给一个合理的解释,但是没有。经理对他们说:"小姐,刚才他们已和你们说得很清楚了,是7.5元一瓶!""但是上面没有15.9元的标价!"两位顾客很生气地告诉他。

"哪有7.5元两瓶这么便宜的!""但是上面摆的就是这样的。""既然这么便宜,你为什么不拿一箱呢,这样吧,我退钱给你吧!"争辩几句后,两位顾客更生气了。

思考问题:

1.两位顾客投诉的原因是什么?

2.面对这两位顾客的投诉应如何处理?

3.这样的顾客服务会对商场有什么影响?如何提高对顾客的服务水平?

五、建立顾客关系管理制度

建立顾客关系管理制度的目的是密切关注顾客的状态,随时提供服务与帮助,保持或提高顾客满意度,从而与顾客建立长期稳定的关系。顾客关系处理的好坏,直接关系到连锁门店的命运。建立顾客关系管理制度,连锁门店可以从以下几个方面进行。

(一)顾客档案管理

顾客档案是企业在与顾客交往过程中所形成的顾客信息资料、企业自行制作的顾客信用分析报告,以及对订购的顾客资信报告进行分析和加工后,全面反映企业顾客资信状况的综合性档案材料。建立合格的顾客档案是企业信用管理的起点,属于企业信用管理和档案部门的基础性工作。

顾客档案管理主要包括以下内容

(1)顾客的基本信息。包括姓名、职务、生日、地址、婚姻家庭状况、兴趣爱好、关系等级、电话等。这些资料是顾客管理的起点和基础。

(2)顾客的需求。如顾客需求、购买记录、服务记录、顾客关系状况等动态信息。

(二)顾客意见访问

连锁门店可以设网址、意见箱等方式征询顾客意见,并给予回复,对给门店提供意见的顾客给予适当的物质奖励,以鼓励参与。

(三)提供日常生活信息

连锁门店可以定期向顾客提供日常生活信息。例如,制作POP摆放在卖场前方,说明商品特色、用途和使用方法;免费派送印刷的宣传广告等。

新式消费连锁品牌数字化转型的核心观点

(四)举办公益活动

连锁门店可以不定期发起慈善公益活动,如捐助、赞助、关系社区公益活动、实时向顾客寄发贺卡等。

能力训练

设计顾客投诉场景,3人一组,分别扮演顾客、营业员、店长,模拟处理顾客投诉。其他小组评价,给出改进意见。

综合案例分析

××炉具燃爆

7月在惠州××购物广场,顾客华某购买了一台价值1 100多元的××双盘式煤气炉。不久后的某日,华某母亲在厨房做饭时煤气炉发生了爆炸,炉具表面的玻璃钢全部炸裂,华母的头发、面部被喷出的火焰烧伤,其全身多处也大面积烧伤(当时是夏天,华母身穿遇火易燃的薄丝面料衣服)。事故发生后,华某马上把母亲送入医院,并让家人用照相机、摄影机对事故现场进行了拍摄,随后华某打电话到××购物广场顾客服务中心投诉,要求××购物广场对事故发生做出合理解释并对患者予以20万元的经济赔偿。

思考问题:

1.如果你是顾客服务中心负责人,你怎么处理这件事情?

2.如果炉具没有质量问题,那么××购物广场要不要给予顾客一定的经济补偿?

项目六

连锁门店专柜管理

项目介绍

门店专柜选择的业种是否正确并符合消费者需要,是门店专柜经营成败的基本条件。而专柜厂商是否能配合卖场整体形象及经营策略,以具有特色的卖场规划、热诚的专业服务人员及差异化的商品组合来吸引顾客,使业绩蒸蒸日上,则是影响专柜经营好坏的关键因素。

学习目标

知识目标:了解专柜经营的意义与类型;熟知专柜选择流程及专柜经营协议的内容;掌握门店对专柜管理的内容与主要流程。

能力目标:能够初步拟定外包专柜经营协议;能够对外包专柜的经营品项进行选择;能够对联营供应商进行评估;能够发现专柜经营中存在的问题并提出改进建议。

素养目标:培养整体观、全局观;形成基于权利和义务的契约精神,树立职业形象与信誉意识;培养团队协作能力;提高解决问题的能力。

任务一 选择专柜

外包专柜的经营具有高度的自主性。门店对外包专柜的管理重点在于选择性引进和合同管理两个方面。这就要求门店的专柜管理人员对各类商品的市场前景要有敏锐的洞察力,对引进专柜的经营前景和盈亏分析要有准确的判断,大局意识要强。

工作任务

资料

品牌经营

随着国民收入和消费水平的不断提升,当今中国消费品市场已经进入品牌经营时代。国际上的一二线消费品品牌几乎全部进入我国,国内大制造商的品牌势力也相当强大,这些中高档品牌对零售渠道终端有很强的控制能力,几乎所有的品牌均采取层层代理的分销机制,以品牌的名义在百货商店直接经营。这样既有利于树立品牌商形象,又能最大限度地控制渠道利润。一般的百货商店财力有限,无力得到好的品牌代理,即使得到代理也只是屈指可数的几个品牌,百货商店要引进大量的优秀品牌只有与品牌商合作才有可能。

百思买退出中国市场很能说明自营需要承担较高的成本和较大的风险。百思买采取"买断经营"的模式,企业通过规模采购低价买入产品,然后在卖场内加价销售,零售商赚取买卖差价,商场雇佣自有员工。从成本上分析,"买断经营"虽有通过规模采购获得低价的优势,但是零售企业需要垫付资金,需要自己雇佣商场的员工,需要购买供货商的样机,并承担样机折旧的损失,实际运营成本较高。反之,以国美、苏宁为代表的中国本土家电连锁企业则采取"场地出租"模式,将销售区域分租给不同的家电厂商,并由厂商派驻促销员在卖场销售,连锁企业从中收取租金,并从销售额中进行提成,无须承担现场员工的工资,无须承担样机等成本,成本和风险都很低。百思买买断经营模式在中国的失败,使国美、苏宁"场地出租"经营模式的地位得到了进一步巩固。

要求:
1. 商场采取联营方式的原因有哪些?
2. 自营与联营在哪些方面存在不同?
3. 商场专柜经营有哪些方式?

相关知识

一、专柜经营的意义

(一)降低经营风险

随着我国零售业竞争日益激烈,商品销售的毛利率越来越低。为减少经营商品所带来的风险,寻找新的赢利模式是摆在各大门店面前的一个重要问题。目前,很多门店,特别是大型门店都将引入各类专柜作为增加盈利、分散风险的一个重要手段,在专柜中占大多数的是外包专柜,或称作联营专柜,即门店将场地租给具有品牌优势、产品优势或专业技术优势的供应商来经营,双方签订联营协议,共同发展,共担风险。

(二)更好地满足消费者的需求

2023年我国人均国内生产总值(GDP)为89 358元,国内消费市场总体空间进一步扩大,消费者的消费需求日趋多元化。特别是在城市,消费结构正向多样型、休闲化发展。大型超市可满足人们对日常生活用品的采购,而其专柜区则可满足对中高档服饰鞋帽、化妆品、保健品等价值较高商品的需求,以及文化、休闲等多方面的需求。

(三)活用卖场空间,提高营业效率

为了充分利用卖场空间,门店常会在不易规划的地方设立专柜,让原本不具有经营价值的卖场空间也能创造营业收入,从而提升整个卖场的单位面积营业效率。合理的专柜区域设置,还能有效延长顾客的购买路线,延长消费者在卖场内的停留时间,从而刺激消费,提升经营业绩。

二、专柜经营的类型

(一)自营

自营专柜的优点是管理集中、利润独享、服务品质有保证。如果专柜经营项目的技术性不强或赢利率较高,如礼品、烟酒、西点等,门店可采取自营方式经营。

(二)外包

由于专柜经营经常涉及专业技术、专业人才、店铺知名度、货源等因素,为降低风险,门店通常以外包方式设立专柜。外包专柜常常又被称作联营专柜。目前,在各大卖场中,绝大多数专柜都是外包专柜。外包专柜的经营品类集中在手机、家电、数码产品、服装、家纺、化妆品、保健品、药品、健身器材、珠宝首饰、图书音像制品、茶叶、绿色食品等方面。

本部分所探讨的专柜,仅指卖场收银线以内的各种自营和外包专柜,不包括收银线以外的各种招商柜台,且在介绍时重点介绍外包专柜,即联营专柜。

三、外包专柜的选择

(一)选择流程

连锁零售企业可刊登专柜外包广告招募厂商,或直接与适合设立专柜的厂商接洽,以甄选出合适的专柜外包商。在规模较大的连锁零售企业,某厂商如果要在该连锁零售企业旗下的多家门店同时开设多家专柜,则招募、甄选专柜厂商的工作通常由总部的商品管理部或者招商管理部来负责,商品管理部或者招商管理部经过市场调研、论证、谈判选定厂商。如果某厂商只打算在一家门店开设专柜,则厂商往往会和该门店直接谈判。不论是通过哪种途径引进的厂商,引进后能否完成设柜目标,主要取决于厂商的经营能力、双方对合作条件的认同程度以及双方在合作过程的协调配合情况。

(二)专柜组合

连锁门店在开展商圈调查的基础上,根据目标顾客的消费特征和需求、商圈内商店结构和同行专柜经营状况确定商品的组合,然后根据产品组合、利润贡献、形象影响力、可持续性能力等参考指标对厂商进行评价,确定专柜组合。一般可将供应商分为 A、B、C 三

级,相应数量比例为20%、50%、30%。20%的称为重要供应商,是门店市场和利润的主要贡献者,50%的称为较重要供应商,30%的称为可选择性供应商。

(三)选择条件

专柜能否经营好、能否增加连锁门店的整体收益,取决于下面几项因素,而这些因素也正是选择专柜厂商时必须重视的条件:

1.厂商的知名度和品牌效益

知名度高的厂商的品牌和商品已深入人心,获得了消费者的肯定。如果能吸引此类厂商进驻门店设立专柜,自然能吸引顾客前来消费。门店的专柜商品组合中如果能有一部分商品是在市场上具有品牌影响力、销售业绩突出、销售毛利高或者富有当地特色的,就能极大地提升连锁门店的业绩和利润水平。

2.厂商资源配合程度

大多数专柜均需配备具有专业技术的销售和服务人才,以确保商品品质和服务水平。从总体上看,设立专柜的厂商能否派遣可以胜任工作的人才、能否提供专业服务和具有吸引力的商品,将会影响专柜经营的成败。

3.合作条件

门店与专柜厂商只有达成"共存共荣"的共识,才能合作长久。专柜的设立条件必须符合市场行情并被双方接受,否则将没有长期合作的可能。

引进的专柜厂商通常需提供营业执照、组织机构代码证、税务登记证、增值税一般纳税人资格证书、厂商法人代表授权委托书、商标注册证、银行开户证明等资料供超市审核、备案。

(四)合作方式

专柜引进之后,门店与厂商之间一般通过"扣点"的形式共担风险,即厂商自己组织人手,将商品以统一的售价在各超市门店的专柜出售,结算时厂商按照销售额的一定比例给予超市门店"扣点"作为门店的毛利,通常在给予扣点之后厂商不需要再支付门店物业租金了。为降低经营风险,门店通常还会要求专柜达到一定的保底销售额,这一"扣点"模式在目前国内超市、百货领域中非常普遍。在百货领域,从20世纪90年代以来,"联营扣点"模式逐渐成了百货企业经营的主要模式,百货企业将场地租赁给品牌商,品牌商将销售额的15%~25%或更高作为返点给百货企业。这种模式降低了百货企业的经营风险和财务风险,但同时也造成了品牌同质化、盈利水平下降等诸多弊端。随着联营扣点模式的普及,国内百货企业之间商品同质化、价格战的现象越来越严重,百货企业利润越来越低。与此同时,百货企业对品牌供应商的依存度也越来越高,逐渐失去了议价能力和谈判能力,受制于知名品牌商。

另外一方面,联营供应商也感觉赢利空间越来越窄,日子越来越难过。随着房租、人工成本不断攀升,超市、百货企业不断向联营供应商转嫁经营压力,提高"扣点"比例。一些服饰联营专柜的"扣点"比例甚至涨到30%以上。一些超市、百货门店除扣点之外,还会收取进场费、广告费、促销费、管理费等名目繁多的费用,再算上水电费、销售税金等,服饰类联营供应商的各种费用加起来,通常要占到销售额的40%。简单地说,消费者掏

1 000元在超市或者百货企业买件衣服,其中约 400 元"贡献"给了超市、百货或税务等部门,真正留给联营供应商的其实仅有 600 元左右。

能力训练

4～5 人一组,课堂讨论交流:中国百货商店为什么会普遍采取非自营的模式,而不是实行自营？如果实行自营模式会有哪些优势与风险？

任务二　签订、履行专柜经营合同

门店在签订专柜经营合同时,应严格审查对方的资格,不仅要重视合同签订前的管理,更要重视合同签订后的管理。在合同后期管理过程中要有较强的原则性;要最大限度地发挥其效力空间,规避运营风险,维护好门店的合法权益。

工作任务

资料

某连锁百货企业联营合同书条款框架

为繁荣市场,加快商品流通,促进消费,甲乙双方在平等、互利、自愿的基础上经过友好协商,达成以下一致协议供甲乙双方履行。

第一条　购销方式(具体内容略)

第二条　资格保证(具体内容略)

第三条　合同期限(具体内容略)

第四条　经营范围(具体内容略)

第五条　营业时间(具体内容略)

第六条　柜位装修(具体内容略)

第七条　结算方式(具体内容略)

第八条　交易管理(具体内容略)

第九条　商品管理(具体内容略)

第十条　违约罚则(具体内容略)

第十一条　本合同如有涉讼纠纷,甲乙双方同意,以甲方所在地的人民法院为一审管辖法院。

第十二条　本合同书共四份,甲方三份,乙方一份。

第十三条　本合同的印花税,由甲乙双方各自依法负担缴纳。

立合同人

甲方:	乙方:
法定代表人:	法定代表人:
签订合同代表:	签订合同代表:

要求：
1. 从该合同框架中可以看出专柜合同涉及哪些方面的内容？
2. 该合同框架涉及的内容全面吗？有哪些需要完善的地方？

相关知识

一、签订专柜经营合同

专柜经营合同的内容主要包括以下方面：

（一）位置与面积

连锁门店经营者必须先与厂商协商确定专柜的位置、面积及装修要求，门店专柜一般由商场统一规划设计，也有的专柜装修设计方案是由厂商自行设计的，但需经门店方审核通过方可进行装修。

（二）经营期限

经营期限要兼顾门店和厂商两方面的利益，如果签约时间太短，厂商可能会担心日后零售企业不续约而造成专柜投资成本无法回收的后果，而且合约期满之后抽成条件也有骤然提高的可能；而如果签约时间太长，经营者则无法根据营业情况进行必要的调整或修正。因此一般专柜的签约期限多以 1～2 年为限，期满后再续约或换约。

（三）利润分成方式

1. 抽成制

专柜经营者通常采用营业抽成制来支付场地租金，就是从每月的营业总额中抽取一定百分比的金额交给门店作为租金。抽成制在实践中常常又被称作扣点制。

2. 保底制

保底制即不论营业额是多少，专柜经营者每月均交纳一笔固定金额的租金，如同房租一样。

3. 保底＋营业抽成制

保底＋营业抽成制即不论营业额是多少，专柜经营者每月最少要交一定金额的租金；如果营业额超过一定金额，则按双方事先约定的比例，从超过部分的营业额中抽取一部分付给门店。此种方式使双方均能获利，而且专柜经营得越好，双方赚得越多，这种抽成方式还可进一步细分为以下 3 种形式：

（1）保底＋固定营业额抽成制。除保底租金外，超过一定营业额的部分再按事先约定的固定比例抽成，付给门店。例如，保底基本租金为 5 万元，月营业额超过 60 万元的部分固定抽取 10% 作为租金，则当月营业额为 80 万元时，专柜便应交 7 万元租金。

（2）保底＋营业抽成递增制。除保底租金外，超过一定营业额的部分再按事先约定的递增比例抽成，付给门店。例如，保底营业额为 50 万元，抽成比例为 10%；如果营业额超过 50 万元，则约定按下列比例抽成：50 万～60 万元，抽成比例为 12%；60 万～70 万元，抽成比例为 14%;70 万元以上,抽成比例为 16%。

(3) 保底+营业抽成递减制。除保底租金外,超过一定营业额的部分再按事先约定的递减比例抽成,付给门店。例如,保底营业额为 50 万元,抽成比例为 10%;如果营业额超过 50 万元,则约定按以下递减比例抽成:50 万~60 万元,抽成比例为 9%;60 万~70 万元,抽成比例为 8%;70 万元以上,抽成比例为 7%。

门店通常要根据不同品类商品的获利水平和市场销售状况,来设定保底营业额和抽成比例。

(四) 经营品项

为避免专柜销售的商品与卖场所销售的商品发生重叠,影响双方的业绩,应事先规定未经门店同意,专柜不得任意增添商品品种,不得经营与本店品项重叠的商品。

专柜不得销售卖场许可范围以外的商品,如有违约,卖场有权扣除厂商一方所缴押金并责成专柜无条件退场。

专柜经营过程中如引入新品种必须提前报卖场审核,审批不合格的不得上柜,上柜商品与报审品种应品质相同、价格相同,款式、规格不同的品种应一一报批。

(五) 装潢设计

1. 费用归属

通常专柜厂商都希望门店能分担装潢设计费用或先行垫款,日后再分期从货款中扣除,但一般人气旺盛、运营良好的门店均会要求厂商自行负担专柜营业所必需的装潢费用,但水、电、煤气、包装袋等费用通常会同意由门店先垫付,以后再从货款中扣除。

2. 装潢设计

通常专柜厂商均有自己专门的装潢设计标准和特色,但门店经营者为确保卖场整体的美观和协调,均会要求装潢设计公司事先提供设计图样和设计说明,经审核后再交由专柜厂商进行施工。

(六) 变更或撤柜

门店与专柜厂商一般会约定,如果营业实绩在一定时间内未达到约定标准,则门店有权根据运营的需要调整专柜的位置,变更协议的部分条款甚至撤柜。

(七) 营业的时间

对顾客和门店经营者而言,专柜是门店的一部分,所以其营业时间应与门店保持一致,专柜厂商不能擅自更改营业时间或自行休业。

(八) 履约保证

为了防止专柜厂商签约后不履行设柜约定,通常门店均会要求专柜厂商先支付一笔履约保证金,等到日后合约期满不续约时,由零售企业无息返还给专柜厂商。

(九) 货款收受

为避免产生弊端,金钱的管理应该统一,专柜每天的货款必须由门店的收银机统一收取,并依法开具统一发票给消费者。专柜定期与门店指定部门进行货款结算,门店扣除利润分成、促销奖励、宣传费(营业额一定比例)、门店垫付费用、电汇费等,将剩余销售收入付给专柜厂商。在这之前,专柜厂商要先将增值税专用发票开给门店。

(十)商品管理

(1)专柜除了只能销售经过门店同意的品种外,还应遵守门店商品进出货及退换货作业流程的规定,各专柜商品之间也应避免重复;

(2)专柜厂商应保证所经营商品的质量,建立进货查验、记录制度。门店对专柜厂商应建立索证备案制度,要求专柜厂商提供生产许可证、3C认证、卫生许可证、合格证、检验报告等;

(3)专柜厂商应保证其经营商品来源合法,不存在侵权;

(4)专柜厂商同一商品的定价应不高于其在其他零售企业所设专柜的定价;

(5)专柜厂商应积极处理顾客投诉并做好商品的售后服务;

(6)专柜厂商经营时应使用经门店同意使用的标价牌、手提袋、包装纸等。

(十一)人员管理

专柜厂商派驻门店的经营人员的薪水、伙食、制服等由专柜厂商负责,但专柜厂商应遵守门店统一管理的规定,以维护门店整体的经营形象。

门店在专柜人员进场时通常要组织参加培训,并收取服装费、工卡成本费、培训费等。

(十二)广告促销

门店卖场与专柜的经济利益紧密相关,理应互相支持互相配合。当门店为了提升业绩而举办有关的促销活动时,专柜应尽力配合,所需费用可由双方协商,按营业实绩的比例分担。当专柜厂商在其他的销售点(如在其他门店的专柜)有降价、促销等活动时,本门店的专柜也应同时举办,并提前告知门店管理人员,以免影响门店的整体业绩。

(十三)其他

除了上述各项主要内容外,如果门店或专柜厂商认为有必要加入额外的条款,也可协商添加,以进一步明确双方的权利和义务。

专柜经营合同除正本外,通常还需附补充协议、厂商证照清单、门店管理规则等作为附件。

二、履行专柜经营合同

专柜承租方与门店方经过磋商,达成协议后要签订书面合同,书面合同正式生效后,就进入专柜经营合同的履行阶段。合同的履行是指合同双方全面地、正确地完成合同的行为。合同一经依法有效成立,有关当事人必须履行合同规定的义务,所以,履行合同是当事人双方共同的责任。

能力训练

4~5人一组,为一家商场起草一份专柜联营协议。

任务三　管理专柜

门店对设专柜厂商虽有合约的规范,但厂商派驻的专柜人员素质良莠不齐,专柜厂商督导不易,也有一些专柜经营厂商行为不端,故常衍生一些问题,所以门店应加强对专柜的管理,以保持门店良好的形象及信誉。

工作任务

资料 ▶▶▶

外包柜台成了不法商贩售假牟利的"重灾区"

据了解,福州市不少大型超市为增加经营品种,提升商场人气,往往将进出口处的柜台外包。这些柜台出租以后,柜台进货、销售都交由柜台业主自行负责。一些不法商贩利用这一监管"真空"和大型超市的销售网点及商誉,以假牟利。在大型超市自营商品的供货合同中,也仅仅粗泛约定不得侵犯第三人知识产权,而缺乏详细具体的对供货商的知识产权审查条款,从而无法避免对第三人知识产权侵犯和对市民合法消费权利的有效保护。

福州市中院的法官分析大型超市被诉侵犯知识产权案件后发现,福州大型超市在著作权审查、供货合同签订、合同风险转嫁中存在不规范行为,这些行为导致知识产权侵权案件频发。

一是著作权的权属审查缺失。超过 90% 的涉案超市在签订合同中,规定不得侵犯第三人知识产权,但在实际进货环节仅要求供货商或租赁商提供营业执照等一般性的工商登记证件,或仅审查是否拥有商品商标的注册商标权,对营业凭证、商品来源等不做任何审查,造成侵权案件大量出现。如喜羊羊与奥特曼玩具、大富翁棋牌、彪马鞋侵权案就属于此类。

二是供货合同约定不全面。据调查,超市企业经营中一般为阶段性、分批次进货。为避免每次进货均要签订合同,超市企业一般仅与同一供货商在第一次进货时签订进货合同。由于不同批次货物种类、数量可能存在差异,双方在合同中通常不对商品具体型号、类别、数量等进行约定,造成超市企业因无法提供侵权商品合法来源而被诉侵权。

三是转嫁风险致重复侵权。大型超市大都采取扣留供货商的货款、收取柜台业主保证金的方式,在发生民事侵权诉讼需要承担经济赔偿责任时,就直接从扣留的货款中划扣。因此在法院组织的调解工作中,经常由供货商或柜台业主出面进行诉讼活动并承担赔偿责任,致使法院制裁侵权行为的板子往往打到承担风险能力较弱的业主及供货商的身上。超市因未受实质性的制裁,导致重复侵权屡禁不止。据统计,有 4 家超市平均每一个半月就被起诉一次,约有 96 起案件存在重复侵权,占 74.41%。

要求:

1. 你认为哪些原因使得外包专柜不法经营?
2. 要想规范外包专柜的经营,应从哪些方面进行管理?
3. 你认为有哪些部门应该参与对专柜的管理?

相关知识

一、专柜管理的分工与流程

（一）专柜管理的分工

连锁企业门店对专柜的管理通常会涉及四个部门：

（1）采购部（商品管理部）：主要负责经营场所的定位规划、适合厂商的引进、供应商资源的开发等工作。

（2）营运部：主要负责对厂商专柜日常经营的管理。

（3）工程部（总务部）：主要负责厂商专柜装修的监督指导和设施的维护与管理。

（4）财务部：主要负责处理与厂商财务往来的业务。

此外，综合管理部、防损部、人力资源部等部门也要根据需要提供一定的辅助支持。

（二）专柜管理的流程

1. 市场调研

采购部（或商品管理部，下同）结合公司战略规划和经营策略，组织市场调研，掌握并分析市场、厂商和消费者信息，包括市场状况及变化趋势、厂商及厂商品牌信息、竞争对手情况、消费趋势和特点等。进行市场调查应获得充分、客观和真实的市场信息，结果应有效识别。市场调研和分析的结果应形成报告，呈报管理层，作为引进厂商决策的重要判断信息。

2. 规划和定位

采购部结合企业特点，根据市场状况和消费水平规划经营场所，划分品牌专柜的经营区域，引进品牌组合，制定厂商引进政策，确定联营合作条件和费用标准，开展品牌引进工作。

3. 信息收集与洽谈

采购部负责开发厂商渠道和厂商资源，收集并系统管理厂商信息资料，建立厂商资源信息平台，依据经营规划要求，寻找有合作意向的厂商，通过接触、洽谈和考察，评估下列因素：厂商品牌定位符合本公司的程度；厂商的信誉和经营实力；厂商商品的质量、品类、价格、组合、促销和销量；厂商服务的质量。通过谈判，达成合作意向后，采购部验证厂商经营许可法律文件，评估进场经营预期和法律风险后，申报联营合同。

4. 合同管理

申报联营合同由与厂商接洽的采购部业务人员负责办理。申报前，业务人员应评估厂商的经营预期，报采购经理确认；企业法务人员审核申报合同，确保合作事项已有效规避经营法律风险。合同审批完成，由指定部门保管合同、厂商经营许可法律文件及其他厂商信息资料，门店则依据联营合同条款和公司管理要求开展管理工作。

5.厂商进场

厂商规划与设计经营场地,设计结果报采购部和营运部评审合格后,在相关部门监管下组织专柜装修工作。各部门应确保专柜装修过程和结果符合公司要求,具体的装修管理措施包括:综合管理部确认装修人员资格;工程部确认施工条件、装修资质、装修材料和防护措施;营运部跟进并管理装修过程;防损部监控施工人员行为规范和安全措施。专柜装修完毕,工程部会同相关部门组织装修验收,确认装修效果。厂商获得验收合格后,布置经营场地、搭建货架、陈列商品,开始营业。

6.专柜营运管理

营运部会同相关部门定期巡场检查和进行销售数据分析,确保专柜依据合同要求和法律法规要求开展经营活动。营运部进行专柜形象监管、商品和销售服务检查、专柜位置调整、专柜销售末位淘汰、开展商品促销和服务培训等,促成厂商经营业绩的提升,并确保其经营状况稳定。营运部要监控专柜销售商品过程中的商品质量、售前引导服务、售中介绍服务和售后相关服务过程,通过采取专柜自检、抽样检查和商品退换等措施,控制销售商品质量和销售服务行为,并监管和控制联营厂商的不规范经营行为的发生,如制止私自收银、催收欠费等。营运部和人事部制订培训计划,对专柜导购人员进行定期培训和行为监管,并控制导购人员的进场和离场过程。营运部依据公司 VI 标准管理专柜形象、导示和广告海报,使其符合公司要求。专柜的商品安全和进入专柜顾客的安全,由导购人员负责控制,由防损部进行监管。专柜到期续约经营的,采购部与厂商接洽,确定新的合作和费用条件,变更合同,然后各部门依据新的合同条款对厂商进行管理工作。

7.专柜撤场

厂商专柜撤场的要求包括几种情形:合同到期,厂商与公司不再合作;合同未到期,厂商提出终止合作;合同未到期,公司提出终止合作。

专柜撤场要求形成后,采购部评估撤场要求,同意撤场的,向厂商发出撤场通知;不同意撤场的,采取其他解决方法。

收到撤场通知后,营运部进行专柜货品点算工作;财务部进行货款清算工作;采购部准备新厂商进场工作;防损部做好撤场专柜的安全管理和监控工作。撤场专柜货款清算完毕,工程部在经营场地与厂商办理场地移交手续,确认场地设施的完整和使用状态,场地确认完毕,厂商搬离货架和货品,财务部办理货款结算手续,采购部通知新厂商专柜进场。

8.经营场所整体调整

采购部依据市场调查和分析结果,于适当时机提交经营场所整体调整建议和方案,整体调整包括品牌组合调整、功能定位调整和经营条件调整等要求。管理层结合经营情况评审和批核。整体调整涉及的厂商和合同变更事宜,由采购部主导实施,各部门协调配合进行。

二、专柜管理的重点

(一)人员管理

(1)将专柜人员纳入培训对象,使其了解门店的各种作业规定和作业流程,建立与门店员工相同的认知。

(2)编造专柜人员名册,要求上下班统一考勤,并进行抽查、考核。

(3)门店值班经理除在开店、关店时要检查专柜的情况外,还应不定时地到专柜现场了解专柜人员的服务态度和营业情况,遇到异常现象及时纠正。

业务指导

某连锁门店专柜促销员进场须知

1.联营单位人员必须服从门店值班经理及管理人员的管理指挥,严格遵守门店的各项规章制度,文明合法经营,保持门店形象。

2.为维护门店与各联营单位商品品牌的形象,除特殊行业外,联营单位员工服装由门店统一制作,佩戴统一的工作证,并收取成本费。

3.各联营单位人员介绍商品要实事求是,严禁向顾客强行推销产品或贬低其他产品,禁止不正当竞争和损害其他品牌的行为。

4.联营专柜人员进场前须将健康证原件、身份证复印件、暂住证(外来务工人员需提供)等证件交至门店人事科备案。

5.未经门店经理同意,不得私自扩大陈列面,不得私挪商品陈列位置,不得在卖场内外乱张贴广告。

6.促销员以促销本企业产品为主,当顾客有其他需求时,有义务协助门店对顾客进行其他商品的促销。

7.在本企业产品销售空闲时段或遇到特殊情况时,要接受门店的统一调配,到其他课组临时协助工作。

8.严禁促销员之间吵架、打架,发生上述事件门店有权立即取消其促销资格,造成的损失由促销员和相关联营厂商承担。

9.促销员未经门店同意不得同时兼职做两个以上品牌的促销。

10.促销人员在卖场若有违反门店管理规定的行为,除了要受到与门店员工同样的处罚外,联营厂商应承担连带的处罚。门店将视情况对联营厂商处以警告、扣质量保证金、辞退员工、赔偿等处罚。

11.联营厂商应积极参加门店内的各项促销活动,如单独进行促销应报门店审批,并按照门店有关规定进行。

12.联营厂商与甲方签订《供应商进场协议》后,其促销员由甲方代为日常经营管理,管理要求标准与甲方员工一致。联营厂商促销员应遵守门店的规章制度,如有违规,门店有权视情节轻重分别给予违约赔偿或终止《联营供应商促销员管理协议》清退派遣员工,重大情节违规的,甲方有权终止合同。

(二)商品品类管理

联营专柜销售的商品必须符合合同约定的经营范围,发现超越经营范围的应立即整改,如不执行整改,门店有权责令停业整顿,直至终止合同,所产生的后果由联营供应商承担全部责任。联营专柜销售的商品必须符合《产品质量法》《食品安全法》等相关法律的规定,严禁假冒伪劣、过期变质、标识不规范的商品上柜销售。

对专柜商品的品类管理通常包括以下内容:

(1)要求专柜厂商在开业前将销售品种造册并送交门店查核,了解是否有不应销售的商品、与卖场重叠的商品,防止出现品种不合理的现象。

(2)对商品种类、款式、花色和规格的丰富、齐备程度进行监管。

(3)对商品陈列形式的规范性进行监管。

(4)对销售过程中发生的商品缺货现象进行监管和控制。

(5)监督专柜新商品上市的执行情况。

在监控过程中发现厂商在商品陈列和缺货处理方面存在问题的,门店或营运部要及时通知采购部,要求并协助专柜予以纠正。

(三)商品质量管理

(1)发现不合格商品的途径包括:①专柜在商品上柜前的自检;②营运部定期、定时和定量的抽样检查;③商品售后的顾客投诉。

(2)发现不合格商品后,门店或营运部应确认商品不合格状态,必要时,应要求专柜对相同进货批次的全部商品进行检查,对确认为不合格商品的,厂商应立即撤换;对于售出不合格商品受到顾客投诉的,应要求专柜采取包括退换货在内的处理措施,消除不合格商品,并采取必要措施,避免类似事件再次发生。

营运部应充分监控和预估可能在商品售前、售中和售后发生的质量问题,及时采取措施,解决质量问题,并形成预防商品质量问题再次发生的对策。

(四)商品价格管理

(1)要求专柜厂商在开业前将销售品种的价格造册并送交门店查核,了解是否有价格不合理的现象。

(2)采购部应定期收集与厂商经营品类相同或相近商品的市场价格信息,进行变动趋势分析,通过对同类商品抽样检查结果的比较,确保厂商执行合同对商品价格的要求。

(3)抽样检查结果证实某类商品售价超过市场平均价格水平的,门店或企业营运部应采取措施,要求和促成专柜予以纠正。

(4)专柜必须使用国家物价部门认可的物价标签,做到明码标价、一货一签。物价标签的填写要字体工整、真实、规范,并报门店审核加盖"核价章"后,方可使用。

(5)专柜经营中使用的计量器具,要根据国家有关规定,按时年检,审验合格后,方可继续使用。

(五)现金管理

(1)对按合同约定应统一收银的专柜,应定期检查、杜绝专柜人员趁门店生意忙碌之机自行收银。

(2)对按合同约定可自行收银的专柜,应不定期巡视、检查是否有违反规定售价的交易、作废发票过多等情况,并不定期抽查专柜收银柜内的现金是否与账目金额相符。

(六)促销活动管理

(1)将门店每个月的促销活动的时间安排和具体内容事先告知专柜厂商,要求其提出促销品种并分担广告费用、配合媒体制作进度。

(2)促销期间,每天检查专柜的商品品种、价格、数量是否与促销媒体登载的相符,供应量是否充足。

(七)顾客投诉处理

顾客因商品质量或相关问题形成投诉时,门店或营运部受理人员应对投诉事宜进行确认,形成受理记录,及时采取处理措施,合理处理顾客投诉。商品投诉解决方式包括:

(1)对商品销售条款进行解释,得到投诉人谅解并接受解决方式。

(2)对问题商品进行退、换货。

(3)评估投诉事项,采取进一步预防措施。

门店接到顾客对专柜的服务及商品质量的投诉,经确认情况属实后,联营厂商应按双方合同的约定向门店做出相应的赔偿。如某连锁企业与联营厂商约定:门店直接受理的投诉,视情节轻重厂商同意一次性赔偿门店损失 100~3 000 元;情节严重或被媒体曝光的投诉,视情节轻重厂商同意一次性赔偿门店损失 5 000~50 000 元。赔偿金将被纳入"门店质量保证基金",其中部分将用于对联营厂商的教育培训以及与新闻媒体的公关协调工作,借以提高联营厂商的服务质量,增强其商品质量意识;对短期内多次发生顾客投诉、整改措施不力、损害公司整体形象的联营厂商,门店有权做出终止联营和清退商品的措施。

(八)专柜防损管理

(1)专柜服务人员不得携带包袋或与卖场相同的商品进入卖场,如有特殊情况,出入门店时应主动开包接受防损员检查,如不同意接受门店防损人员检查的,防损人员有权拒绝其进场。

(2)各专柜所经营的商品或货物如需带出门店,由所在理货组课长开具出门证并附清单,防损员复核、签名,方可出门。

(3)专柜服务人员在门店上班期间,不得在门店购物或事先将门店的商品放入其柜台内,严禁在柜台内存放私人物品,一经发现,按门店有关规定处理。

(4)专柜服务人员不得损坏、偷窃门店的商品或为他人偷窃提供方便,如发生此类情况,应按照一定标准赔偿门店损失,如损失无法追回,由联营厂商承担赔偿责任。偷盗数额较大的将送公安机关处理,情节严重的门店有权对该联营厂商进行清场处理。

(5)促销人员之间不得互相索取促销品,不得私藏私分各类促销品。

(6)严禁促销人员售卖赠品及私自收款。

(7)严禁促销人员在更衣柜内存放赠品和卖场内商品。

(九)业主沟通

门店应定期召集专柜业主开会,检讨分析下列事项:

（1）营业状况。包括专柜的营业额、来客数、客单价等数据以及本月与上月的差异比较和原因分析。

（2）商品状况。包括专柜的销售品种、季节性、品质、价格、出货时间和顾客意见等。

（3）人员状况。包括专柜员工的服务态度、出勤情况、专业知识水平和工作士气等。

（4）竞争店状况。列出同行做法的优缺点并加以分析，以供专柜业主参考。

（5）经营方针及规定传达。门店当月的经营目标、要求重点、促销活动及规定事项等，均应在会中与专柜业主充分沟通。

门店应要求专柜业主将会议所形成的决议及时传达给专柜员工，要求其配合遵守，达成共识，避免专柜成为门店管理的薄弱环节。

能力训练

4~6人一组，每组推举组长一名，负责组内分工。每组同学选择一家大型综合型卖场，调查该卖场内专柜引进的流程、专柜的数量、专柜经营品牌的定位、专柜利润分成情况及专柜管理的核心内容。调查结束后每组提交一篇1 000字左右的论文及数张佐证图片。

综合案例分析

超市专柜管理问题

设柜厂商虽有合约的规范，但超市专柜人员素质良莠不齐且专柜厂商督导不力，故常衍生下列问题，值得卖场管理人员留意防堵：

（1）人员管理不善。如发生服务态度不佳、仪容不整、迟到、早退、擅自离开工作岗位等现象。

（2）商品品种不足。如商品缺货、销售品种太少、送货太迟、缺乏季节变化等。

（3）商品品质不符合规定。如某些专柜商品的商品标示上没有制造日期、保质期限、中文说明等。

（4）商品价格不合理。某些专柜商品的价格比卖场内或附近商店的同类商品贵，从而造成顾客抱怨或商品滞销。

（5）交易金额未输入收银机。有时按合同约定应统一收银的专柜，专柜人员趁门店生意忙碌之机自行收银，不将交易额入账，偷漏货款并造成门店的营业损失。

（6）未配合门店的整体活动。当门店举办周年庆、春节、中秋节或其他节庆的促销活动时，专柜未积极配合，从而影响了门店的整体促销效果。

（7）擅自进入不应进入的地区。专柜人员因与门店人员熟悉后，有时会利用休息或空闲时间，进入出纳室、作业场、仓库等不应随意进出的地方，妨碍门店的正常作业。

（8）未使用规定的备品。专柜为突出自身特色，有时不按规定使用门店统一要求使用的包装纸、标价签、海报等。

思考问题：

4~5人一组，针对上述问题提出改善对策。

项目七 连锁门店促销活动的组织与实施

项目介绍

商品促销是对既有和潜在的顾客运用各种积极的促销方式,吸引他们,进而刺激其购买需求,以提高门店种类商品的销售。它是提高商品销售最直接、最简单、最有效的方式之一。商品促销可以提高营业额、提高来客数、提高客单价、提高公司知名度等,是连锁门店提升业绩、增加收益的利器。

学习目标

知识目标:熟知促销活动策划要点和促销方式;了解促销活动流程;掌握促销活动效果评估的方法。

能力目标:能够制订促销方案;能根据商品特征选择恰当的促销方法;能监督促销活动实施过程;能评估促销活动效果。

素养目标:培养思维创新意识和统筹思考的全局意识;培养责任意识、数据分析能力;培养团队协作能力;提高解决问题的能力。

任务一 策划促销活动

促销就是以合适的时间、在合适的地点、用合适的方式和力度加强与消费者的沟通,促进消费者的购买行为。连锁企业门店促销是指连锁企业通过在门店卖场中运用各种广告媒体和开展各种活动或者宣传报道,向顾客传递有关商品服务信息,引发买方行动而实现销售的活动。

工作任务

> **资料**

某金饰品店中秋节促销活动策划书

一、活动主题：相聚"金"秋

二、活动广告语："金"喜不断，"金"彩连连

三、活动时间：2023年8月29日至2023年9月29日

四、活动目的：

1. 以中秋节为契机，通过策划一系列活动，进一步宣传企业的整体形象，提高企业美誉度。

2. 吸引目标消费群及潜在的消费群，最大限度地扩大销量。

五、活动方式

第一重：消费有"礼"

活动期间，购物满500元，即送一个带有月亮的钥匙扣，月亮钥匙扣形状多样，制作精美，上面有中秋快乐、健康长寿、平安是福等祝福语。

操作说明：钥匙扣根据预期销量定做，每个成本控制在五元内；钥匙扣上要有企业的品牌；满足条件的客户凭商品质量保证单到礼品发放处领取，领取后在质量保证单上盖章。

第二重：团团圆圆

购物满1 000元可拍7寸全家福照片一张，以作留念。

协办：某某影楼。

操作说明：现场布景，营造中秋气氛；把店里的品牌LOGO融入布景，以后看到照片就可以想到企业品牌。

第三重：梦圆"十分"大抢购

限时抢购，抢购时间为十分钟，在抢购时间里，金饰品每克优惠5元，以收银台结算时间为准，当店里特定音乐响起时，抢购开始。

操作说明：事先不告知具体抢购时间，保证现场秩序；设立抢购专区，并公示；金条类商品不参与此活动。

第四重：顺手牵"羊"

1. 活动期间，购物满1 000元，在特色卡通金饰品专柜，选购任意一款一口价商品，均可享受优惠81.5元。

2. 活动期间，微信转发朋友圈并集满50个赞，可进店到收银台免费领取精美吊坠一枚。

六、会场布置及宣传

1. 外场布置：悬挂5盏灯笼，粘贴中秋对联一副，摆放桌子一张，上面铺放活动宣传

单,桌子两侧立活动展架一对,安排专人负责。

2.内场布置:设立中秋节特色专柜,例如金月饼等,设立引导牌,采取多种方式陈列,给人以丰富感;推出中秋商品组合套装,把产品分档;在收银台摆放商品礼盒及精美包装纸(服务礼品客户)。

3.宣传:在LED显示屏上加入金秋活动内容;滚动循环播放活动详情;邀约新老会员,传达金秋活动;在活动前期的销售中,营业员广泛宣传金秋活动;针对本次活动制作专属的宣传单页,设计公众号宣传文案;安排员工晚间在人流多的广场派单加大宣传力度;针对本次活动提前通过网络平台预热市场。

要求:

1.根据该促销活动策划书,提炼促销活动策划的内容。

2.你认为该促销方案有何特点?有需要改进的地方吗?

相关知识

一、确定促销目标

促销的一般目的是通过向市场和消费者传播信息,以促进销售、提高业绩。连锁门店在不同时期会有不同的促销目的,促销目的不同促销方式也就不尽相同。因此,在进行促销策划时,首先要明确具体的促销目标,这样才能收到事半功倍的效果。门店促销主要有以下几个目的:

(1)提高营业额。大多数促销活动都是围绕着提高营业额来进行的,门店往往会想方设法地稳定营业额,保住市场占有率。

(2)增加利润额。利润是门店追求的目标,提高利润是门店活动的基本方向,各种各样的促销活动会给门店带来利润额的增加,从而使门店营业额扩大,效益提高。

(3)提高来客数。提高来客数不仅可以造成生意兴隆的景象,而且还可以带动销售额的增加。例如,提供便利的交通设施、备有充足的停车场、开展一些精彩的演出活动等,都会使来客人数增加。

(4)提高客单价。客单价是指平均每位顾客到门店所实现的购买额,提高客单价可以在保证来客数相对稳定的基础上使总体销售额增加。

(5)提高企业形象。门店可以通过特色经营、特色商品、特色服务等开展促销活动,形成独具个性的企业形象,并提高其知名度。如人人乐超市的独特经营方式,以"天天低价、天天实惠"的物美价廉形象在商圈内家喻户晓,成为消费者购物的好去处。

(6)加快商品流通。连锁门店经常会面临货物积压的状况,商品一旦大量积压库存,就会给企业造成很沉重的负担,如果经营中的商品有相当一部分是有效期短、时令性强的商品,这个问题会更突出。因此,相应的促销活动可以有效地降低库存,减少商品积压,及时回收资金,加快商品流通。

(7)应对竞争对手。促销是连锁门店应对竞争对手的重要手段。一系列新奇、实惠、有效的促销活动,会增加消费者对该超市商品的购买欲望,从而有效地击败竞争对手。

促销目的不同,促销方式也不相同,一般来说,连锁门店为获得广泛的传播效果,宜采取广告促销方式;为在短期内击败竞争对手,宜采取低价促销方式;为获得长期效果,宜采取公共关系促销等。

二、选择促销时机

促销时机选择是否得当,会直接影响到促销的效果。促销时机选择得当,不仅会促使促销目标的实现,还可以使促销活动有机地与企业的整体经营战略融合。促销时机包括两个方面的问题:

(一)促销活动的延续时间

一般延续时间在1个月以上的促销活动称为长期促销活动,其目的是希望塑造门店的差异优势,增强顾客对卖场的向心力,以确保顾客长期来店购物。另一类是短期促销活动,通常是3～7天,其目的是希望在有限的时间内通过特定的主题活动来提高来客数及客单价,以达成预期的营业目标。长期性促销活动应持之以恒,从开始到结束应该始终如一地树立稳定的良好形象;而短期性促销活动则不宜将时间拉得太长,否则会使顾客缺乏新鲜感而影响促销效果。

(二)促销活动所处时机

不同的季节、气候、温度,顾客的行事习惯和需求都会有很大的差异,一个良好的促销计划应与季节、月份、日期、天气和重大事件等相互配合。

(1)季节。促销活动应根据季节不同来选择促销品项。如暖季应以清凉型商品为重点,同时要考虑季节性的色调配合。

(2)月份。商品销售有淡、旺季之分,一般而言,每年的3、4、5、11月份是经营淡季,如何在淡季做好促销工作是非常重要的。为使淡季不淡必须有创新的促销点子,不能一味地依靠特价来促销。如果不能激发消费者的需求动机,最便宜的东西也不一定能卖出去。

(3)日期。一般而言,由于发薪、购买习惯等因素,月初的购买力比月底强;而双休日的购买力又比平日强;节假日特别是"黄金周"的购买力会激增,更是超市促销吸引消费者的重要时机。根据不同的节假日,可以抓住商机策划不同的促销活动,以增加营业额,提高利润。节假日既包括元旦、春节、"五一"国际劳动节、国庆节等法定节日,也包括圣诞节、情人节、母亲节、父亲节等西方节日,还包括元宵节、端午节、中秋节等民俗节日。

(4)天气。从某种意义上说,门店也是看天吃饭的行业,一旦遇到天气差则来客就少,生意会减少5%～10%甚至更多。因此天气不好时,如何向顾客提供价格合理、鲜度良好的商品及舒适的购物环境(如伞套、伞架、外送服务、防滑垫、干爽的卖场等),也是制订促销计划时应考虑的因素。此外,需求会随自然环境的变化而变化,气温一高,空调、饮料、冰品等商品销售量就会上升,而温度降低,火锅、生鲜食品等的销售量会显著提高。

(5)重大事件。重大事件是指各种社会性的活动或事件,如重大政策法令出台、学校旅行、放假、考试、运动会、停电、停水、停煤气等,这些活动或事件最好能事前掌握,以利于安排促销活动,收到良好的促销效果。

三、确定促销主题

一个良好的促销主题往往会产生较大的震撼效果，所以应针对整个促销内容拟定具有吸引力的促销主题。促销主题的选择应把握两个字：一是"新"，即促销内容、促销方式、促销口号要富有新意，这样才能吸引人；二是"实"，即简单明确，顾客能实实在在地得到更多的利益。按促销主题来划分，促销活动可分为以下4种：

(1) 开业促销活动。开业促销活动是促销活动中最重要的一种，因为它只有一次，而且与潜在顾客是第一次接触，顾客对商场的商品、价格、服务、气氛等印象，将会影响其日后是否再度光临商场的意愿。所以经营者对开业促销活动都十分重视，希望能通过促销活动给顾客留下一个好的印象。通常开业当日的业绩可达平日业绩的5倍左右。

(2) 年庆促销活动。年庆促销活动的重要性仅次于开业促销，因为每年只有一次。对此供应商一般都会给予较优惠的活动，以配合商场的促销活动。其促销业绩可达平日业绩的1.5~2倍。

(3) 例行性促销活动。例行性促销通常是为了配合固定节日、民俗节日及地方习俗等而举办的促销活动。一般而言，商场每月均会举办2~3次例行性活动，以吸引新顾客光临并提高老顾客的购买品项及金额，促销期间的业绩可比非促销期间提高2~3成。

(4) 竞争性促销活动。竞争性促销活动往往发生在竞争店数量密集的地区。当竞争店采取特价促销活动或年庆促销活动时通常其他店均会推出竞争性促销活动以免营业额衰退。

四、选择促销商品

顾客最希望的是能买到价格合适的商品，所以连锁门店促销商品的品种、价格是否具有吸引力将直接影响促销活动的成败。连锁门店通常会选择以下4类商品开展促销。

(1) 季节性商品。季节性商品主要是那些季节性很强的电器、服装、蔬菜、水果等。

(2) 敏感性商品。敏感性商品一般属于生活必需品，市场价格变化大，而且消费者极易感受到价格的变化。选择这类商品作为促销商品时，在定价上只要稍低于市场价格，就能很有效地吸引更多的顾客。

(3) 大众性商品。大众性商品一般是指品牌知名度高、市面上随处可见、替代品较多的商品，如化妆品、饮料、啤酒、儿童食品等。选择此类商品作为促销商品往往可以获得供应商的大力支持，但同时应注意将促销活动与大众传播媒介的广泛宣传相结合。

(4) 特殊性商品。特殊性商品主要是指卖场自行开发、使用自有品牌的特殊商品，不具有市场可比性。因此，对这类商品的促销活动主要应体现商品的特殊性，价格不宜定得太低，但应注意价格与品质的一致性。

总的来说，所选择的促销商品是否具有吸引力关系到促销活动的成败。应该把门店营销的商品进行分类,确定哪些是可以降价的,哪些是不适合降价的,再确定是否降价。此外,还应弄清楚某一个品种应该降价多少才能吸引客户,使门店获得最大利益。一般来说,节令性商品、消费者比较敏感的生活必需品、市面上随处可见易被取代的商品及门店自有品牌商品可作为主要的促销商品品种。另外,也可选择某些商品用来作为门店长期实行低价以吸引顾客的"磁石"商品,其主要由两种类型商品组成:一类是低值易耗、需求量大、周转快、购买频率高的商品。由于这类特价商品消费者经常购买,价格耳熟能详,又便于比较,可作为门店低价优势的标志性商品;另一类是消费者购买频率不高,周转较慢,在价格刺激下偶尔购买的商品,这类商品主要是为了引发消费者购买欲望、加速商品周转而特价销售的。

> **业务指导** ▶▶▶

根据节日设定促销活动内容

第1类节日:(劳动节、国庆节)并没有规定一定要购买什么类别的商品,它的商机主要是来自于人们放假有了购物的时间,而这段时间商家几乎都搞大型活动,顾客利用这段时间去"淘宝",而养成了顾客与商店互动的机会。所以此类型节日的促销活动主题并不以节日为题,我们要考虑的是如何利用这段大家都已经习惯购买的时间举办商品的优惠活动。

第2类节日:(春节、端午节、中秋节)要在第1类节日的基础上增加考虑传统节日的消费商品品类,是有节日氛围的。

第3类节日:(情人节、妇女节、圣诞节)其活动主题就是主要以节日为题,重点突出在宣传单上,直接以煽情的广告词激起购物欲望,引导购买。

第4类节日:主要是商家根据自己的策划能力而组织的活动;要考虑当时的气候而推荐的商品品类,如夏季推荐防晒,冬季推荐滋润、保湿护肤霜等。

五、制定促销预算

促销预算是指企业在计划期内反映有关促销费用的预算。促销支出是一种费用,也是一种投资,促销费用过低,会影响促销效果;促销费用过高又可能会影响企业的正常利润。促销预算也就是计划,即为了某一特殊的目的,把特定的一段时期内促销活动所需开支的费用详细列明用钱数体现出来。

常用的促销预算方法有:

(1)销售百分比法。该法以目前或预估的销货额为基准乘以一定的百分比作为促销预算。

(2)量入而出法。该法是以地区或公司负担得起的促销费用为促销预算,即将促销预算设定在公司所能负担的水平上。以该方法决定预算,不但忽视了促销活动对销售量的影响,而且每年促销预算多寡不定,使得长期的市场规划相当困难。

(3)竞争对等法。该法以主要竞争对手的或行业平均水平的促销费用支出为促销预算。公司留意竞争者的广告,或从刊物和商业协会获得行业促销费用的估计,然后依行业平均水平来制定预算。采用这种方法的原因包括:①竞争者的预算代表整个行业智慧的结晶;②各竞争者若互相看齐,常能避免发生促销战。但公司没有理由相信竞争者能以更合理的方法为它决定促销费用。各公司的情形都大不相同,其促销预算又怎能为别的公司所效法,而且也无证据显示,以竞争者看齐的方式编列促销预算并不能真正防止爆发促销战。

（4）目标任务法。促销预算是根据营销推广目的而决定的,营销人员首先设定其市场目标,然后评估为达成其目标所需投入的促销费用为其预算。目标任务法是最合逻辑的预算编列法。以目标任务法编列促销预算,必须:①尽可能明确地制定促销目标。②确定实现这些目标所应执行的任务。③估计执行这些任务的成本,成本之和就是预计的促销预算。目标任务法能使管理当局明确费用多少和促销结果之间的关系,然而它却是最难实施的方法。因为通常很难算出哪一个任务会完成特定目标。

另外,应特别注意的是,许多促销效果是累积性的,必须达到一定的程度才能发挥应有的效果。如果促销费用忽上忽下或发生中断都会使促销效果无法延续,还可能会打击内部士气,甚至会引起经销商或零售商的反感。

六、选择促销方式

(一) 店头促销

店头,是卖场形象的"指示器",主要指连锁企业门店卖场中的堆头和端头。堆头是指在展示区、通道和其他区域作落地陈列的商品。堆头多做塔式落地陈列,即随地陈列,不受体积大小限制,可以扩大品牌陈列面与消费者接触面,但是需要认真规划,否则有碍观瞻甚至影响客流通行。端头是指卖场中通道两侧陈列货架的两端,端头与消费者接触率高,容易促使其产生购买行动。

店头促销是门店的一种形象促销活动,主要表现形式有三种:特别展示区陈列、堆头陈列和端头(货架两端)陈列。这三处都是消费者最容易经过的、视觉最直接接触的地方,陈列在这些地方的商品通常属于促销商品、特别推荐产品、特价商品和新产品。

1. 特别展示区、堆头和端头陈列是店头促销的关键

消费者的购物习惯,有一种长期积累的、恒定的惯性,这就对门店的店头布置提出了一种深层次的要求,那就是必须要迎合顾客的购物习惯,在商品的层次、视觉和听觉等方面,都要给顾客提供足够的信息。

如何使消费者喜欢我们的门店,可以从消费者角度和需求角度来思考。消费者到店头购物,会受到认识、记忆、使用经验、试用效果等多种因素的影响。所以,店头信息,尤其是特别展示区、端头和堆头陈列的促销商品信息,对非计划性购物的消费者将起到很大的作用。另一方面,对门店而言,从店头促销活动中收集到的信息、资料可以帮助连锁企业总部制订采购计划,选择供应商,确保本企业的竞争优势。在卖场的入口处设置特别展示区,加强堆头商品和端头商品的组织,充分发挥这三者的促销作用,改变商品的陈列方式,增加销售势头好的商品数量,都可以强化、提高顾客的满意度。

2.开展活泼的店头促销

顾客上门是创造销售额的前提,开展活泼的店头促销,重点在于创造顾客与店头之间"感动、兴奋"的关系,如图 7-1 所示。这也是新形势下店头促销必须注重的原则。

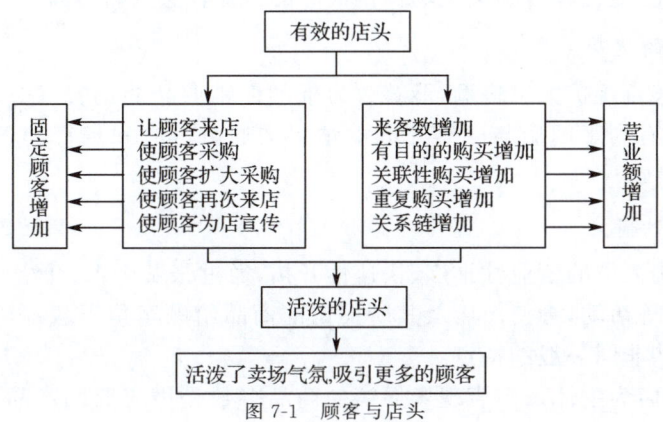

图 7-1　顾客与店头

以特别展示区、堆头和端头为主的店头促销应该突出,并充分展示促销商品、主力商品以及商品的精华部分,激发顾客的购买欲望;应该努力体现出店头的三种固有功能——展示功能、导向功能、选择和比较功能;应该利用多种形式开展活泼的店头促销,努力塑造卖场低价、实惠、贴近顾客生活和需求的形象。

美国的一次调查显示,到连锁超级市场中去买预先设定的特定商品的顾客只占 25% 左右,而 75% 的顾客都属于即时的冲动型购买。店头促销的重点对象就是非计划型购买者,因此,如何进行店头促销和卖场规划,做到商品丰富、品种齐全,使顾客进店能看得见、感兴趣、拿得到商品,是至关重要的。

店头促销的要点见表 7-1。

表 7-1　　　　　店头促销的要点

路　　线	要　　点	
	非计划购买	计划购买
入店	视野良好,通道顺畅,陈列清晰	计划购买的商品要好找
经过通路	自然诱导,长距离行走	能尽快到达预定场所
浏览卖场 立于商品前 看商品	回想,联想, 冲动,关联, 激发顾客购买欲望	视野良好,看商品标示牌 立于目的商品前 找相关的商品(看替代品)
取商品	欲销售商品的位置	容易拿到,相关商品陈列
放入篮(车)内		重物后取
在收银台付款	浏览收银机周边陈设	浏览收银机周边陈设

(二)现场促销

现场促销是指门店在一定期间内,针对多数预期顾客,以扩大销售为目的所进行的促销活动。现场促销通常会结合人员促销等其他促销形式,直接达到扩大销售额的目的。顾客在促销现场,面对琳琅满目的商品,不但可以任意浏览、尽情触摸,而且还有专人说明、真人示范,因此,促使顾客购买现场促销商品的可能性会大幅度提高。

1. 现场促销的优势

现场促销能够直接扩大销售额,能够大力推动促销商品的销售以及商品品牌的潜意识渗透;现场促销有利于门店与顾客之间的情感沟通,造成"一点带动一线,一线带动一面"的联动局面。

2. 现场促销的特点

通过现场促销人员的营业性推广、快速性开拓,通过张贴广告、介绍商品、请顾客试用商品、赠送促销品等活动,会使门店及其所促销的商品给顾客留下较深刻的印象。此外,现场促销还有一些非同一般的特点:

(1)以连锁门店为主体。门店现场促销的商品多数是供应商的产品,在这种情况下,可以由供应商提出建议并参与现场促销企划、协助促销活动的进行,但是现场促销活动的主体仍是门店。

(2)以实际销售为目的。在某种程度上,现场促销活动亦是一种"即卖会",其目的在于促使顾客立即购买。现场促销并非像表演那样讲究"秀"的效果,而是以促成销售额的增长情况显示其效果。

(3)以多数预期顾客为主要对象。现场促销活动的对象,虽因商品不同而异,但必须以多数顾客为对象。所谓预期顾客是指有购买愿望或购买可能性较大的顾客,至于对促销商品持否定、厌烦态度的顾客,不是现场促销的主要对象。

3. 现场促销的不同方式

(1)限时折扣。即门店在特定营业时段内,提供优惠商品,刺激顾客购买的促销活动。例如,在18:00~22:00面包科商品六折限时优惠,或在9:00~10:00某些日用品七折优惠等。此类活动以价格为着眼点,利用消费者求实惠的心理,刺激其在特定时段内采购优惠商品。

在进行限时折扣时要注意:以宣传单预告,或在卖场销售高峰时段以广播方式,告知并刺激消费者购买限时特定优惠的商品,在价格上必须与原定价格有三成以上的价格差才会对消费者产生足够的吸引力,达到使顾客踊跃购买的效果。

(2)人员促销。即门店的店员直接与顾客面对面进行促销和销售的活动。例如,在连锁超级市场中,鲜鱼、肉制熟食、散装水果、蔬菜等都可以采用此方式进行销售。此类活动的目的是满足顾客对某些特定商品适量购买的需求,同时,也可以适时地为消费者提供消费信息或使用说明,促进商品的销售。其做法如下:规划适当位置作为面对面销售区,如在连锁超市中,通常会规划于生鲜经营区或在其附近,以强调其关联性;选择具有专业知识及销售经验的人员来担任面对面销售的工作,以此来提升营业额;强调商品新、奇、特以及促销人员亲切的服务,并让顾客自由选择商品品种及数量以便产生更好的效果。

理想的人员促销可以使促销人员与顾客的关系从单纯的买卖关系向人际友谊与感情方面发展,建立一种相互信任关系,从而增加顾客对品牌和企业的认可度和忠诚度,这是其他促销方式所不能及的。

(3)赠品促销。即顾客免费或付一定代价即可获得特定物品的促销活动。例如,只要顾客在门店进行购买,就可以免费获得气球、面巾纸等。此类活动的做法如下:通常配合某些大型促销活动,如门店开业或周年庆,或儿童节、妇女节、情人节、中秋节、重阳节等特定节庆,或在供应商推广新产品时实施赠品促销。

赠品的选择关系到促销活动的成败,虽然其金额不高,但是必须具备实用性、适量性和吸引性,才能吸引顾客来店。一般常用的赠品有:免费赠品,如气球、面巾纸、盘子、开罐器、玻璃杯、儿童食品等;购买才送的赠品,如洗发香波、沙拉酱、玩具、高级瓷盘等。

(4)免费试用。即现场提供免费样品供消费者使用的促销活动,如免费试吃水饺、香肠、薯条;免费试饮酸奶、饮料;免费试用洗涤剂;免费为顾客染发等。此类促销活动是提高特定商品销售量的好方法。因为通过实际试用和专业人员的介绍,会增强消费者购买的信心和日后持续购买的意愿。其做法如下:安排适合商品试用的地点,要做到既可提高使用效果,又可避免影响顾客对门店内其他商品的购买;选择适合试用的商品品种及其供应商,通常供应商都很愿意配合推广自己的产品,故应事先安排各供应商,确定免费试用促销的时间、做法及商品品种;举行试用活动的供应商必须配合门店规定的营业时间进行免费试用活动,并安排适当的人员和相应的器具,或委托门店服务人员来为顾客服务。

4.现场促销的步骤

现场促销一般分为两个步骤:准备阶段和实施阶段。

(1)准备阶段。该阶段主要包括五项工作:

一是连锁门店要了解开展现场促销活动所针对目标顾客的消费需求和特点。

二是根据顾客的需要和促销活动目标区域的市场特定情况,来决定作为市场买卖双方联系枢纽的促销品,包括促销品的品种、规格、数量以及促销品配比率等,其中,促销品配比率是指促销品与产品的数量比例。

三是连锁门店的营销人员应与供应商进行充分沟通,按照连锁企业对目标区域总的促销方针,协商好促销的商品品种、规格、数量、价格等。

四是制定连锁企业的总体市场和各门店市场的现场促销计划与货源的调度计划。其中货源可以考虑三种情况:供应商直接供货;连锁企业的配送中心调配;两者相结合。

五是现场促销人员的选拔、培训和安排。这是现场促销活动成功与否的一个重要因素。应该做好两个方面的工作:首先,门店促销人员应具有丰富的促销经验,有强烈冲劲和持续的原动力,具备熟练的推销技能、良好的口头表达能力、敏锐的洞察力以及市场反应的良好决断力。其次,营销人员和供应商应该仔细研究、分析在促销活动实施过程中可能遇到的各种困难,决定应对措施。这些通常可以采取人员讨论和情景演习两种方式进行训练。

(2)实施阶段。该阶段主要包括三项工作:

一是门店促销人员应该抓住有利时机,讲好开场白,抓紧时间促销商品,包括提供试用商品、赠送促销商品,或张贴广告等。

二是门店促销人员应该根据实际现场情况,调整好心理状态,恰当改变口头表达的内容和方式,调整说话声音、速度和节奏,协调动作,注意外表形象等,总结出一套高速、高效的促销通用语,并加以推广和调整。

三是门店促销人员应该注意现场促销中以下两种方式的灵活运用:①观念灌输,促销人员应该善于把纯粹的推销商品的观念上升到连锁企业经营理念的传播;②感情沟通,如通过逗顾客的小孩来引起顾客注意,以达到沟通情感和促销的目的。

(三)展示促销

美国商场有句名言:"样品展示是新产品销售的开始"。以美国人的观点,展示促销并非仅仅是宣扬新产品,更要发掘新产品的预期顾客,促其购买。通过商品展示,使消费者直接、充分地了解新产品的特性、优点,这种推广活动就是展示促销。

通常,展示促销只针对新产品,是人员促销的一部分,其通过陈列新产品样品促销新产品,使新产品信息广泛传播,大量招徕商品买主,兼具促销与广告的作用,一般用于食品类商品的展示促销,例如门店可以举办食品烹调、炊具使用示范等活动。就展示表演的种类而言,有试用、试饮、试吃、附带赠品以及示范销售等。

展示促销最突出的特点在"寓教于售"。这对连锁企业成功实现"使用价值导向"可起到很大的推动作用。新市场的驱动,也要靠这种促销方式来完成。门店经营的商品种类繁多,新产品层出不穷。很多产品刚上市时,不为消费者所了解,门店及时、适当地开展展示促销活动,可以迅速地把新产品介绍给顾客,激发消费者需求,促进消费者购买和消费。此外,通过展示促销,还可以加强门店与顾客间的信息沟通和感情交流,了解顾客对新商品的反应以及消费需求的变化。

1.展示促销的特点

(1)可以促使消费者更好地接受新产品。中国有句俗话:"眼见为实"。对于消费者来说,了解一种新产品最好的方法就是令其对该产品产生实际的感受。展示促销就可以让消费者亲眼看见,从而对新产品产生浓厚的兴趣。

(2)可以节省促销的费用开支。展示促销的成本费用主要是用于展示的商品费用、辅助品费用以及促销人员的劳务费用,与其他一些促销方式相比,费用较低,但是效果却很好,所以是连锁企业门店经常采用的一种较好的促销方式。

(3)存在着一定的不足与缺陷。展示促销受商品特性的限制较大,而且一般只适用于新产品。而新产品展示的效果好坏,有时会受到展示人员水平的影响。如果展示不当,反而会造成适得其反的效果。

2.展示促销应该注意的问题

(1)周详的计划是成功的关键。凡事预则立,连锁企业的营销人员进行企划时,首先必须明确商品展示促销的重点。这就要求在广告,尤其是在POP广告、电台广播和电视广告中,引用与诉求点相关的词句,从品位、简便性、加工、品牌、使用便捷性、新鲜程度、赠品魅力等,选择出与新商品特性相符合的一点或几点作诉求,以期发挥最大的促销效果。

(2)强调高效率。在买方市场的形势下,展示活动更要讲究效率,要将促销与展示有机结合起来,积极谋取促销之策。在展示活动当中,门店并非只是悠然自得地介绍新产品而已,而是以市场导入者的魄力,面向消费者开展促销活动。由于卖场所能腾出的空间十分有限,为讲究卖场效率,应随每次展示促销商品的不同,视所需场地的大小,临时指定展示场所。

(3)精心选择展示商品。展示商品应具有以下特征:有新型的使用功效;能使新商品的使用效果立即显现;新产品的技术含量低,为大众化的产品。

(4)设置合适的区域来进行新产品展示活动。该区域在门店内的布局应该显眼醒目,以便吸引更多的消费者前来观看;要注意展示区域与商品销售位置的配合,应在商品销售位置附近开展;要注意保持卖场内部通道的顺畅,使对展示活动无兴趣的消费者能够顺利通过和选购其他商品。

(5)认真地选择展示人员。展示人员水平的高低对于展示效果的影响很大,所以在选择展示人员时应充分考虑到展示人员对展示商品的性能、质量、使用方法等的了解程度以及展示人员的展示技巧和把握现场气氛的能力。

3.展示促销程序

(1)确定销售目标。其具体办法是:通过信息系统查询到所促销商品在促销活动前四周的销售数量。然后用这个数量去除以28(即四周天数),得出日均销售数量,则销售目标为:8小时示范的销售目标通常为日均数量×3;4小时展示的销售目标通常为日均数量×2。这些必须在促销员的每日报告中显示。例如,一项商品在促销活动前4周的销售数量为420个,则每日平均销售量为15个,8小时促销的目标应为45个(15×3),4小时促销的目标应为30个(15×2)。

(2)样品展示。样品展示有五个注意事项:①样品来源。供应商提供免费样品,或者供应商从门店以零售价格购买。②确定样品数量和尺寸。应该根据促销商品的特点和要求,结合门店内的规则,安排促销商品的数量和尺寸。③保留样品记录。保留样品包装标签,用于收款及核对。④通过促销员的介绍与配合,不让顾客失去每个试用商品和接受门店商品或服务的机会。⑤补充商品。在促销商品用完之后必须立刻补充,但是必须遵守促销员离开促销台的各项安全守则。

4.门店在展示促销中的职责

(1)对于供应商方面,门店要让他们相信,门店会以热情、令人兴奋的方式促销他们的商品,并且会百分之百地只促销他们的商品,而非别人的商品。

(2)对于顾客方面,门店要做到:永远不要出现门店的促销活动令顾客不开心的情况;确保顾客在促销活动中的安全;让顾客能从中得到商品的详细信息和优点;应始终保持其良好的服务态度。

课堂阅读

某便利店食品促销展示规范

(1)即使离开促销台一分钟,也要把热的食品和食用油拿开,没有借口。

(2)不要给没有大人带领的小孩食物;当天烹制好的促销食品,如果没有用完,应倒掉,不能留着第二天使用,以免食物变质。

(3)拿取食物时要戴塑胶手套。

(4)任何食物不能放在地上,所有备用食物必须盖好或用保鲜纸包好。

(5)需要烹饪或再加热的食品,温度要加热到65℃;需冷藏保存的食品,促销样品保存温度为2℃~7℃。

(6)烹制的食品要在切开后10分钟内给顾客品尝。

(7)要让顾客拿好其样品,以免污染其他样品。

(8)促销员的头发要束好,以免碰到食物和设备,门店卫生要求标准如果严格的话,通常还需促销员戴发网或帽子。

(9)只有经过批准的供应商或其促销代表才能在门店展示商品。

(10)所有供应商促销代表须佩戴附有姓名的工牌,并且自备展示用品、样品等。

(11)供应商促销代表进出门店必须登记其包裹、样品和用品等。

(12)促销过程中,禁止供应商促销代表吃东西、闲聊。

(13)如果供应商促销代表不遵循规则,门店人员应加以纠正或严肃处理。

(四)POP广告

无论是店头促销、现场促销,还是展示促销,都少不了POP广告的大力相助。POP广告(Point of Purchase Advertising)是指门店卖场中能促进销售的广告,也称作售点广告,可以说凡是在店内提供商品与服务信息的广告、指示牌、引导等标志,都可以称为是POP广告。

POP广告的任务是简洁地介绍商品,如商品的特色、价格、用途与价值等。可以把POP广告的功能界定为商品与顾客之间的对话,敞开式销售方式尤其需要POP广告来沟通门店与消费者之间的关系。

1.POP广告对门店促销的意义与作用

在连锁门店卖场促销中,必须要提高商品陈列的视觉效果。但仅仅通过陈列来提高是不够的,而POP广告具有强烈的视觉传达效果,可以直接刺激消费者的购买欲望,这就是POP广告的促销意义。

POP广告对促销的作用主要体现在:

(1)传达门店商品信息。主要体现在:吸引路人进入门店;告知顾客该门店内正在销售什么;告知商品的位置配置;简洁告知商品的特性;告知顾客最新的商品供应信息;告知商品的价格;告知特价商品、刺激顾客的购买欲;烘托门店卖场的气氛,促进商品的销售。

(2)创造门店的购物气氛。随着消费者收入水平的提高,不仅其购买行为的随意性增强,而且消费需求的层次也在不断提高。消费者在购物过程中,不仅要求能购买到称心如意的商品,同时也要求购物环境的舒适。POP广告既能为购物现场的消费者提供信息、介绍商品,又能美化环境、营造购物气氛,在满足消费者精神需要、刺激其采取购买行动方面具有独特的功效。

(3)突出门店的形象,吸引更多的消费者来店购买。据分析,消费者的购买阶段分为:注意、兴趣、联想、确认、行动。所以,如何从众多的同类商店中吸引消费者的眼光,达到使其购买的目的,POP广告功不可没。

(4)促进连锁门店与供应商之间的互惠互利。通过促销活动,可以扩大连锁企业及其经营商品供应商的知名度,增强其影响力,从而促进连锁企业与供应商之间的互惠互利。

2.POP 广告的种类

POP 广告在实际运用时,可以根据不同的标准对其进行划分。不同类型的 POP 广告,其功能也各有侧重。

按外表形式划分,连锁门店普遍使用的 POP 类型有:

(1)招牌 POP。招牌 POP 主要包括店面、布帘、旗子、横(直)幅、电子字幕,其功能是向顾客传达企业的识别标志,传达企业销售活动的信息,并渲染这种活动的气氛。

(2)货架 POP。货架 POP 通常是展示商品广告,是一种直接推销商品的广告。

(3)招贴 POP。招贴 POP 类似于传递商品信息的海报,招贴 POP 要注意区别主次信息,严格控制信息量,建立起视觉上的秩序。

(4)悬挂 POP。悬挂 POP 主要包括悬挂在门店卖场中的气球、吊牌、吊旗、包装空盒、装饰物,其主要功能是创造卖场活泼、热烈的气氛。

(5)标志 POP。标志 POP 即门店内的商品位置指示牌,它的主要功能是向顾客传达购物流程和位置的信息。

(6)包装 POP。包装 POP 是指商品的包装具有促销和企业形象宣传的功能,例如,附赠品包装、礼品包装、若干小单元的整体包装。

(7)灯箱 POP。门店中的灯箱 POP 大多稳定在陈列架的端侧,或壁式陈列架的上面,它主要起到指定商品的陈列位置和品牌专卖柜的作用。

按所处的位置,可以分为外置 POP、店内 POP 及陈列现场 POP 三类。外置 POP 是将本门店的存在及所经销的商品告知顾客,并将顾客引入店中的 POP 类型;店内 POP 是将门店内的商品情况、店内气氛、特价品的种类以及商品的配置场所等经营要素告知消费者的 POP 类型;陈列现场 POP 是指放在商品附近的展示卡、价目卡及分类广告,它们能帮助顾客做出相应的购买决策。上述三类 POP 各自的功能及有关情况见表 7-2。

小米的社群营销方式

表 7-2 外置 POP、店内 POP 及陈列现场 POP 的形式和功能

种类	具体类型	功能
外置 POP	招牌、旗子、布帘	告诉顾客门店的位置及其所售商品的种类,通知顾客正在特卖或营造购物气氛
店内 POP	卖场引导 POP、特价 POP、气氛 POP、厂商海报、广告板	告诉进店的顾客,某种商品好在什么地方;告诉顾客正在实施特价展卖以及展卖的内容,营造店内气氛;传达商品情报及厂商情报
陈列现场 POP	展示卡、分类广告、价目卡	告诉顾客商品的品质、使用方法及厂商名称等特征,帮助顾客选择商品;告诉顾客广告品或推荐品的位置、尺寸及价格;告诉顾客商品的名称、数量、价格,以便顾客做出购买决定

能力训练

1. 选择一个我国传统节日,制订一份促销活动方案。
2. 4~5人一组,调研所在城市的连锁门店,分析连锁门店促销时机选择与促销方式的应用。

任务二 实施、评估促销活动

促销活动的方案制订是促销活动的第一个环节,而要实现促销活动的预期目标,实现销售利润的提高,促销活动的组织与实施则显得尤为重要。

工作任务

资料

奥康集团"五一"促销

有一年,奥康集团4月29日至5月1日在浙江省内所有专卖店开展的促销活动内容是为庆祝五一劳动节,凡编号尾数为"51"的人民币,均可按面值翻1倍在奥康专卖店使用。这个促销从4月29日到5月1日,短短3天时间,人们排起长队涌向购买,奥康皮鞋在浙江省范围内的销售额就达到1 800万元左右,奥康浙江省内各个专卖店可以说卖得只剩下货架和营业员了。鞋企同行当时纷纷感叹:节日生意都让奥康抢去做了!

奥康皮鞋促销成功,达到促销目标的原因,不仅仅是促销方案制订得好,更重要的是促销方案执行得更好。虽然执行是最后一个步骤,但却是整个促销活动的重点。如果一个好的促销创意活动没有很好执行下去,那么结果将会大打折扣,甚至"赔了夫人又折兵",特别是鞋服行业可以说30%靠策划,70%靠执行。

那么,如何才能达到好的促销效果呢?根据鞋服行业专卖店的特点,通常必须做好以下四个方面的工作:(1)做好促销宣传品准备;(2)终端销售人员培训;(3)促销现场监督到位;(4)促销活动评估。

因为促销主题需要一种媒介向目标消费群体传达,所以宣传品的准备包括制作和播放与摆放两个步骤:(1)宣传品制作。通常情况制作的类型有:电视、广播、刊物报纸所需要的图片、软文、色调等部分的制作。如涉及平面广告部分则需要强调视觉的冲击,色调字体强调夏天以冷色为主而冬天以暖色为主等;而软文部分则不管是电视、刊物、广播还是海报、易拉宝、宣传单等都需要说明促销活动的主题内容,让目标顾客一看便知。(2)宣传品的播放与摆放。由于宣传品的类型有多种,其中有些需要提前与相关单位联系做好相关事宜,首先签订相关合约,如电视、广播、刊物报纸、条幅等,确定具体实施时间、地点、内容等。其次是海报、易拉宝、宣传单等物料,需在促销活动开展之前发放及摆放到位。

每次的促销活动奥康集团都对终端销售人员进行全员培训,做到每个人员既了解本次促销活动内容又能统一口径。终端销售人员培训的内容主要包括三个部分:(1)促销活动主题及相应执行内容;(2)POP(海报、条幅、单页等)摆放;(3)产品包装陈列、礼品检查等。

促销现场监督到位。监督就是把控促销现场的宣传品摆放是否到位、产品和礼品是否充足、人力是否足够等,并能根据实际情况做出相应调整,确保促销活动的顺利进行。

促销活动结束后要对促销活动进行评估。促销活动的成功与否,可以很真实地反馈出专卖店促销活动成功与否。如活动已经开展但是顾客没有进门或者是进门很少,这说明本次活动宣传可能不到位或品牌产品在当地知名度和影响力有待提高。如果进店顾客不少,但实际成交却很少,那就说明该店产品结构不对路,需要调整产品结构。

综上所述,一个好的促销活动并非是打打折、贴贴海报等就可以的。更紧要的是在具体开展促销活动之前对当地市场环境、消费者习惯、商品状况及本产品品牌影响度等进行调研考察,在此基础上设置相应的目标、主题、具体实施策略、落实执行内容等,必须做到环环相扣。

除了活动本身影响着促销效果之外,还与品牌知名影响度、产品是否对路、销售人员服务等有直接关系,切忌"眉毛胡子一把抓"。最后执行到位才是整个促销活动成功的重要保证。

要求:
1. 促销措施包括哪些内容?
2. 终端促销人员培训的内容有哪些?
3. 如何对促销活动进行评估?
4. 从奥康集团的促销中我们能学到什么?

相关知识

一、促销活动的作业流程

连锁门店的促销计划经企业总部主管部门确认以后,促销管理的重点便落在了促销活动作业流程规划上。以连锁超市为例,连锁超市每月配合节令、重大事件而实施的促销活动通常为2~3次,时间安排得相当紧凑。因此,必须依照作业流程做好规划,以防止促销效果不理想。

促销活动作业流程通常如下:

(1)促销市场研究。包括研究促销环境、消费者市场状况、经销商市场状况等。

(2)确定促销要素。包括确定促销产品范围、促销的动机和期限、促销工具策略、促销地点、促销主题等。

(3)实施促销方案。包括拟订促销方案、促销活动准备、促销活动的实施和检查等。

(4)评估促销结果。包括评估促销成果、促销的后续工作。

促销要做到标准化、流程化,这样促销活动就有章可循,执行起来也就更加从容和到位。较科学的方式是把促销的整个流程环节按照上述的四个阶段再进行细分,并把各部门的职责和相关的工作对接,建立部门负责制。每个部门要明确在促销中扮演的角色,并且各部门的内部工作流程一定要细,最好是确定好各项工作的完成时间以保证促销活动按部就班地进行。

在制定促销流程时,不能纸上谈兵,要结合市场实际,确保流程的可操作性;同时促销流程一旦确定,就要坚决地贯彻执行,保证每个环节执行到位。

连锁门店应该结合自身特色,灵活地开展多样化的促销作业。首先,丰富的商品组合可以满足消费者多样化需求,帮助门店建立良好的印象。其次,特色的服务可以满足消费者的独特需求。消费者希望在消费过程中,能够处于一种放松的状态,商家在设计促销方案时,应该尽量去满足消费者的这种心理需求,营造一种舒适的购物氛围,把消费者的购物过程做成带给消费者的一次"旅行"。再次,利用多种手段营造价廉印象。与其一律通过对所有商品定低价来让利销售,不如通过很多灵活的低价策略强化价廉的印象——实行差别利率定价。低价策略并不意味着所有商品都实行最低价格,对不同商品采取差别利率,既能保证较高的利润水平,又能达到低价促销的效果。对消费者购买量大、购买频率高、较受欢迎、省时、便利的敏感商品,实行低价销售,可在市场上拥有绝对竞争优势,并树立价格便宜的良好形象。最后,企业形象促销。建议门店在促销中加入一些能够树立企业形象、建立消费者和超市良好关系的促销形式。例如,上海华联超市在假货充斥市场、消费者担心买到假货时,适时地推出"华联无假货,件件都放心"的宣传,配合其他促销方式,取得了良好的效果。

二、实施促销活动方案

(一)拟订促销企划方案

首先,连锁门店负责促销的职能部门根据计划要求,研究竞争对手动态、消费者收入水平及购买力状况,拟定企业促销活动的诉求重点及具体做法。其次,还需要获得相关部门的配合与支持,如召集营运部、商品管理部相关人员召开促销会议,对活动主题、时间、商品、价格、媒体选择、供货商的配合及竞争对手促销活动等进行分析,以确保促销活动的有效实施。

连锁企业要不断策划新的促销方案就必须要拥有一支专业的促销队伍。促销不仅仅是搞气氛,也是一门学问,传统的抽奖、赠券派发等手段固然要使用,但在促销的表现上,要力争每一次都有新突破,因为促销的目的是稳定和发展顾客群,而不仅仅是为了完成任务。一个成功的促销企划,关键是结合本门店的实际情况和市场竞争情况,确定好自己的市场定位,以市场定位为指导原则,灵活运用多种促销方式,开展有效的促销活动。同时,要做到竞争性防御,防止竞争对手模仿自己的促销策略,引发消费者的误解。

(二)准备促销商品

连锁门店的大多数促销活动都可以使商品销量大幅度增加,而门店的业绩往往与厂商的配合与否有很大关系。因此,门店在实施促销活动前,应取得厂家或供应商的积极配合,对促销商品的数量、质量、价格及供货期等进行核定,以保证及时、充足供货。

(三)促销人员培训

促销人员的素质与能力也是决定促销成功与否的因素,促销人员培训的内容主要包括:

(1)促销概念。促销员的最核心的职责其实不是销售目标的达成,而是在公司的产品与消费者之间作了最有价值的媒介,通过有效传播公司有价值的信息,如产品信息,服务信息等,使消费者最终认可公司的产品及公司本身的品牌。

(2)产品销售方法。销量是最终最具说服力的东西,促销人员的天职就是销售产品,所以销售产品的方法需要培训。

(3)服务意识。消费者是促销人员最应该重视的公众对象,必须以满足消费者的需要作为自己工作的宗旨,时时为消费者着想,努力满足消费者提出的要求,创造各种条件为消费者服务。

(4)运筹能力。促销人员应具有将事先制订的计划与工作步骤认真执行下去和协调各方关系的能力,并能准备好应急方案与应变措施。

(5)业务能力。促销人员要熟悉所促销的商品,要能将商品的优点、品质表现在消费者面前,从而要能说服消费者购买,实现促销目标。

课堂阅读

促销人员必须做到的"三好""一陈列""四帮忙"

(1)"三好"就是:①把条幅、展布挂好,挂于显眼处,最好把公司的几种产品条幅挂在一起以突出整体效果。②把广告画、宣传画、不干胶等POP类粘贴好。③把公司产品广告带播放好。

(2)"一陈列"就是整理货柜,做好产品陈列。产品陈列是销售工作中一项非常基础、非常重要的工作。做好产品陈列应注意以下技巧:①争取最好的陈列点:进店第一眼能看到的、与视线等高、顾客最好伸手就能拿得到产品的架位。②商品标签一定要与商品对应准确,陈列面要保持洁净,排列要整齐;一种产品至少要摆放5个以上,以突出整体效果。公司几个系列产品摆在一个货架做专柜效果更好。③讲究摆放的艺术性:不同产品、不同包装之间摆放的顺序要科学、有序(一般由小到大次序摆放,符合人正常的审美观);盒装或袋装产品都要立放,做到整齐划一。如果有条件的话可把公司已销售的产品空箱累计摆起来摆在门店外面也是一个不错的陈列方式。

(3)"四帮忙"指的是:①帮客户卸货;②帮客户招呼客人;③帮客户把产品擦净、摆齐、放好,促销人员切记不要只顾自己公司的产品,可结合零售商兼顾其他公司产品,如公司没有的产品可协助客户销售;④帮客户做好其他事务(根据实际情况区别对待)。

(四)做好促销宣传

连锁门店可以采用的促销宣传手段有邮报、POP海报、短信、报纸、公交媒体(公交站台、公交车载电视)、公共场所宣传以及网络宣传,其中邮报和POP海报是最常用的宣传手段。邮报又称为DM,来源于英文DIRECT MAIL,意为直邮商品广告,通常是由八开或十六开广告纸正反面彩色印刷而成。一般每两周推出一期,DM 上推出的促销商品是根据季节、月份、天气、温度、流行度、节令等因素而设定的。如在夏季以饮料、防暑品、空调等为重点,在冬季则以火锅、熟食、防寒品等为主。连锁企业的企划部门应该和其他相关部门密切合作,事先设计、制作出富有特色和吸引力的邮报和 POP 海报,并进行广泛宣传。

(五)促销活动的实施和检查

促销活动的目的除了希望在特定期间内能提高来客数、客单价以及增加门店营业额之外,更重要的是让顾客日后能持续光顾。因此,各门店需要运用促销检核表来确保门店促销活动实施的质量,以提供顾客良好的服务并达成促销效果。

促销活动检核表是连锁门店或总部管理人员在不同促销期间,根据卖场情况进行评估的依据,可以作为促销活动实施情况的参考。表 7-3 为某门店促销活动检核表。

表 7-3 某门店促销活动检核表

类别	检核项目	是	否
促销前	1. 促销宣传单、海报、红布条、POP 广告是否发放及准备妥当? 2. 卖场人员是否均知道促销活动即将实施? 3. 促销商品是否已经订货或进货? 4. 促销商品是否已经通知电脑部门进行变价手续?		
促销中	5. 促销商品是否齐全?数量是否足够? 6. 促销商品是否变价? 7. 促销商品陈列表现是否吸引人? 8. 促销商品是否张贴 POP 广告? 9. 促销商品品质是否良好? 10. 卖场人员是否均了解促销时间及做法? 11. 卖场气氛布置是否活泼? 12. 服务台人员是否定时广播促销做法?		
促销后	13. 过期海报、POP 广告、红布条、宣传单是否拆下? 14. 商品是否恢复原价? 15. 商品陈列是否调整恢复原状?		

在对促销活动进行检查时,应该高度重视对门店 POP 广告使用情况的检查。及时地检查 POP 广告在门店中的使用情况,对发挥其广告效应能起到很大的作用。POP 广告的检查要点如下:

(1)POP 广告的高度是否恰当;

(2)是否依照商品的陈列来决定 POP 广告的大小尺寸;

(3)广告上是否有商品使用方法的说明;

(4)有没有脏乱和过期的 POP 广告;

(5)广告中关于商品的内容是否介绍清楚(如品名、价格、期限);

(6)顾客是否看得清、看得懂 POP 广告的字体,是否有错别字;

(7)是否由于 POP 广告过多而使通道视线不明;

(8)POP 广告是否有水湿而引起的卷边或破损;

(9)特价商品 POP 广告是否强调了与原价的跌幅和销售时限。

现实促销活动中,有四种比较常见的、受到消费者较多抱怨的情形,需要特别注意避免。一是虚构原价,虚假优惠。经营者以根本不曾有过的价格作为原价,打着促销让利的幌子欺骗消费者,而实际上最后消费者买到的商品促销价与平时销售价格相差无几,甚至更高。二是因为系统变价不及时或者海报换挡不及时等原因,导致海报标示价格与实际结算价格不符。三是使用欺骗性或误导性的语言、文字,如市场最低价、出厂价、批发价、进价、超低价、惊爆价、特价等,误导消费者。四是标价签内容与实际不符。商品标价签的品名、产地、规格、等级、质地、计价单位、价格等与实际不符,专门用于欺骗一些粗心的消费者。这四种情形在促销活动的实施和检查过程中,都应该避免。

(六)促销活动的成本控制

促销成本控制的总原则应该是:通过促销为公司增加的收入应当大于促销费用的支出。门店可以试图与厂商共同负担促销经费,从而控制门店促销的成本,主要办法有:①把厂商的促销活动纳入门店的促销计划内。如说服厂商在卖场里举办推广商品的促销活动,由厂商提供样品和赠品;配合厂商在大众传播媒介的促销活动,由厂商贴补一部分促销费用等。②门店可以通过把卖场特定位置或设备的使用权租给厂商供其推广商品而收取一定费用。如租用端架或陈列柜,支付购物袋背面印制广告的权利金,支付利用店内灯箱做广告的权利金等。

三、评估促销效果

连锁门店促销活动完成后,要对其结果进行评估,这是检验促销活动是否达到预期目标以及促销费用是否合理的唯一途径。同时,事后评估也可以为将来的促销活动策划作些辅助工作,确定以后哪些环节是该继续做好,哪些环节是应该纠正的。如在促销后可以对一定范围的顾客进行调查,调查他们是否满意促销的方式,并请他们提出自己的看法,使促销活动令顾客更满意。

(一)选择促销评估方法

促销效果的评估是连锁门店一项非常重要的工作内容,通过评估本次促销活动的效果,对其成功与不足加以认真总结,可以为下一次促销活动提供借鉴。一般来说,连锁门店促销效果的评估可以采用以下几种方法进行。

1.比较法

选择促销活动前、促销活动中及促销活动后三个阶段的销售额来测评促销效果,一般会出现以下三种情况,如图7-2所示。

(1)有效促销。图7-2中的A曲线是连锁门店举办促销活动所期望达到的预期目标。它表明进行促销活动后,很多顾客被吸引前来购物,来客数增加,销售额提升,收到了预期的理想效果。在促销活动结束后,由于促销期间连锁门店的各种宣传,使其知名度与美誉度提

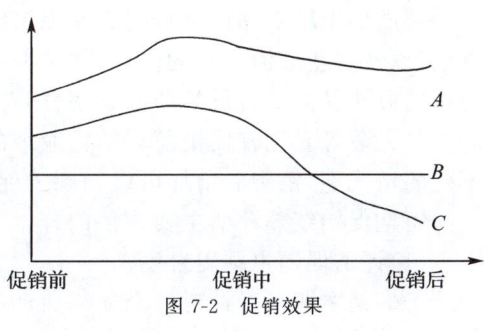

图7-2 促销效果

高,给顾客留下了良好的印象,再加上实质性的优惠促销活动,无形中提升了企业形象。因此,促销活动结束后,门店的销售额依然有所增长,从而形成了比较乐观的销售前景。

(2)无效促销。图 7-2 中的 B 曲线表明促销活动的开展对于门店的业绩没有任何帮助,门店的经营状况没有得到任何改善,而且所举办的促销活动浪费了一定的人力、物力、财力,促销效果很不理想。

(3)不良促销。图 7-2 中的 C 曲线是连锁门店举办促销活动后的一种不良后果,是连锁门店最忌讳出现的一种情形。本次促销活动虽然在促销期间使销售额有了一定程度的提高,但由于促销活动策划不当或管理不到位等问题,出现了某些意外情况,严重损伤了门店的形象。

2. 调查法

连锁门店真正能够长期持续经营依靠的是其良好的信誉及消费者的信赖。因此,对于消费者的反应不可忽视,在促销活动中或促销活动结束后,可以组织相关人员对特定的消费者群体进行抽样调查,向他们了解促销活动的效果。例如,询问有多少人对本次促销活动反映良好,其中哪些方面反映较好,哪些方面反映较差;顾客是否从中得到实惠;对今后的购物去向是否有影响等,从而掌握门店所举办的促销活动的效果。

3. 观察法

观察法便于操作,且十分直观,连锁门店主管人员很容易了解促销活动的效果。它主要通过在促销活动中,通过来店购物的顾客对促销活动的反应,来了解促销效果。例如,顾客在折价销售中的踊跃程度;参加抽奖与竞赛的人数以及赠品的偿付与否等。

总之,促销活动结束后的总结与评估,有助于提高门店的绩效。通常情况,如果促销活动的实施绩效为预期的 95%～100%,则是正常情况;如果在预期的 105% 以上,则是高标准表现;如果在预期目标 95% 以下,则有待在今后工作中改进和提高。

(二)促销效果评估

促销结束后要对促销成果进行分析,而不要在活动结束后就置之不理。应根据促销期间的营业数据召集部门相关人员,就促销活动的实施效果与目标的差异进行分析,总结得失,作为下次促销活动策划、执行改进的参考。企业可以用多种方法来评估一个促销活动的效果。企业对促销活动的事后评估可以分为短期促销绩效评估和长期促销绩效评估两种。

1. 短期促销绩效评估

短期促销绩效评估是指门店在促销结束之后,衡量消费者对促销活动的即刻反应和态度,以及时获取消费者的信息,并掌握商品促销的效果。一般情况下,门店所采用的典型评估方法是分析折价券的回收率、印花的回收兑现率、赠送品的偿付情况、竞赛和抽奖的参与人数等。比较促销前后销售业绩的变动是测定促销效果的最佳依据,在其他条件不变的情况下,销售的增加可以归因于促销活动。

短期促销绩效评估主要评估内容:

(1)评估促销主题配合度。

①促销主题是否针对整个促销活动的内容;

②促销内容、方式、口号是否富有新意、吸引人,是否简单明确;

③促销主题是否抓住了顾客的需求和市场的卖点。
(2)评估创意与目标销售额之间的差距。
①促销创意是否偏离预期目标的销售额;
②创意虽然很好,然而是否符合促销活动的主题和整体内容;
③创意是否过于沉闷、正统、陈旧,缺乏创造力、想象力和吸引力。
(3)评估促销商品选择正确与否。
①促销商品能否反映超市的经营特色;
②是否选择了消费者真正需要的商品;
③能否给消费者增添实际利益;
④能否帮助超市或供应商处理积压商品;
⑤促销商品的销售额与毛利额是否与预期目标相一致。

2. 长期促销绩效评估

短期促销绩效评估可以使门店了解消费者对促销活动的态度和反应,但这种评估很难得知消费者真正的消费意图。因而门店有必要对长期促销绩效进行评估,揭示消费者的消费态度、把握消费者的消费心理,从而使以后的商品促销活动更加具有针对性和目标性,增强促销活动的效果。

长期促销绩效评估最切合实际的方法是消费者调查法。促销活动结束后,门店可以在目标市场上找一组样本消费者进行调查了解促销活动的效果并在促销后的一段时间进行跟踪评估。通过调查了解有多少消费者还记得促销,他们对促销活动的评价,有多少人从中获得利益,促销对他们以后的品牌选择行为有何影响等。

消费者调查法简单易行,但资料有限、得出的结论比较粗略,常用来有选择地研究某种促销方式对消费者的影响。

(三)供应商配合状况评估

除对促销效果进行评估,还应该对供应商的配合状况进行评估,主要评估:
(1)供应商对门店促销活动的配合是否恰当及时。
(2)能否主动参与、积极支持,并为门店分担部分促销费用和降价损失。
(3)在促销期间,当门店请供应商直接将促销商品送至分店时,供应商能否及时供货,数量是否充足。
(4)在商品采购合同中,供应商尤其是大供应商、大品牌商、主力商品供应商,是否做出促销承诺,而且切实落实促销期间供应商的义务及配合等相关事宜。

(四)自身运行状况评估

促销结束后,连锁门店还应对自身的运行状况进行评估,主要评估:

1. 从总部到门店,各个环节的配合状况

(1)配送中心运行状况评估:配送中心是否有问题,送货是否及时;在由门店配送中心实行配送的过程中,是否注意预留库位,合理组织运输、分配各分店促销商品的数量等几项工作的正确实施情况如何。
(2)分店运行状况评估:分店对总部促销计划的执行程度,是否按照总部促销计划操作;促销商品在各分店中的陈列方式及数量是否符合各分店的实际状况。

（3）总部运行状况评估：总部促销计划的准确性和差异性；促销活动进行期间总部对各分店促销活动的协调、控制及配合程度；是否正确确定促销活动的次数，安排促销时间，选择促销活动的主题内容，选定、维护与落实促销活动的供应商和商品，组织与落实促销活动的进场时间。

2.促销人员评估

（1）促销人员评估的作用：评估可以帮助促销人员全面并迅速地提高自己的促销水平，督促其在日常工作流程中严格遵守规范，保持工作的高度热情，并在促销人员之间起到相互带动促销的作用。

（2）促销人员的具体评估项目：促销活动是否连续；是否达到公司目标；是否有销售的闯劲；是否在时间上具有弹性；能否与其他人一起协调工作；是否愿意接受被安排的工作；文书工作是否干净、整齐；工作准备和结束的时间是否符合规定；促销桌面是否整齐、干净；是否与顾客保持密切关系；是否让顾客感到受欢迎。

业务指导

门店大型促销活动各部门工作职责

1. 企划部促销组负责拟订促销计划。
2. 采购部（或商品管理部）确保促销商品按时、足量送到。
3. 企划部美工负责促销活动中宣传品、促销品的设计及制作。
4. 配送中心负责对促销商品优先收货、配货。
5. 各门店店长负责促销活动在门店的具体实施。
6. 电脑部负责促销商品的价格修改。
7. 人力资源部负责在促销活动中供应商促销员的进场管理及考核。
8. 行政部库管（或开发部工程组）负责促销活动中道具及设备的提供。
9. 营运部负责对促销活动中的商品价格及质量进行控制、监督和检查。
10. 企划部促销组负责对各店促销活动的实施情况进行监督、检查、控制。
11. 营运部负责每期促销活动完成后的评估资料的收集。
12. 企划部负责促销活动的评估总结。

能力训练

帮助本地区的一家综合门店进行促销策划，并跟踪进行促销效果评估，发现促销活动中存在的问题，给出解决的建议，提交2 000字左右的促销活动分析报告。

综合案例分析

一次失败的促销

4月初长虹店企划部就将"五一"期间的促销活动方案报给店长审批，其中有一项是他们准备在"五一"期间做一次凭劳模证领蛋糕的活动,活动为期两天。经过企划人员的估算,费用应该为 5 000 元/天,店长研究后同意此促销方案。

企划部全面着手实施,在报纸、DM 海报和店内促销海报上登出广告,并与采购部沟通请蛋糕房每天做出 500 份蛋糕,营运部也安排了相应的人员来配合开展活动。可促销第一天持劳模证来领蛋糕的人数多达 1 000 人,蛋糕房做的蛋糕根本不够发,店长为维护公司的名誉只能从其他超市购买了 500 个蛋糕来做派送。促销结束后,经过核算,此次促销费用为 15 000 元/天,大大超出了前期的预算。

思考问题:
1. 这次促销活动失败的原因是什么?
2. 应该采取什么样的措施?

项目八 连锁门店损耗与安全管理

项目介绍

严格控制损耗,是提高连锁门店经营绩效的重要保证。门店损耗是由盗窃、损坏以及其他因素共同引起的,所以连锁门店要做到全环节防损、全员防损,才能提高经营业绩。

一家良好的门店除了满足消费者的购物需求之外,还必须给消费者提供一个安全舒适的购物环境,同时也要给员工提供一个安全的工作环境。有效实施卖场的各项安全管理作业是门店不可推卸的责任。

学习目标

知识目标:熟知损耗发生的原因;明确降低损耗的方法;了解发生安全事故的原因;熟知安全项目管理的方法以及突发事件的处理。

能力目标:能依据损耗的原因制定防损方法;能发现哪些地方存在安全隐患,并能制定简单的预防措施;能建立人员安全管理部门,并能够进行分工;会使用安全设备,进行安全项目管理。

素养目标:培养责任意识,养成规范操作的职业操守、细致耐心的敬业精神以及牢固的守法意识;培养优良的敬业精神;培养防范意识、安全意识;培养团队协作能力;培养创新思维和创造性解决问题的能力。

任务一 认知连锁门店损耗产生的原因

"损耗"是一个在连锁门店经营过程中经常被提到的字眼,是门店接收进货时的商品零售值与售出后获取的零售值之间的差额。损耗的高低是门店是否获利的关键,一个单品的损耗要5~6个商品的销售才能弥补。要加强对商品损耗的管理,必须找到产生损耗的原因。

工作任务

资料

商品损耗产生的情景

1. 某店盘点,杯装酸奶等奶制品亏损金额高达九千余元,经调查,是门店收货规格错误导致点数错误,而供应商在发现验收单据金额大于实际送货金额的情况下,采取了更改对账单金额的方法,从而实现骗取账款的目的。

2. 收银员看到一位顾客在购买鞋子的时候没有把发票带走,就把发票私自保存起来,等到鞋子特价时,买一双鞋子,然后拿原来保存起来的发票退货,从中获得差额。

3. 有顾客把足球的气体放掉,把足球带出门店。

4. 收货人员在收货时,没有亲自查验商品编码,而是由供应商提供商品条码进行核对,给供应商带来可乘之机,用赠品冒充正常商品进行收货,由此给公司带来的损失高达26万元。

5. 理货员在陈列商品的时候,袋装的酱油与其他的商品产生刮碰,导致酱油流出来污染了其他商品。

要求:

根据上面的资料,你认为门店在营运过程中,还会有哪些原因造成损耗?

相关知识

一、收银员行为不当造成损耗

(1) 打错商品金额。例如,收银员故意漏扫部分商品或私自键入较低价格抵充;收银员对收银工作不熟练而发生漏打、少算的情形;由于价格无法确定而错打金额;误打后的更正手续不当。

(2) 收银员虚构退货而私吞现金。

(3) 商品特价时期已过,但收银员仍以特价销售。

(4) 每日的收银现金差异,如收银员错误收款、收假钞等。

(5) 收银员损坏商品。

(6) 收银排队导致顾客未能付款或无零钞找赎导致顾客不能付款等。

二、进货环节不当造成损耗

(1) 商品验收时点错数量。

(2) 门店员工搬入的商品未经点数,造成短缺。

(3) 仅仅验收数量,未作品质检查导致损失。

（4）进货商品未入库。
（5）未妥善保管进货商品的附赠品。
（6）进货过剩导致商品变质。
（7）商品进货的重复登记。

三、销售环节不当造成损耗

（1）商品调拨的漏记。
（2）商品领用未登记或使用无节制。
（3）销售退回商品未办理销货退回，或销货退回商品未妥善保管。
（4）卖剩商品未及时处理，以致过期。
（5）商品标价错误（高价低标、POP与标签的价格不一致、商品促销结束后未恢复原价等）。
（6）商品运输、搬运、陈列不当产生损耗。
（7）补货过程中损坏商品。
（8）商品（尤其是生鲜商品）加工、保存不当产生损耗。
（9）提货区发错货。

四、盘点不当造成损耗

（1）点错数量。
（2）看错或记错售价、货号、单位等。
（3）盘点表上的计算错误。
（4）盘点时遗漏品项。
（5）因负责区域不明确而做了重复盘点。
（6）将赠品计入盘点表。
（7）将已填妥退货表的商品计入。

五、员工行为不当造成损耗

（1）随身夹带、皮包夹带、购物袋夹带、废物箱（袋）夹带商品。
（2）偷吃或使用商品。
（3）将用于顾客兑换的奖品、赠品占为已有。
（4）将商品高价低标，卖给亲朋好友。
（5）利用顾客未取的账单作为废账单退货而私吞货款。

六、顾客行为不当造成损耗

(1)随身夹带、皮包夹带、购物袋夹带商品。
(2)将偷窃来的商品退回而取得现金。
(3)顾客不当的退货。
(4)顾客将商品污损或破坏。
(5)将包装盒留下,拿走里面商品或调换里面商品,调换标签。
(6)高价商品混杂于类似低价商品中,使收银员受骗。
(7)偷吃或使用商品。

七、供应商行为不当引起损耗

(1)误记交货单位(数量)。
(2)供应商套号,以低价商品冒充高价商品。
(3)供应商混淆品质等级不同的商品。
(4)供应商随同退货商品夹带商品。
(6)换取商品时,收受不确实。
(7)送货时不送完全,或拖延送货,而造成混乱。
(8)供应商与员工勾结实施偷窃。

八、意外事件引起的损耗

(1)自然意外事件:水灾、火灾、台风和停电等。
(2)人为意外事件:抢劫、夜间偷窃和诈骗等。

能力训练

调查一家连锁门店商品损耗的原因,并帮助门店制定措施减少损耗的发生。

任务二　防范及处理连锁门店损耗

门店的损耗就像空气一样,无处不在,所以,只要管理上稍稍懈怠,损耗就会像一只有裂缝碗里的水一样,从裂缝中悄悄地流走,当各方面的管理都非常严格、非常严密以后,损耗所赖以逃脱的裂缝就会越来越小,以至于最后即便渗漏出去也是非常微弱。

工作任务

根据资料:商品损耗产生的情景,结合任务一所学知识,请你针对不同的损耗制订完善的防损方案。

相关知识

一、监管重点区域

(一)门店的收出货口

防损人员要同收货部门主管共同负责收出货口的开、闭。当门店进货时,应该协助做好现场秩序的维护;对于收下的货物,特别是精品、家电、化妆品等贵重商品还应进行数量抽验、检查,以防缺漏;然后还必须监督所有的商品运达收货区内。

为了确保大单商品货物离开门店时的安全和完整,出货时防损人员必须按出货单的条目逐一核查,并且送货物离开收出货口。

此外,防损人员还应对每一单商品的退换货、出货以及每一单的物品的离场进行查验放行手续。

供应商行为不当常常会给超市带来相当大的损耗,如供应商误交供货数量、以低价商品冒充高价商品、擅自夹带商品、随同退货商品夹带商品、与员工勾结实施偷窃等。针对这种情况,门店对供应商必须加强管理:

(1)供应商进入退货区域时,必须先登记,领到出入证后方能进入;离开时经防损人员检查后,交回出入证方可放行。

(2)供应商在卖场或后场更换坏品时,须有退货单或先在后场取得提货单,且经商品管理部门和防损部门批准后方可退货。

(3)供应商的车辆离开时,需经门店防损人员检查后方可离开。送货后的空箱和纸袋必须折平,以免夹带商品出店。

(二)大型门店的精品区

通常大型门店都会规定,顾客在精品区内购买的商品,必须在精品区内结账。精品区的防损人员主要负责检查顾客持有的结账小票是否与所携商品一致;同时应监督收银员核对商品的包装是否符合精品区的包装要求。

(三)门店商品的高损耗区域

一般来说,洗护用品、文具用品、内衣用品、高档糖果、奶粉、保健品、鞋类等商品经营区域以及试衣间通常是门店商品的高损耗区域。在这些区域,防损人员负责巡视、监管货架上陈列的商品。对个别顾客破坏商品包装、藏匿商品、夹带商品等不良行为,要及时发现并制止,依法处理盗窃行为。

(四)门店的收银出口

门店收银出口既是购物结账处,也是商品的出货处,是门店防损的重点区域。

1. 收银出口管理的主要内容

(1) 收银出口处设立电子防盗系统,是卖场采取的防盗保护措施。

(2) 收银出口处设立防损安全员岗位,在营业时间内实行不间断的值班制度。

(3) 收银出口处的监管重点在于正确、快速、满意地解决防盗报警问题,同时维护好出口处的顾客秩序,保证所有顾客能从入口进、出口出(也有的门店出入口是合二为一的)。

2. 防盗报警的处理原则

(1) 验证原则。当系统报警时,不能认定就是有商品被偷窃,相信每一位顾客都是清白的,除非已经掌握确凿的证据。

(2) 服务原则。当系统报警时,防损安全员要迅速到报警现场,必须保持热情、微笑、得体的服务态度,不能因为自己的态度、表情、语言得罪顾客,引起纠纷和赔偿。

(3) 冷处理原则。坚决避免与顾客在门口发生争执,不能影响其他顾客的正常通行,不能引起堵塞和围观。

3. 防盗报警的处理程序

(1) 首先将商品与人进行分离,确认是不是商品引起报警;

(2) 如果确认是属于商品报警后,进一步查找商品报警的原因;

(3) 查看有无带感应标签的商品,将其取出核实是否属于未经消磁的商品,并查看收银小票,看有无未结账的商品;

(4) 礼貌地请顾客到收银台去再次消磁或结账;

(5) 如是顾客引起报警,应礼貌地请顾客自行检查是否有忘记结账的商品放在身上;

(6) 顾客若承认,则让顾客结账,只要顾客结账,则认为顾客是疏忽而不是故意不结账,处理时注意维护顾客的自尊;

(7) 顾客若不承认,则请顾客到办公室协助处理,而不要在出口处与顾客发生争执。

业务指导

顾客偷盗处理

收银出口防损典型情景 A:顾客空手出卖场时,引起报警

1. 处理措施:

- 礼貌地留住顾客,请顾客后退。
- 请顾客逐个通过安全门,确定是哪一个顾客引起报警。
- 若某顾客两次通过安全门依然报警,则礼貌地提醒顾客有无在卖场购物而忘记付款。
- 顾客若肯定回答,请顾客到收银台付款;顾客若否定回答,请他再次过安全门,报警后请求顾客协助找到感应标签。
- 若顾客坚持否定或有异议,可以请顾客到办公室处理。

2. 注意事项:

- 不要接触顾客身体、不能搜身、不可言辞激烈。
- 不使用"防盗标签"、"防盗门"字眼。

・不用任何带有"偷"的字眼。

收银出口防损典型情景 B：顾客带着商品出卖场时，引起报警

1. 处理措施：

・礼貌地留住顾客，请顾客后退。

・请顾客携带商品逐个通过安全门，确定是哪一个顾客引起报警。

・采取"人物分离"的方法，让顾客和商品各自单独通过安全门，查看商品是否引起报警。

・若商品未引起报警，则按情景1处理。

・若商品引起报警，则同顾客一起查看商品中有无带感应标签的，并确定带有感应标签的商品是否在收银小票上。

・判断商品属于已付款未消磁的，请收银员重新消磁并感谢顾客；属于未付款的，请顾客付款或到办公室处理。

2. 注意事项：

・同情景1的注意事项。

・除非顾客自己承认偷窃，否则在警方未确认或证据不确凿的情况下，不能认定顾客偷窃商品。

（五）门店的提货处

顾客在门店选购了大件商品，需要在门店提货处提货。

在提货口，防损人员出于对门店商品安全和顾客商品安全的双重负责，应该仔细核对提货人的收银小票是否与商品的品名、型号、货号和数量相一致。对已经提货的商品，防损人员还要确认收银小票是否已加盖提货章，商品的包装是否封闭完好，把好门店商品出货的最后一关。

（六）门店的垃圾出口

门店的垃圾出口也属防损人员的工作范围，从垃圾出口流出的物品必须经过防损人员的仔细检视，检查是否属于真正该丢弃范围的垃圾，这些垃圾是否经过处理。防损人员特别要对垃圾袋进行检查，以保证垃圾袋中没有混入未执行报废手续的商品和可以回收的废品。

（七）门店生鲜商品经营区

(1) 建立健全生鲜商品经营防损的保障制度，包括产销平衡、生态转换、存货控制、适时减价、温度调控、设备维护等方面的各项保障制度。

(2) 加强生鲜商品鲜度管理。有些生鲜商品必须当日售完，如鱼片、绞肉、活虾等，对于不能于次日出售的熟食和生鲜品，在每日的销售高峰期过后，应逐渐打折降价出售，尽量在当日售完；防止将新鲜品和陈品、熟食品和生鲜品混淆造成鲜度恶化；生鲜商品管理人员应彻底执行翻堆工作，防止新旧生鲜商品混淆，鲜度下降；生鲜商品作业人员应尽量避免作业时间太长或作业现场温度太高，以免商品的鲜度下降；冷藏冷冻设备应定期检查，一般以每月3次为宜；必须严格控制生鲜商品的库存，以免生鲜商品大量积压而变质。

二、防范与处理员工偷盗

员工偷窃与顾客偷窃是有区别的,顾客偷窃往往是直接拿取商品而不结账;而员工偷窃则有多种表现形态,如内部勾结、监守自盗、直接拿取货款、利用上下班或夜间工作直接拿取商品等,形式多样,防范难度大。某外资超市在上海的一家大卖场就曾发生过这样一件事,家电部的几位资深员工利用他们对卖场环境的熟悉,内外勾结、监守自盗时间长达半年之久,给这家大卖场造成高达几十万元的经济损失。

(一)防范员工偷盗

加强内部员工防盗管理主要从下面几个方面入手:

(1)要针对员工偷窃行为制定专门的处罚办法,并公布于众,严格执行。

(2)严格要求员工上下班时,从规定的通道出入,并自觉接受卖场保安人员的检查,员工所携带的皮包不得带入卖场或作业现场,应存放在指定地点。

(3)对员工在上下班期间的购物情况,要严格进行规定,禁止员工在上班时间去购物或预留商品;员工在休息时间所购商品应有发票和收银条,以备保安人员或防损人员检查。

(4)门店员工如携带物品、手袋等离开门店,应自觉让门店店长或防损人员检查,门店店长或防损人员有责任做好该项检查工作。

课堂阅读

连锁企业总部的内部管理措施

为防范员工偷窃,各大连锁企业总部通常都制定了严格的内部管理措施,要求门店遵守,内容主要有:

(1)检查现金报表,主要有:现金日报表、现金损失报告表、现金投库表、营业状况统计表、换班报告表、营业销售日报表、营业销售月报表等。

(2)检查商品管理报表,主要有:商品订货簿、商品进货统计表、商品进货登记单、坏品及自用品统计表、商品调拨单、商品退货单、盘点统计表等。

(3)须针对员工监守自盗制定处罚办法,并公布周知,严格执行。

(4)员工购物应严格规定时间、方式及商品出入手续。

(5)严格要求员工上下班时从规定的出入口出入,并自觉接受检查。

(6)夜间作业时,应由店长指定相关人员,负责看守门店财产及商品。

(7)装置电子监视系统。

(二)处理员工偷盗

1.员工偷盗的处理程序

(1)发现内盗现象:通过内部举报、监控系统提供资料、安全员的发现等手段发现内盗现象。

(2)证据取证:根据内盗现象,进一步进行证据的核实、取证。

(3)确定当事人:确定盗窃的当事人,包括盗窃的执行者、协助者、策划者等。

(4)谈话记录:与盗窃的当事人进行谈话记录,当面确认其盗窃行为,并深究其犯罪的原因与动机,并对当事人的不良行为进行存档记录。

(5)处罚处理:根据盗窃的性质,决定执行公司相应的处罚。

2.员工偷盗事件处罚

(1)所有内盗的人员,无论其盗窃的金额是多么少,商品是多么小,理由多么充分,一旦发现确实,一律予以立即解聘。公司有权通过合法途径追回被盗的商品和要求赔偿盗窃的金额。

(2)内盗的司法处理根据其盗窃行为情节的严重和金额的大小,移交司法机关处理。

(3)所有内盗事件必须在处理后及时内部曝光,告知所有工作人员,以起警示作用和威慑作用。

所有内盗事件的曝光不得公开盗窃者的私人资料。内盗事件的曝光只能在本公司范围内进行,不得在公共媒体进行。

总之,为了防止内盗现象的出现,门店应该制定一系列的防范措施,如建立内部举报制度和制定员工内盗的处理程序,并定期检查现金报表和商品管理报表,最大限度地降低损耗的发生。

三、防范及处理顾客偷盗

(一)防范顾客偷窃

顾客随身夹带商品,顾客不合理退货,顾客在购物时将包装盒留下拿走里面的商品或调换里面的商品,顾客将食物吃掉并扔掉包装盒等不当行为都属于顾客偷窃的范畴。顾客偷窃已成为门店损耗的一个重要原因,针对这些情况,卖场的工作人员必须做到:

(1)禁止顾客携带大型背包或手提袋购物,请其把背包或手提袋放入服务台或寄包柜。

(2)顾客携带小型背包入内时,应留意其购买行为。

(3)顾客边吃东西边购物时,应委婉提醒其至收银台结账。

(4)要派专门人员加强对卖场的巡视,尤其留意死角和多人聚集处。

(5)对贵重物品或小商品要设柜销售。

(6)定期对员工进行防盗教育和训练。

(7)安装凸镜、红外线监测器、EAS系统、闭路电视监控系统等防盗设施。

尽管顾客偷窃是门店面临的普遍性难题,但如果采取措施还是会收到一定成效的。一般而言,顾客在选购商品的时候,通常会不慌不忙、平心静气地对商品的"三期""三址"

等进行一系列的了解,选择他所需要的接近他消费水平的商品;而小偷则不同,他们选择商品时,心不在焉,东张西望,以选择商品为掩护,观察四周的动静,看是否有可乘之机,他们往往会在商场中东溜西窜,以寻找商场无人的角落对商品进行藏匿,而后若无其事地走出收银口。对待这样的"顾客",销售人员就要小心了。

对门店内一些贵重的商品,除采取传统的柜台式销售外,可采取销售人员"面对面"的销售方式;对于一些体积较小、单价却较高的商品可放在收银员面前的摊架上,这样,收银员也可以承担起一部分商品的看守职责,使被盗率大大减少。

(二)处理顾客偷窃事件的方法

目前,国内一些连锁企业私下实行"偷一罚十"的规定,这是不具备法律效力的。依据行政处罚法,只有国家机关才能进行处罚,任何门店没有处罚权。即使是顾客错了,门店也绝不能以非法手段对待"小偷",擅自处罚。通常,门店可以实施这样的处理方法:

(1)在认定偷窃之前给予顾客有表示"购买"的机会。具体的办法是对隐藏商品的顾客说"您要××商品吗""让我替您包装商品"等。若在收银台时则说"您是否忘了付款"等,再一次提醒顾客"购买"。

(2)进一步提醒。如果提醒之后顾客仍无购买的意思,则要以平静的声音说"对不起,有些事情想请教您,请给我一点时间",将其带入办公室,并作适当的处理。

(3)处理态度。在处理偷窃事件时,不要把顾客当作"窃贼",讲话要冷静、自然,尽可能往顾客"弄错"的角度去引导其"购买",不要以"调查"的态度来对待顾客,不要让店内的其他顾客有不愉快的感觉。

(4)误会的处理。如果误会了顾客,应向顾客郑重地表示道歉,并详细说明错误发生的经过,希望能获得顾客的理解,必要时应亲自到顾客家中致歉。

(5)对真正"小偷"的处理。一是将偷拿者送到公安机关接受处理;二是向法院提起民事诉讼,要求偷拿者赔偿。尽管这样做很"麻烦",但只有走合法程序才能实现连锁企业对自身权益的合法保护,因为维权不能以违反法律、伤害他人合法权益为代价。

知识拓展

可疑消费者

(1)衣着宽大不合适的人;(2)走路不自然,略显臃肿的人;(3)拿了商品不加详看就走的人;(4)折叠商品、压缩商品体积的人;(5)东张西望,观察周围环境比挑选商品还细致的人;(6)在卖场内逛了几圈又回到原来位置的人;(7)从商品盒下面打开包装的人;(8)短时间内多次出入卖场的人;(9)购买的东西与其身份和消费层次不相匹配的人;(10)不买商品故意支走超市员工的人;(11)扮成孕妇的人;(12)同时进入卖场又分开者;(13)称完散货后将封口撕开的人;(14)将体积较小商品用钱包或报纸覆盖的人;(15)不将小商品放进购物篮(或购物车)内的人;(16)将随身携带的包裹打开的人。

四、布局、陈列防盗性卖场

统计数据表明,不论是百货商店还是超级市场,开架销售店中最容易丢失的商品种类主要集中在化妆品、洗发用品、香烟、高档酒水、奶粉、小家电、电池、口香糖、巧克力、保健品、服装服饰(如内衣、羊绒衫、裘皮大衣、皮衣等)、CD/VCD 这类价格较高而又方便携带的商品。这类商品的丢失约占到商店损失的 50%~70%。如果把它们有效"保护"起来,会对整个损失的减少有很大帮助。因此,在连锁企业门店的卖场布局与商品陈列设计中,考虑商品防盗的需要,是门店整体设计中值得重视的一个问题。

在采用敞开式销售方式的门店中,防盗性的卖场布局与商品陈列的主要技巧有:①把最容易失窃的商品陈列在门店员工(理货员、促销员、收银员等)视线最常光顾的地方,即使门店员工很忙的时候,也能兼顾照看这些商品,这样会给小偷增加作案的困难,有利于商品的防盗;当然,最容易失窃的商品也不应该放置得离出口处太近,因为出口处人员流动大,门店员工不易发现或区分偷窃者。②可以采取集中的方式,如在大卖场中把一些易丢失、高价格的商品集中到一个相对较小的区域,形成类似"精品间"的购物空间,也是一种很"安全"的商品陈列方式,非常有利于商品的防盗。

不同类型的零售门店,在卖场设计中考虑防盗措施时,应有所不同。

(一)超级市场

对于超市,安装电子防盗系统的必要性不大,可以采取国外广泛使用的防盗镜保护,防盗镜一般安装在超市的各个角落,能让门店员工(理货员、促销员、收银员等)方便地监视整个超市内的情况,再配合安全的商品陈列和门店员工的巡视,一般可以满足其对防盗的需要。

(二)百货商店

在大型的百货商场中,服装类商品在全部商品陈列中要占到很大比例,在卖场的设计中一般均采用敞开式陈列。针对各个地区的失窃情况,建议在失窃率较高的地区,对最易丢失的裘皮大衣、女性内衣、高档西服等商品采用局部封闭的保护方式,以便于安装电子商品防盗系统,确保最佳的防盗效果。如北京的燕莎友谊商场、蓝岛大厦、当代商城,为了在营造良好购物环境的同时把损失降到最小,均对羊绒羊毛制品采用了局部保护方式,在采用敞开式陈列销售的同时安装了先进的声磁电子防盗系统。

(三)专卖店

随着消费者收入水平和消费能力的不断提升,诸如服饰专卖店、保健品专卖店、音像专卖店、3C 产品专卖店、化妆品专卖店、药店等专卖店越来越受到消费者的欢迎。专卖店是失窃案件高发地区,开架销售的专卖店如果不安装电子商品防盗系统,其防盗效果将会大打折扣。由于专卖店一般面积都不大,而且只有一个出入口,所以在卖场设计时需要考虑给电子防盗系统留有位置,这样,不至于因为货架的放置太靠近防盗系统而造成出入口的狭小。在开设新店时如果预先考虑防盗的要求,那么同样的防盗效果、同样的营业面积,需要防盗系统的套数将大大减少,在防盗系统上的投资也会大大减少。

> 知识拓展

生鲜商品损耗的原因及控制对策

一、生鲜商品损耗的原因

1. 生鲜采购过程中的损耗。采购员对生鲜商品的销售规律把握不准或工作不够细心,订货过量,使商品因无法退换或逾期而造成商品损耗;采购员对采购商品的价格、新鲜程度、规格和等级不了解,采购了不符合条件的商品,产生损耗;门店与供应商没形成长期稳定的供销关系,无法对供应商提供的生鲜商品的鲜度及品质掌控,加大了生鲜损耗的风险。

2. 生鲜运输过程中产生的损耗。首先,运输过程中由于生鲜商品受到外部环境中的温度、湿度和微生物等因素影响,在未经特殊处理的情况下,生鲜商品因为水分蒸发而引起重量减小和鲜度下降,甚至腐烂变质,造成损耗。

3. 生鲜加工过程中造成的损耗。①加工过程中由于工具粘连或水分流失等原因造成一部分的损耗,这一损耗属于合理损耗。②员工疏忽大意或操作失误也会造成损耗。例如,员工将糕点不小心掉到地上使商品不能贩卖导致损耗,再如自制面点,由于操作人员面水比例错误或者蒸制时间把握不对等原因影响口感,从而产生滞销最终导致面制品较早打特价或者是报废。③因为生产环境不合格影响商品质量,最终影响销售而导致损耗。如鱼缸中的水长时间不换有可能使鱼死亡,影响销售。

4. 生鲜商品管理不善导致的损耗。①由于保存环境的温度、湿度条件达不到要求造成变质;在储存冷藏、冷冻的生鲜商品时,因设备故障或者设备运转不正常而导致变质;没有遵循"先进先出"的原则使生鲜商品变质腐烂。②生鲜商品陈列时间过长会降低商品的鲜度和品质,会适当调低价格,如调价不及时容易进一步造成商品的损失。

二、控制生鲜商品损耗的对策

1. 控制采购过程中的损耗。制定完善的采购标准,对采购员进行专门的培训,使采购员能充分了解所要采购商品的价格、鲜度、数量、规格和等级,同时针对不同的需求层次采购不同价位、不同质量的商品,避免因滞销而导致损耗;建立统一的生鲜产品采购平台,进行集中采购,这样既可以规范采购流程又可以提高采购的专业化程度;生鲜商品订货时必须由组长级以上的人员来做,采购活动以订单驱动的方式进行,追求"零库存",即预计明日销售多少,就订多少,再加上安全库存减去今日库存即可。

2. 控制运输过程中的损耗。建立生鲜供应链冷链运输系统,建立和完善生鲜商品运输环节专业化操作流程和标准,减少不正确的操作行为所带来的损耗。

3. 控制加工过程中的损耗。建立健全加工标准,所有的加工标准必须通过书面的方式呈现,并培训员工严格按照正确的加工流程;对生鲜商品加工处理时速度要快,使其尽快商品化;生鲜部门人员要定期或不定期检查生鲜商品加工的卫生条件,检查内容包括环境卫生、个人卫生、设备卫生等,防止细菌繁殖,降低商品变质的可能性。

4. 控制管理过程中的损耗。①用冷藏储存、脱氧储存、涂膜储存等方式保存易腐烂变质的生鲜商品,并且在贮存过程中定期检查设备是否正常运行,保持商品冷藏、冷冻状态;加强有限期管理,要求员工遵守"先进先出"和"质差先出"的原则,建立严格的检查和复查制度,每日安排专人检查商品的进货日期与新鲜程度;对快要过期的生鲜商品可以进行二次加工或深加工,提前回收并将其加工成熟食制品、半成品制菜或其他促销赠品,减少浪费,增加品种。②在生鲜区设立温馨提示以及增加巡查人员和监控设备,劝阻消费者的不良购物习惯,遏制偷盗行为;管理人员要做好销售记录与总结,为生鲜商品的订货提供参考,平衡供、存、产、销之间的关系,使损耗在可控范围之内。

案例分析 ▶▶▶

长翅膀的 iPad

精品部主管王某按照店里的要求,对精品部的全部商品进行盘点。按照要求,精品部需要每周日进行盘点。经过事先的库存整理,严格的一盘、二盘、复盘,最终的盘点结果显示,××型 iPad 实际库存比电脑库存少两台。因为责任重大,王某马上组织员工到仓库、货架到处寻找,并重新核对货号,重新点数,到收货部查询收货原始记录、收货报表、查库存更正记录、库存更正报表,最终确定,这两台 iPad 属失窃。原来,精品部仓库没有规范管理,更没有设专职保管人员,人员可以随便进出,领取货品的手续因无人管理,几乎形同虚设,账目不能与实物对应,且进账、销账无人检查,全靠自觉,因此给内盗分子以可乘之机。

思考问题:
1.如何加强对精品库存区的管理?
2.内部员工盗窃商品如何处理?

能力训练

门店防损的现状

一高:防盗与防损概念混淆度高。
三重:重外窃、重人防、重自然损耗。
四轻:轻内盗、轻技防、轻人损、轻边缘损耗。
五缺乏:对门店复合型防损人才缺乏系统培训;对门店损耗的量化指标缺乏一个科学界定;对门店损耗的成因缺乏探查;对门店损耗的发生规律缺乏摸索;对门店损耗的防范模式缺乏研究。

要求:以小组为单位,根据门店防损现状,讨论制定门店防损制度体系及防损措施。

任务三 熟知连锁门店安全事故发生的原因

一家良好的门店除了满足顾客的购物需求之外,还必须给顾客提供一个安全舒适的购物环境,所以有效预防门店的各项安全管理是门店不可推卸的责任。

工作任务

资料

门店安全事故

1. 某电子有限责任公司,在宣传促销保健产品并发放礼品时,发生踩踏事故,导致2人死亡,11人受伤。
2. 媒体曝出某火锅连锁店的严重食品卫生问题,为市场投下一枚重磅炸弹。据报道,记者卧底调查,在三天试工期中,发现其在操作中有许多不规范行为,食品卫生存在诸多问题,甚至有地上敲骨直接扔入汤锅的做法。
3. 有媒体报道某连锁店在制作包子时使用香精,媒体经暗访调查发现,数家打着该招牌的包子店均在店外隐蔽之处制作包子馅料,除卫生条件差外,都"偷偷"使用各种香精。
4. 据国外媒体报道,乔治亚州南部一家麦当劳快餐厅卫生间上周发生二氧化碳泄漏事故,造成一名80岁高龄的妇女死亡,9名顾客患病。
5. 某连锁店发生液化气爆燃事故,致2死22伤。

要求:
1. 门店安全作业的重要性?
2. 如何做能增强门店的安全性?
3. 门店日常发生安全事故的主要原因有哪些?

相关知识

一、连锁门店安全的意义

现代零售企业基本上采取开放式的经营方式,门店卖场是人流聚集的公共场合,经营的商品品种繁多,每日人流量大,且有大量的现金流量,门店经营管理者在安全方面的防范和管理是运营管理的重要内容。要实现安全运营,除了硬件设备的配置必须符合政府相关法令的要求和规范外,卖场还必须制定安全事故处理规范和措施,进行例行的安全检查,增强突发事件处理的应变能力,以防范安全事故的发生。门店安全管理的意义主要体现在:

(一)确保消费者购物的安全

由于零售企业经营形态的演变以及消费者购物习惯的转变,使得连锁门店越来越受到消费者的欢迎,连锁超市、连锁便利店已经成为现代人购物的主要场所,甚至是生活的一部分。特别是在节假日以及每日的顾客购物高峰时段,门店的顾客更是络绎不绝,顾客来源涵盖了几乎所有的年龄层,顾客的购物时间短则十几分钟,长则数小时。从顾客一踏进门店的营业区域开始,门店就必须保障消费者生命财产的安全。

(二)为员工提供安全的工作环境

为员工提供安全的工作环境是门店运营管理的重要内容,门店应该注重为员工营造一个安全以及健康的工作环境,这样不仅员工受益,门店也会从中获益。健康及安全的环境可以减少员工工作上的焦虑和压力,促使其安心工作,进而提高工作效率,改善精神面貌,最终增加门店的盈利。

(三)保障门店的经济利益

发生意外事故以后,门店除了必须面对卖场装潢、设备和商品被损坏所带来的财物损失之外,可能还需要负担起员工以及顾客等众多受害者的庞大赔偿,进而影响到整个连锁企业的声誉。防患于未然,完善的门店安全管理,可以减少意外事故发生的概率,确保人员的生命财产安全,并将门店的财物损失降到最低的程度。

(四)维持良好的社区关系

门店的日常营业活动总会在一定程度上对周围的住户或单位带来影响。例如,连锁门店每日一次或几次进货作业,不仅数量多,而且时间长;来门店购物的顾客出入复杂,很多顾客是开车来的,车辆的进出同样影响到卖场周围的居民、单位或过路的行人。完善的安全作业管理不仅有利于保障门店的正常营业,还可以起到维持良好的社区关系、维护企业良好形象的目的。

二、连锁门店发生安全事故的主要原因

根据一些统计资料显示,门店发生的安全事故中,较多的意外突发事件,往往并不是意外,而是由于门店人为的疏忽。概括起来,门店发生安全事故的主要原因如下:

(一)设备设施维护不当

门店的设备设施,包括各项消防设施、工作器械(补货梯、卸货车、铲车等),应该定期进行保养、检查和更新,以确保良好的使用状态。否则一旦因为设备设施老化、不能正常使用甚至缺失而导致各种安全事故,则不仅会危害公共利益、损害企业经济利益,也往往使得内部员工的工作安全难以保障。

(二)员工缺乏安全常识

企业对安全不重视,对员工的安全培训不到位,往往会导致员工的安全意识匮乏,造成许多安全隐患。如在用电方面,用电量超过负荷、电源使用不当;在工作方面,工作习惯不良,卖场设计和陈设不规范,不按安全要求存放、陈列商品;在意外伤害方面,医护处理不当;在消防设施方面,缺乏使用消防设施的必备常识、不重视消防设施的维护等,这些都可能成为安全事故的导火索。

(三)员工缺乏预见性或警觉性

许多意外事故在发生之前已有先例,或是在造成重大伤害之前已有事故苗头,常常是由于员工缺乏预见性或警觉性,没有及时采取预防对策或是进行改善,最后导致一发不可收拾的局面。例如,对于发生的小火灾掉以轻心,没有及时整改排除隐患,结果再次发生大火灾,造成重大损失;使用各项设备设施时,发现异常或故障时未引起注意、没及时维修而造成顾客或员工的伤害;对于顾客在购物过程中的异常行为或要求未予以重视,从而导致顾客受伤或使店内遭受财物损失;在开展促销活动之前未能对可能出现的客流进行准确的预计并采取相应的防范措施,从而发生顾客践踏事故等。

案例分析

不堪重负的货架层板

某日中午,卖场内人潮如涌,二楼百货部的所有通道挤满了顾客和购物车,各供应商派驻的促销员也在起劲地做商品推销。此时,二楼洗化用品区域挤满顾客,纷纷抢购洗化用品,特别是香皂,天气炎热,消耗量相当大,商场准备了充足的货源,货架上摆得满满的。突然,洗化用品区域传来"轰"的一声,引来一阵惊叫。值班经理马某马上赶到现场,发现香皂撒了一地,购物车都堵塞在通道上,促销员在一旁惊呆了。后来据有关负责人指出:商场二楼楼层的承重指数为 400 kg/m²,按照量贩店的销售需要,二楼必须采用重型货架,但是二楼承重远远达不到要求,所以被迫采用中型货架。结果这种货架在洗化用品区域、文体区域都发生层板被压弯、脱落,导致压坏商品的现象,因此不得不经常更换层板和其他配件。马某赶紧指挥疏导顾客,迅速组织理货员整理商品,更换货架,幸好没有发生人员受伤的情况。

思考问题:
1. 门店在选购设备及商品陈列时应考虑哪些因素?
2. 门店应如何为顾客建立一个安全的购物环境、为员工建立一个安全的工作环境?

能力训练

4~5人一组到大型商场观察,仔细分析商场的安全路线、通道是否畅通?安全管理设施是否有不足之处?对不足之处提出改进意见。

任务四 预防、处理连锁门店安全事故

为保证门店正常运作,店长及所有店内员工必须具备安全管理意识。安全管理涉及门店建筑物、钱财、商品、设备以及员工及顾客人身安全。各项安全管理宗旨是:重在事前预防,事中处理,事后检讨,杜绝隐患。

工作任务

资 料

吉林商业大厦火灾

2010年11月5日上午9点10分,吉林商业大厦起火,楼内外均已浓烟滚滚。起火十多分钟后,消防车赶到现场,却被难住了。原来,商厦北侧是吉林著名的商业街河南街,是一条步行街。为了防止机动车进入,每个路口均有两个用钢筋串在一起的上百斤的石墩"把守",商厦西侧的石墩甚至用水泥筑在地上,无法搬动。光清理这对石墩就用了近二十分钟,然后消防车才得以进入。烟越来越大,奇怪的是,见不到明火。消防人员利用云梯打碎玻璃,寻找受困群众,但坚硬的铝塑板成为营救的障碍。2004年,商业大厦曾进行过一次装修,为了美观镶上了铝塑板和玻璃,把整个楼包裹了起来。消防队员无法进入大厦,起火具体位置难以确定,大厦外墙的铝塑板增大了救援的困难,以致不得不急调两辆钩机对大厦外墙体进行破拆。与此同时,消防队员在空地处支起救生气垫,以防被困人员跳楼。但是当天有三人未跳到救生气垫上,最终不治身亡。11时30分,吉林市共有69辆消防车、360名消防救援人员投入到此次灭火救援工作中,火灾现场救出受困群众91人。一名住在附近的居民回忆,中午过后,满城飞烟,消防警笛声更为密集,此起彼伏,"一辆消防车就拉了二十多趟水"。

11月5日21时53分,燃烧近13个小时后,大火终于被扑灭。据悉,此次大火极有可能是由于一楼的一家商户在装修过程中,因不慎用电导致电路出现故障引发燃烧,从而蔓及全楼。吉林商业大厦一位电工讲,火灾发生后他马上跑到一楼,发现一商户家起火。这位电工证实,该处商家位于自动扶梯附近,此前经营衣帽,后拟改经营内容,当时正在进行装修。尽管事故调查结果还未公布,但从相关人员处了解到:火灾发生前,大厦内逃生通道被改成仓库;窗户被砌死;大厦外被铝塑板包裹阻碍救援;商厦北侧路口砌有石礅消防车无法进入;火灾自动报警系统瘫痪;自动喷水灭火系统管网无水。据负责大厦安全防火的一位工作人员透露,其实大厦早存有火灾隐患。该负责人坦言,商业大厦约有4.2万平方米,承包大厦的大业主就有十七八家,而他们又将摊位分租给其他商户,导致商厦的消防管理很是困难。"安保需要大厦方负责,但消防设备要由各业主购买,然而事实上,各业主对此并不重视,消防投入太少了!"该负责人称:"大厦安保部门近几年一直想组织各承包人联合进行消防演练,但很难,大家积极性不高。"自1990年开业即在此营业的一位商户说:"商厦每年冬春都要停电一天检查线路,火灾发生的半个月前就有人反映过这个问题,却始终没有检修。"

要求:
1. 如要给商业大厦建立安全管理小组,组织结构应如何搭建?
2. 应如何对消防安全进行管理?
3. 门店中还有哪些其他安全管理项目?应如何进行管理?
4. 如何应对门店的突发事件?

相关知识

一、建立安全管理小组

门店的安全除了需要设施和措施外,最重要的要有组织保证。通常的做法是成立安全管理小组,一旦发生突发事件,能够迅速做出应变处理,针对重点进行有效处理,而不至于发生混乱。安全管理小组人员构成如下:

(1)总指挥:一人,由门店店长担任,负责指挥、协调现场的救灾作业,掌握全店员工的动态,并随时将灾害的发展状况及应变的处理作业向上级反映。

(2)副总指挥:一人,由组长担任。负责截断电源,并协助总指挥执行各项任务。

(3)救灾组:负责各种救灾设施和器材的检查、维护与使用,水源的疏导,障碍物的拆除以及灾害抢救等任务。各项消防设施及器材应予以编号,并指定人员负责,以免发生抢用情况。

(4)人员疏散组:立即广播店内危急状况,并迅速打开各安全门和收银通道,协助疏散顾客及指挥避难的方式,同时警戒灾区四周,以防止有人乘机偷窃。

(5)财物抢救组:立即关上收银机,将现款及重要的文件、财物,送到保险柜内并上锁,或带离现场另行保管。

(6)通信报案组:负责对外部以及内外通信联络等任务,报案人员应指定专人负责。

(7)医疗组:负责伤患的抢救以及紧急医护等任务。

以上五组,各设组长一名,由资深且经验丰富的人员担任,负责各组人员的任务调度。

二、连锁门店安全管理主要项目

零售企业的安全管理项目繁多,除了涉及公共安全的范畴外,也涉及连锁企业各门店本身的内部安全管理,包括人员安全及财物安全等方面,归纳起来主要有以下内容:

(一)食品安全管理

食品安全直接影响广大顾客的切身利益。连锁门店必须积极承担起社会责任,加强食品安全管理,为广大消费者提供安全、放心的食品。这直接关系到连锁企业形象,关系到企业自身能否长期生存和发展。现阶段,在国内的各种食品销售渠道中,连锁超市虽然还算是比较安全的,但也存在着不少问题,主要有:

(1)组织结构不够合理。在很多接受调查的超市中,食品安全监管部门都依附于运营或采购部门。由于部门利益的限制,监管力度往往不够,相关制度规定难以得到很好的落实。

(2)相关设施投入不足。例如,必须在冷库中存储的食品,大部分超市未能分门别类,无法避免交叉污染;很多冷藏冷冻食品存放温度达不到食品所需温度;加工食品使用的水只有少数超市能使用蒸馏水或饮用级纯净水,其他大多数都是未经过滤的自来水等。

(3)加盟店食品安全监管力度不够。按照行业惯例,加盟店70%左右的货物可以自行采购,30%左右由超市配送中心统一配送,但目前对前一种情况,食品安全没有有效监管,基本属于失控状态。超市的联营和招商柜组也存在类似问题。

(4)供应商向超市门店直接供货没有保证。由于连锁超市配送中心和各门店的检测能力存在较大差距,一些供货商采用两种标准,对前者的供货能够达到要求,直接送到门店的则没有保证。

(5)现场加工食品原料存在隐患。很多超市为了避免浪费,鱼快死了,菜快蔫了,肉要过期了,统统拿来做熟食。虽然,这些原料还在保质期内,但是理化指标和鲜度都已经下降,存在严重的安全隐患。

(6)价格竞争致使食品质量下降。企业之间的价格战愈演愈烈,采购部门拼命压低进货价格,直接影响了食品质量。物美价廉的烤鸡很多超市都有,调查时发现,有的超市烤鸡原料来自私人小鸡场,价格低至几元一只,质量让人担忧。

(二)卖场陈设安全管理

不安全的卖场陈设可能会导致员工或顾客在工作或购物时发生意外事故,因此需特别注意下列事项:

1.卖场陈设装潢安全

门店经营者为了吸引消费者,往往在装潢上作相当大的投资。但是美观之余,还必须注意其安全。例如,部分卖场喜欢利用玻璃做装饰,但因玻璃制品易碎,除了容易引起伤害之外,还不容易清理干净。货架摆设的位置不当、不稳固或是有突角,可能会导致员工或顾客发生意外事故。在容易被人接触或受到碰撞的位置尽量不要采用玻璃类材料,如果非采用不可,也一定要打磨圆滑,或采用钢化玻璃。

2.商品陈列安全

商品陈列过高或摆放不合理的话,容易因人为碰撞而倒塌或掉落,造成顾客或员工的意外伤害。

3.购物车(篮)安全使用

门店购物车(篮)使用频繁,常会损坏,比如断裂、少轮子等,或有伤人的毛刺存在,造成对顾客安全的威胁,所以要经常进行检查。未及时清理的购物车(篮)散落于卖场,阻塞过道,也是不安全因素,要加强管理。

4.电梯安全

无论是客梯还是货梯,都要进行定期检修,保证良好的运行状态;不使用客梯大批量运送货物,避免造成顾客的不便和意外事故的发生;禁止儿童在电梯上玩耍;自动扶梯外应设置必要的防护网,防止人员坠落;危险处要有警示牌明示,提醒顾客注意,如"请站在电梯中间""带好小孩,禁踩黄线""谨防被夹伤"等。

5.地面安全

地面湿滑时,若未能立即处理,也可能会导致员工或顾客滑倒、受伤。

(三)促销安全管理

各门店在开展各类促销活动时应全力做好以下安全工作:

(1)重大促销活动(涉及促销商品面较广,价格非常惊爆,易造成客流大量增加,或重大节庆庆典等活动)必须提前一周将活动举办时间、活动内容、促销形式、安全管理措施向当地警方和行政部安保防损科报备,尽力争取当地警方的重视和支持。

(2)在举办重大促销活动或庆典前,应重点确保现场安全,落实相关安全责任人和负责区域,安排充足的安全保卫力量(可向当地警方申请警力支持,也可在区域内门店进行防损力量调度)。

(3)在举行促销活动之前,门店必须制定现场保卫和应急疏散预案。

(4)做好各种促销活动的宣传工作,促销内容、促销时间、促销方式以及促销位置应在明显处公示顾客,广告或宣传信息应保持与现场销售一致。

(5)各种惊爆商品促销活动应避免集中摆放,应分散设置促销区域(尽量选择开阔地域),周围避免设置障碍物,各疏散通道保证畅通。

(6)从商场入口到促销区域,人流线路上的电扶梯、道口、楼梯等应设置专人值守,负责人员疏导和安全提示。

(7)惊爆促销区域应安排人员设置好顾客排队的进口和出口,不得重叠和交叉,应利于快速通过。

(8)针对限量销售的惊爆商品可另行提前安排发放票据和凭证,并保证商品销售数量与宣传信息相符,避免集中哄抢。

(9)针对限时销售的惊爆商品,应提前准备好现场销售区域的位置,商品销售数量要准备充足,安排保卫人员到位后进行。

(10)一些零散、需称重的商品应提前包装,称好,利于快速发放。易碎商品应安排专人发放。

(11)促销活动赠品发放和换购商品应避免和销售商品在同一区域进行,应另行安排场地发放(尽可能在收银区和出口以外),同时做好宣传和指引工作。

(12)促销活动期间的每天早晨,门店应提早做好各项准备工作,安排值班店长和防损人员至外场观察客流情况,发现客流人数众多(超过平时客流)并不断快速增加时应提前开门营业。

(13)门店防损人员应在开门前先行到达入口门外,将顾客与入口门隔开一段距离,避免开门时客流一起涌入,发生顾客摔倒、碰撞挤伤或撞击卷帘门、玻璃门。

(14)当客流量大增,电扶梯接近饱和时,应安排人员截流,有其他通道的,引导从其他通道进入。避免因电扶梯超负荷出现故障,或拥挤造成扶梯玻璃损坏扎伤顾客。

(15)促销活动前要检查商场出入口、安全出口、门窗、电扶梯等相关设备设施是否完好,各区域地面是否有积水或不利于疏散的障碍物。

(16)一旦发生顾客受伤事故,应第一时间将伤者带离现场送医院,维持现场秩序,防止意外再次发生。

(四)员工作业管理

员工作业方式不当可能会造成顾客或员工本身的伤害。例如,补货作业不当、大型推车使用不当、卸货作业不当,都可能造成商品掉落、砸伤或压伤顾客和员工,或者导致车辆碰伤顾客和员工。

(五)财产安全防范管理

1.开、闭店的安全管理

大部分门店在非营业时间并未安排人员留守,为了防止窃贼夜间闯入、窃取财物,通常会安装安全防范系统。因此有必要对开、闭店的作业加以规范。例如,开、闭店必须由店长或值班经理在规定的时间进行,负责人员除了必须在记录簿上加以记录并签名外,还必须附有至少两人的证明签名;开店后店长或值班经理应检查正门入口、后门、金库门及所有门窗有无异常、有无被破损的迹象;闭店前应清点现金,检查收银机、金库、店长室,并且上锁;除必需的电力外,其他不必要的电源应关掉,所有的插头应拔起;检查店内每一个角落,包括仓库、作业场、机房、员工休息室、厕所等,防止有人藏匿于店内;做好员工的安全检查,例如,检查员工带离公司的手提袋及物品;闭店前应开启安全防范系统,检查外围保安是否在岗。

2. 钥匙管理

所有钥匙均应有备份,备用钥匙由店长或相关人员妥善保管,未经许可,不得随意使用;金库的保险锁密码由店长或值班经理等核心人员掌握,并严格保密,当核心人员调任离职时,应立即更换保险锁密码,以防止意外事件的发生;所有钥匙均应编号,便于发生安全事故时追查责任;像金库等重要部位,应至少安装两把锁,钥匙由两人分别持有,共同到场才能开启;钥匙上不能注明如"百货库房"之类的字样,尽量使用代码标注;钥匙被持有者丢失,或持有者因各种原因离店或被解雇,必须重新换锁。

3. 金库管理

当店长或值班经理等核心人员调任后,必须立刻将金库密码重新设定;金库门在使用后应随时关上并锁好,店长或值班经理每天上班后、下班前,必须仔细检查金库门有无上锁、有无异常发生,发现问题应立即向上级部门反映。另外,金库为安全重地,除必要人员外,其他无关人员不可随意进入。

4. 防范偷窃

防范偷窃是门店安全管理的重要工作环节。防范的对象除了一般的顾客以外,也不可忽视超市自身的工作人员。

5. 防范抢劫、诈骗

由于门店的现金流量相当大,收银台又邻近于出入口的位置,在现金一进一出的同时,可能会引起歹徒的注意而发生抢劫。除了抢劫门店之外,歹徒也可能会在门店内外抢劫来门店购物的顾客。因此,在门店营业时间逐渐延长的趋势下,有必要对抢劫事件加强防范。

门店的现金多、商品多,加上员工普遍年轻,易成为歹徒诈骗的对象。常见的诈骗手段有使用假钞、使用假票据骗取赠品、商品调包、虚假退换货、声称寄存物品丢失等,对此,同样要有应急处理方案。

(六)消防安全管理

在营业中一旦发生火灾,就会引起混乱,即使是小的火灾事故,也可能会令人们惊慌失措、争先逃生、相互拥挤而造成重大人员伤亡。要加强消防安全管理,门店必须完善消防安全制度,履行消防安全职责。目前,很多门店都制定了有关的消防安全制度,对不同岗位上的人员也确定了职责。门店必须狠抓各项消防安全制度的落实,尤其是对火灾预防及抢救、各项消防安全设备的定期检查和管理、消防水源的定期检查和管理、消防安全的教育及宣传等方面的制度,要加强宣传,责任到人,并对制度执行情况进行检查,形成全员参与消防工作的局面。门店还应认真执行消防安全操作规程,杜绝违章现象。施工前应制订计划,分析其发生火灾的危险性,确定施工时间及范围,并报门店防火负责人批准。门店在营业期间严禁进行电焊、油漆等具有火灾危险性的施工。施工队伍或人员应具有施工资质,无相应岗位资格证的人员不得进行施工操作。有火灾危险性的施工现场应安排一定数量、具有消防经验的人员进行监护,并应配备一定的消防器材。

业务指导

消防预防措施

1. 提示顾客本卖场为"无烟卖场",任何人不得在场内吸烟或使用明火,发现吸烟者,全场员工都有权制止,但要注意礼貌。
2. 产品摆放与堆积不得过高过密,要与照明灯、装饰灯保持一定的距离。
3. 销售易燃品,如白酒、果酒及其他化学品的货架只能适量存放,以便于通风,发现泄漏、挥发或溢出的现象时要立即采取措施,如下架、换货处理等。
4. 仓库应设置明显的防火标识,库存区严禁吸烟和使用明火,人员入库时不得携带私人物品,尤其是火源。
5. 仓库内不得使用60W及以上的白光灯,灯头应安排在通道上方,使用镇流器时,应采取隔热散热措施。
6. 火灾报警器前方、电源开关前方、仓库的主干道、电梯口、楼梯口等不得存放商品和物料。

(七)交通安全管理

随着越来越多的顾客开车来门店购物,门店在不断改善停车条件的同时,也应高度重视顾客及周边行人的交通安全。门店应在交通管理部门的支持下,设置专门的停车场,并根据需要设置隔离栏、减速带、摄像头及各种交通提醒标识。在车流、人流繁忙的地方,应该安排专人进行现场引导、指挥。

(八)停电应急处理

电力是门店必备的营业条件,一旦停电,除了加速低温商品的损坏以外,还会造成安全系统无法正常运行,诱发顾客或员工乘机窃取财物。因此门店管理者必须针对停电,制定一套应急处理程序,以减少相应损失。

能力训练

1. 课堂演说:如果我是门店店长,我将怎么进行安全管理,如何保证员工和顾客的安全。
2. 业余时间组织学生进行消防安全知识和食品安全知识竞赛。

综合案例分析

【案例分析1】

怀疑顾客偷东西,超市应该如何合法处理?

7月17日下午,胡女士与女儿一起到汉口某超市购物,付款后离开时,出口处的警报骤响,胡某即被拦下,一服务员要求胡某拿出身上的物品。为表明清白,胡某按要求拿出身上的东西,重新走过警报装置,警报再次响起。超市工作人员一口咬定胡某拿了德芙巧克力,并对胡某搜身,却没查到任何东西。

胡某受辱后,求助市"12315"法律专线:我的权益如何维护?

"12315"工作人员告知胡某,按《中华人民共和国消费者权益保护法》的规定,经营者不得对消费者进行侮辱、诽谤,不得搜查消费者的身体及其携带的物品。因此,超市工作人员无权私自搜查顾客的身体,在无相关证据下,更无权认定顾客具有偷窃行为。胡某有权要求商家赔礼道歉、赔偿精神损失,并建议胡某先与超市磋商,如果对方拒绝可向消协投诉,若协商达不成一致,可依法起诉。

思考问题:

怀疑顾客偷东西,超市应该如何处理才合法?

【案例分析2】

发放贵宾卡引起的拥挤事件

某商店为庆祝开业,决定向顾客免费发放5 000张可在商店享受九七折优惠的贵宾卡,并刊登了广告进行宣传。在开业当天上午还不到9点时,商店门前就已经聚集了不少人。开业时间一到,人群涌入商店直奔贵宾卡的赠送柜台,开始大家都很守秩序,几分钟后,队伍开始往前涌动,队伍的后面忽然变得混乱起来,人们不停地往前拥挤,大人呼喊声和小孩哭闹声混成一片,现场的秩序一度变得十分混乱。保安员介绍当时的情景说:"当时仅地下一层就有将近1 000人等待领取贵宾卡,队伍乱了以后我们拼命维持着现场秩序,生怕出现伤人的事情。一名保安员站到桌子上大声呼喊,可结果桌子被挤塌了,保安员摔了下来,幸好没有受伤。"

商店管理人员认为,商店事前有较为充分的思想准备,发卡地点分做几处并选在人流稀少的地方,但汹涌的人群还是超过了预计,仅上午发送活动截止时商店实际上就送出了近万张贵宾卡。现场混乱了几分钟后,局面很快得到控制,商店临时决定将原来直接发送贵宾卡改为发放贵宾卡的申请单,并在一定期限内再到商店换取贵宾卡,使拥挤的人群得以较快疏散。

类似上述事件在其他地区也继续上演,有的商店开业将玻璃门挤成两段,有的店庆促销挤伤了人,有的商店门口半夜排起到家居城门口买床垫的长队……虽然商店管理人员事先都做了一定的准备,但仍然没有料到顾客如此踊跃,以至闹出了一些人身伤亡,反而给商店造成了负面影响。

思考问题:

1.你认为造成商店拥挤混乱的原因是什么,如何防止类似现象发生?

2.遇到突发事件应如何解决?保安人员需要具有什么样的能力?

项目九 连锁门店经营绩效评价

项目介绍

连锁企业要永续经营和发展,必须建立经营理念与经营目标,并获得全体员工的共识,团结全员向着目标努力,最终使各个门店达到良好的经营绩效。

学习目标

知识目标:了解绩效评价体系;掌握绩效评估指标;掌握经营指标的分类和计算方法;掌握绩效改善的常用手段;明确影响顾客满意度的因素;熟知顾客满意度调查的方法。

能力目标:能对门店的经营绩效进行分析;能计算门店的经营指标;能够根据经营类型设计顾客满意度调查问卷;能够选用恰当的方法进行顾客满意度调查。

素养目标:培养求真务实的工作态度,提高科学、客观、公正的分析能力;培养团队协作能力;提高解决问题的能力。

任务一 认知连锁门店经营绩效评价体系

连锁门店绩效评价体系是指由一系列与绩效评价相关的评价制度、评价指标体系、评价方法、评价标准以及评价机构等形成的有机整体。连锁门店绩效评价体系的科学性、实用性和可操作性是实现对连锁门店绩效客观、公正评价的前提。

工作任务

资料 ▶▶▶

如何考核门店经营业绩?

影响门店业绩的因素很多,但大多数企业往往"只以结果论英雄",这让很多店长不服气,由此我们经常会听到"某店的地理位置这么好,销售当然没问题。或某店店长经常不在店,却能拿最高年终奖"等。若一家门店新增竞争对手,或多或少会有一定分流;若目标顾客群搬迁,客流必定受影响……若完全不考虑市场、竞争因素,而以最后的销售、利润等指标来考核门店店长,不仅有失公平,也不能真实反映店长的经营管理水平。因此,将绩效考核由绝对的指标结果导向转变为过程监控与结果相结合,不仅能反映管理者的经营能力,也更有利于调动管理者的积极性,营造企业公正、公平、融洽的工作环境和氛围。

要求:
1. 你认为考核门店业绩应考虑的因素有哪些?
2. 你认为评价门店经营业绩还需要考核哪些指标?
3. 如何评价门店业绩才能公正、公平?

相关知识

连锁门店绩效评价体系由顾客满意度、过程评价和财务评价三部分构成。如图 9-1 所示。

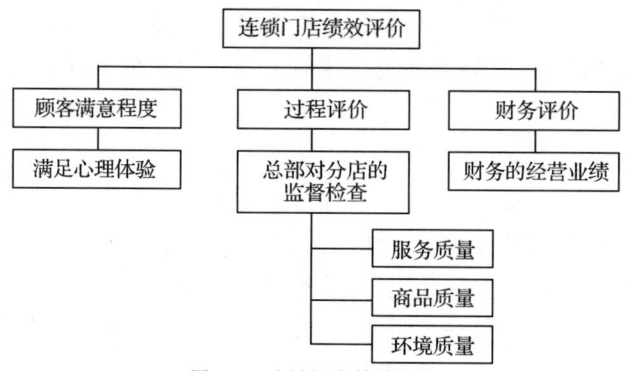

图 9-1　连锁门店绩效评价

一、顾客满意度

顾客满意度是顾客在消费了相应的产品之后感到满足的一种心理体验。顾客对所消费的产品或服务的满意状态和程度称为顾客满意度。顾客满意度是对顾客满意的量化界定方法,表示顾客在每一个满意属性上的深度。从本质上讲,顾客满意度反映的是顾客的一种心理状态,它来源于顾客对企业的某种产品服务消费所产生的感受与自己的期望所进行的对比。也就是说"满意"并不是一个绝对概念,而是一个相对概念。将这种心理体验分化和具体化,得出的这些引起顾客满意或不满意的产品或服务的属性,就是顾客满意度指标。顾客满意度指标是对满意宽度进行界定的指数。企业不能闭门造车,留恋于自己对服务、态度、产品质量、价格等指标是否优化的主观判断上,而应考察所提供的产品服务与顾客期望、要求等吻合的程度。

顾客满意度是一个变动的目标,能够使一个顾客满意的商品,未必会使另外一个顾客满意,能使得顾客在一种情况下满意的商品或服务,在另一种情况下未必能使其满意。只有对不同的顾客群体的满意度因素非常了解,才有可能实现100%的顾客满意。

二、过程评价

过程评价即总部对分店的经营过程的监督检查,包括对服务质量、商品质量及环境质量等的监督检查。连锁门店的过程评价需要解决四个问题:连锁门店的服务是否覆盖了目标人群;顾客是否对门店满意;门店在提供服务时,采用何种手段;门店评价的所有资料是否完备及采用手段的成效如何。

知识拓展

门店经营考核的九项指标

九项综合指标合计100分,按每项指标在周期考核中的重要性设置不同的分值权重,下面进行具体列举。

1. 畅销品管理(20%)

关注项:畅销品缺货率、畅销品库存、畅销品订货、畅销品陈列。

重要性:有利于提升门店对畅销商品的重视和管理;使门店在运营中分清主次,实现工作效率和营运能力的双重提升。

2. 重点商品零库存管理(10%)

关注项:库存数量、零库存商品订货、零库存商品断货天数、零库存商品订单满足率。

重要性:减少销售机会损失,提高销售;降低断货率,最大限度地保证顾客能买到想买的商品。

3. 促销品管理(15%)

关注项:促销执行、促销宣传、促销订货、赠品管理。

重要性:进一步规范门店在促销品管理方面的执行细节;最大限度地保障促销资源的投放和应用。

4. 价格管理(20%)

关注项:负毛利商品、商品采价、商品调价、商品价格、商品标识。

重要性:督促门店加强商品毛利控制;强化价格标识管理,减少价格标识错误及价格纠纷;通过采价、调价,为门店树立较好的价格形象。

5. 自有商品管理(包括自有品牌商品、经销品)(5%)

关注项:商品库存、商品陈列、商品宣传、商品营销、商品交叉比率。

重要性:成本低廉,有效地帮助企业增加和平衡利润;间接避开价格战,与竞争对手形成差异化经营,形成自己特色;获取价格优势,增加门店竞争力;既扩充市场又占领品牌。

6. 前台退货管理(5%)

关注项:正常退货与非正常退货。

重要性：有利于门店逐步完善管理，提高顾客满意度，减少投诉。

7.损耗管理(5%)

关注项：盘点差错率、盘点损耗率、盘点准确率、盘盈50元以上占比率、盘亏50元以上占比率、负库存纠正率。

重要性：提升门店防损意识、防损管理水平；减少员工的差错赔付，对员工队伍的稳定起到积极作用。

8.零销售管理(15%)

关注项：零销售率绝对值、零销售率环比、零销售库存金额比重、零销售商品陈列、零销售商品清理。

重要性：有利于减少门店不必要的工作量，提高员工工作效率；通过零销售相关数据可帮助门店及时清理、改善商品结构。

9.高库存商品管理(5%)

关注项：周转天数、商品库存金额。

重要性：督促门店及时清理高库存商品，避免商品积压，优化仓容、提高资金利用率。

以上九项工作指标的推进并不是一成不变，各企业应根据实际及工作推进的不同阶段，进行相应的调整，特作如下几点说明：

(1)以上九项指标的考核必须是总部营运指标体系、营运督导体系共同完成，否则门店执行力和总部推进的全面性受影响。

(2)企业在推进指标的不同阶段可按考核重要性对权重进行修改。

(3)以上指标的考核不仅是对门店运营质量的客观评价，同时也能追溯到其他环节，如采购对供应商送货的约束等。

(4)门店在执行过程中，不能为做而做，当发现此苗头时总部要及时纠正和引导，需要结合门店整体陈列、清洁、品质等方面而进行综合评价。

(5)以上九项指标的考核主要适用于处于稳定期的门店，当门店突遇状况如遭遇竞争、新店开业等应以方向引导为主。

(6)门店要做好以上九项综合指标，离不开总部各部门的支持，只有在总部的强大支撑下门店的营运水平、经营业绩才能稳步提升。

三、财务评价

财务评价从财务的角度反映了连锁门店总部及分店的经营业绩，是连锁门店总部及分店的主要经营指标的计算方法。财务评价是从分析企业的财务风险入手，评价企业面临的资金风险、经营风险、市场风险、投资风险等因素，从而对企业风险进行信号监测、评价，根据其形成原因及过程，制定切实可行的长短风险控制策略，降低甚至解除风险，使企业健康持续发展。

能力训练

4~5人一组,调查一家连锁门店过程评价指标与执行力度,并提出完善的建议。

任务二 调查连锁门店顾客满意度

顾客满意度无疑是当前很多企业最为关注的问题之一,是和当前的市场环境分不开的,但仍有许多企业只是跟风,赶时髦,流于形式,有的甚至连什么是顾客满意度调查、顾客满意度调查的目的是什么、顾客满意度调查应该调查哪些内容等,这样的问题都还不甚了解。

工作任务

资料

某商场顾客调查问卷

某商场在经营了一段时间以后,想知道顾客对商场的顾客服务的评价如何,设计了以下的顾客满意度调查问卷:

1. 您对商场的了解程度( )。
   A.很了解　　　　　B.知道一点　　　　C.基本不了解
2. 您喜欢商场的各种产品吗?( )
   A.很喜欢　　　　　B.还可以　　　　　C.不喜欢
3. 您对我们的服务满意吗?( )
   A.很满意　　　　　B.一般,有好有坏　　C.不满意,应该改进
4. 以下几项中您认为我们最应该改进的是( )。
   A.产品　　　　　　B.服务　　　　　　C.活动
5. 您的身份是( )。
   A.学生　　　　　　B.在职工作人员　　　C.退休工作人员
6. 您一年在商场消费( )。
   A.1 000元以下　　 B.1 000元~5 000元　C.5 000元以上
7. 您认为商场的信誉度( )。
   A.很好　　　　　　B.一般　　　　　　C.不好
8. 您对商场的了解是通过什么途径?( )
   A.报纸宣传　　　　B.电视宣传　　　　C.网络
9. 您对我们现在的什么产品感兴趣?( )
   A.珠宝首饰　　　　B.服饰　　　　　　C.纪念藏品
10. 您从我商场购买产品的原因是( )。
    A.送给亲友　　　　B.自己需要　　　　C.商业往来
11. 您购买商品时没有选择我商场的原因是( )。

A.价格太贵　　　　　　B.款式过时　　　　　　C.服务一般
12.您希望我们组织的活动中应该出现(　　)。
A.优惠　　　　　　　　B.互动交流　　　　　　C.集体活动
13.您认为我们的工作人员的素质(　　)。
A.很好　　　　　　　　B.一般　　　　　　　　C.很差
14.您在挑选产品时,更注重(　　)。
A.品牌　　　　　　　　B.价格　　　　　　　　C.款式
15.如果我们给您发送短信服务,您会认为(　　)。
A.很方便　　　　　　　B.无所谓　　　　　　　C.很讨厌

要求:
1.你认为这份问卷是否内容齐全?
2.顾客满意度的调查要包括哪些内容?
3.如果采用神秘顾客法调查是否能够取到很好的效果?
4.如果最后的调查服务质量不能令人满意,应如何改进服务质量?

相关知识

一、影响顾客满意度的因素

(一)感知价值

感知价值是顾客权衡感知利得与失利之后的结果,即顾客价值,这是由顾客而非门店决定的。感知利得包括物质因素、服务因素及产品使用相关的技术支持等因素;感知失利则指顾客在购买时所付出的成本,包括购买价格、获取成本、交通、安装、维修费等。

(二)服务质量

服务质量是影响顾客满意度的一个重要因素。服务质量分为三个维度:服务互动质量、服务结果质量和服务环境质量。服务互动质量和服务结果质量对顾客满意度有显著的正影响,而服务环境质量对顾客满意度的影响只是在潜在顾客样本中发现,而在现有顾客中不显著。

(三)服务补救

服务补救是指在企业服务出现失误时做出的一种反应行为,通过这种反应,将服务失误对顾客感知服务质量、顾客满意和员工满意所带来的负面影响减少到最低限度。因此,服务补救是一种事后行为,通过修复和缓解服务过程中的不当行为,消除顾客满意度评价中的负面影响,从而实现总体顾客满意度的提升。

二、顾客满意度的级别

心理学家认为情感体验可以按梯级理论划分为若干层次,相应可以把顾客满意程度分为七个级度或五个级度。七个级度为：很不满意、不满意、不太满意、一般、较满意、满意和很满意。五个级度为：很不满意、不满意、一般、满意和很满意。

管理专家根据心理学的梯级理论对七个级度给出了如下参考指标：

（1）很不满意。很不满意状态是指顾客在消费了某种商品或服务之后感到愤慨、恼羞成怒、难以容忍，不仅企图找机会投诉，而且还会利用一切机会进行反宣传以发泄心中的不快。

表现方式：愤慨、恼怒、投诉、反宣传。

（2）不满意。不满意状态是指顾客在购买或消费某种商品或服务后所产生的气愤、烦恼状态。在这种状态下，顾客尚可勉强忍受，希望通过一定方式进行弥补，在适当的时候，也会进行反宣传，提醒自己的亲朋不要去购买同样的商品或服务。

表现方式：气愤、烦恼。

（3）不太满意。不太满意状态是指顾客在购买或消费某种商品或服务后所产生的抱怨、遗憾状态。在这种状态下，顾客虽心存不满，也不作过高要求。

表现方式：抱怨、遗憾。

（4）一般。一般状态是指顾客在消费某种商品或服务过程中所形成的没有明显情绪的状态。也就是对此既说不上好，也说不上差，还算过得去。

表现方式：无明显正、负情绪。

（5）较满意。较满意状态是指顾客在消费某种商品或服务时所形成的好感、肯定和赞许状态。在这种状态下，顾客内心还算满意，但与更高要求还差之甚远，而与一些更差的情况相比，又令人安慰。

表现方式：好感、肯定、赞许。

（6）满意。满意状态是指顾客在消费了某种商品或服务时产生的称心、赞赏和愉快状态。在这种状态下，顾客不仅对自己的选择予以肯定，还会乐于向亲朋推荐，自己的期望与现实基本相符，找不出大的遗憾所在。

表现方式：称心、赞扬、愉快。

（7）很满意。很满意状态是指顾客在消费某种商品或服务之后形成的激动、满足、感谢状态。在这种状态下，顾客的期望不仅完全达到，没有任何遗憾，而且还可能大大超出了自己的期望。这时顾客不仅为自己的选择而自豪，还会利用一切机会向亲朋宣传、介绍、推荐，希望他人都来消费。

表现方式：激动、满足、感谢。

满意度虽有层次之分，但毕竟界限模糊，从一个层次到另一个层次并没有明显的界限。之所以进行顾客满意度的划分，目的是供企业进行顾客满意程度的评价之用。

三、顾客满意度调查的内容

就顾客满意度调查的内容来说，可分为顾客感受调查和市场地位调查两部分。

顾客感受调查只针对门店自己的顾客，操作简便。主要测量顾客对产品或服务的满意程度，比较门店表现与顾客预期之间的差距，为基本措施的改善提供依据。

市场地位调查涉及所有产品或服务的消费者,对门店形象的考察更有客观性。不仅问及顾客对门店的看法,还问及他们对竞争门店的看法。比起顾客感受调查,市场地位调查不仅能确定整体经营状况的排名,还能考察顾客满意的每一个因素,确定门店和竞争门店间的优劣,以采取措施提高市场份额。

四、顾客满意度调查方法

(一)设立投诉与建议系统

以顾客为中心的企业应当方便顾客传递建议和投诉,设立投诉与建议系统可以收集到顾客的意见和建议。例如,很多餐厅和旅馆都为顾客提供表格以反映他们的意见。医院可以在走廊上设置建议箱,为住院病人提供意见卡,以及聘请专人专门搜集病人的意见。一些以顾客为中心的企业,像宝洁、松下、夏普等都建立了一种称为"顾客热线"的免费电话,从而最大限度地方便顾客咨询、建议或者投诉。这些信息流有助于企业更迅速地解决问题,并为这些企业提供了很多开发新产品的创意。

(二)顾客满意度量表调查

企业不要以为建立了投诉与建议系统,就能全面了解顾客的满意状况。一项在新加坡商场中所做的调查表明,当顾客对劣质服务不满意时,会有以下反应:70%的购物者将到别处购买;39%的人认为去投诉太麻烦;24%的人会告诉其他人不要到提供劣质服务的商店购物;17%的人将写信投诉劣质服务;9%的人会因为劣质服务责备销售人员。上述结果表明,并不是所有不满意的顾客都会去投诉,因此,连锁门店不能用投诉程度来衡量顾客满意度,应该通过开展周期性的调查,获得有关顾客满意度的直接衡量指标。

连锁门店可以通过电话或者信件等方式向购买者询问他们的满意度,在这些询问顾客满意度的测试中,调查问卷或测试量表一般从以下两方面进行设计:一是列出所有可能影响顾客满意度的因素,然后按照重要程度由最重要到最不重要排列,最后选出连锁门店最关心的几个因素,让受访者帮助判断这些因素的重要程度;二是就所要评价的重要因素的满意度让受访者做出评价,一般以五项等级的量表居多,如高度满意、一般满意、无意见、有些不满意、极不满意。这是发现顾客满意与不满意的主要方法,企业可利用这些信息来改进下一阶段的工作。

(三)佯装购物法

佯装购物法是另一种了解顾客满意度的有效方法,即雇用一些人员装作潜在购买者,以报告他们在购买连锁门店及其竞争者产品的过程中所发现的优点和缺陷。这些佯装购物者甚至可以故意找些麻烦以考察企业的销售人员能否将事情处理好。企业不仅应该雇用佯装购物者,而且管理者本人也应该不时地离开办公室,微服出访,到连锁门店及其竞争者那儿从事购物活动,亲自体验一下做顾客的经历。对于管理者来说,还有一种不同寻常的方法:以顾客的身份向自己的门店打电话提出各种问题和抱怨,看看店内职员是如何处理这些问题的。例如,泰康保险就经常打电话给顾客,考查员工有没有对顾客进行劝诱式销售,或代顾客签字。

(四)失去顾客分析

连锁门店应当对停止购买或转向其他供应商的顾客进行询问,了解为什么会发生这种情况。IBM 企业每当失去一个顾客时,就会竭尽全力探讨分析失败的原因:是价格太高,服务有缺陷,还是产品不可靠等。从事"退出调查"和控制"顾客损失率"是十分重要的。因为顾客损失率上升,就表明企业在使顾客满意方面不尽如人意。

(五)"神秘顾客"法

"神秘顾客"(Mystery Customer)是由经过严格培训的调查员,在规定或指定的时间里扮演成顾客,对事先设计的一系列问题逐一进行评估或评定的一种调查方式。由于被检查或被评定的对象,事先无法识别或确认"神秘顾客"的身份,故该调查方式能真实、准确地反映客观存在的实际问题。在一般的神秘顾客访问形式中,通常有如下四种形式:

1."神秘顾客"拨打神秘电话

在这种调查方法中,"神秘顾客"给其连锁门店拨打电话,并根据电话内容评估所接受的服务水平,在实际访问过程中,通常会设计好一些问题或者困难,然后引导被调查者进行作答。

2."神秘顾客"现场采购

在这种调查方法中,"神秘顾客"在被调查的连锁门店进行实际的购买活动,然后把购买过程的感受记录下来,并根据实际印象对其服务水平进行评估。

3."神秘顾客"造访某个连锁门店

在这种调查方法中,"神秘顾客"用事先准备好的手稿或者方案与被调查连锁门店的业务员进行谈话,然后把感受服务的过程记录下来,并根据印象对其服务水平进行评估。实际上,这种方法并不包括真正的购买行为。

4."神秘顾客"与被访问者进行技术或者有关产品知识方面的交流

在这种调查方法中,"神秘顾客"会就某一个重大购买事件与被调查者进行技术或者销售方面的充分沟通与交流,然后把感受服务的过程记录下来,并根据印象对其服务水平进行评估,例如,购车或者购房等。

"神秘顾客"访问的核心特点之一就是没有一定之规,灵活多变,不易让被检测对象发现,更容易反映真实情况,这也是在市场调查领域应用日益广泛的关键原因。

上述对顾客满意度的调查方法说到底是搜集有关信息,为此,企业必须付出代价,精心设计自己的信息系统。一般来讲,取得信息的渠道有正式和非正式两种,正式渠道主要是公开、程序化的渠道,如顾客投诉系统、顾客满意度调查等;非正式信息渠道是非公开的、隐蔽的信息渠道,如佯装购物法、微服出访、在顾客中安排"眼线"和"卧底"等。正式信息渠道的优点是程序化,缺点是太慢,另外由于面子、情感等因素的作用,顾客有些不满不便表达。非正式渠道的优点是快速,能得到来自顾客的最隐秘的信息,缺点是非程序化,存在将个别顾客意见普遍化倾向。连锁门店管理者要灵活驾驭这两条渠道,以非正式渠道弥补正式渠道的不足。

课堂阅读

麦当劳与百胜公司的"神秘顾客"策略

麦当劳在全世界主要的市场都有被称为"神秘顾客"的项目,中国也同样。这项活动旨在从普通顾客的角度来考核麦当劳餐厅的食品品质、清洁度及服务品质的整体表现。神秘顾客项目帮助麦当劳管理者和餐厅经理设立对表现杰出员工的鼓励及奖励机制。一些市场的反馈显示这些奖励机制对于鼓舞员工士气及对员工的工作表现非常有益。这种神秘顾客制度只能是公司绩效考核制度的一个补充,并要让员工熟悉神秘顾客制度的考核细则。企业文化部也要做好员工的思想工作,让他们知道这一制度不是挑员工的错,而是要做到有奖有罚、赏罚分明,引导好的企业行为,对表现好的员工予以奖励。这样员工才能真正接受这种制度。公司在操作神秘顾客制度的过程中,一定要保证考核制度的客观与神秘顾客的主观相分离。

百胜餐饮集团中国事业部隶属于在美国纽约证券交易所挂牌上市的百胜全球餐饮集团,是中国最大的餐饮集团。自1987年旗下肯德基率先来到中国,百胜集团一直都在努力探索,把最贴心的服务回馈给广大中国消费者。而支持百胜集团在中国事业乃至全球事业的,是其对终端门店的管理,其核心被称为"冠军计划"。"冠军计划"有非常详尽和可操作性极强的细节,要求在世界各地每一处餐厅的每一位员工都严格地执行统一规范的操作,为顾客提供干净整洁的店面环境、稳定的服务质量和产品质量。这不仅是行为规范,而且是百胜公司的战略,是百胜集团数十年在餐饮服务经营上的经验结晶。那如何保证三个品牌餐厅从店面到服务员素质、从采购到食品出售、从清洁卫生到顾客关怀都具有统一优质的标准,百胜集团的方法正是"神秘顾客"调查!

五、顾客满意度调查流程

(一)确定调查的内容

开展顾客满意度调查研究,必须首先识别顾客和顾客的需求结构,明确开展顾客满意度调查的内容。不同的门店、不同的商品结构拥有不同的顾客。不同群体的顾客,其需求结构的侧重点是不相同的,例如,有的侧重于价格,有的侧重于服务等。

(二)量化和权重顾客满意度指标

顾客满意度调查的本质是一个定量分析的过程,即用数字去反映顾客对测量对象的属性的态度,因此需要对调查项目指标进行量化。顾客满意度调查了解的是顾客对产品、服务或门店的态度,即满足状态等级,一般采用七级态度等级:很满意、满意、较满意、一般、不太满意、不满意和很不满意,相应赋值为 7、6、5、4、3、2、1。

对不同的产品与服务而言,相同的指标对顾客满意度的影响程度是不同的。例如,售后服务对耐用消费品而言是一个非常重要的因素,但是对于快速消费品则恰恰相反。因此,相同的指标在不同指标体系中的权重是完全不同的,只有赋予不同的因素以适当的权重,才能客观真实地反映出顾客满意度。

权重的确定建议采用台尔斐法,邀请一定数量的有关专家分别对调查的每一项内容赋予权重,并请他们将各自的权重结果发送给调查者,调查者将综合后的结果再返还给专家,他们利用这一信息赋予新一轮的权重,如此往返几次,一直到取得稳定的权重结果。最终,各项顾客满意度指标得分结果的计算公式为:得分=加权平均值。

(三)明确调查的方法

目前通常采用的方法主要包括三种:

1.问卷调查

这是一种最常用的顾客满意度数据收集方式。问卷中包含很多问题,需要被调查者根据预设的表格选择该问题的相应答案,顾客从自身利益出发来评估门店的服务质量、顾客服务工作和顾客满意水平。同时也允许被调查者以开放的方式回答问题,从而能够更详细地掌握他们的想法。

2.二手资料收集

二手资料大都通过公开发行刊物、网络、调查公司获得,资料的详细程度和资料的有用程度方面可能存在缺陷,但是它毕竟可以作为我们深度调查前的一种重要的参考。

3.访谈研究

访谈包括内部访谈、深度访谈和焦点访谈。内部访谈是对二手资料的确认和对二手资料的重要补充。通过内部访谈,可以了解门店经营者对所要进行的项目的大致想法,同时内部访谈也是发现门店问题的最佳途径。深度访谈是为了弥补问卷调查存在的不足,有必要时实施的典型用户深度访谈。深度访谈是针对某一论点进行一对一的交谈,在交谈过程中提出一系列探究性问题,用以探知被访问者对某事的看法,或做出某种行为的原因。一般在实施访谈之前应设计好一个详细的讨论提纲,讨论的问题要具有普遍性。焦点访谈是为了更周全地设计问卷或者为了配合深度访谈,可以采用焦点访谈的方式获取信息。焦点访谈就是一名经过门店训练过的访谈员引导8~12名顾客对某一主题或观念进行深入的讨论。焦点访谈通常避免采用直截了当的问题,而是以间接的提问激发与会者自发的讨论,可以激发与会者的灵感,让其在一个"感觉安全"的环境下畅所欲言,从中发现重要的信息。

(四)选择调查的对象

对于大多数门店来说,要进行顾客的全部的总体调查是非常困难的,也是不必要的,应该进行科学的随机抽样调查。在抽样方法的选择上,为保证样本具有一定的代表性,可以按照顾客的种类分类进行随机抽样。在样本的大小确定上,为获得较完整的信息,必须要保证样本足够大,但同时兼顾到调查的费用和时间的限制。

(五)顾客满意度数据的收集

顾客满意度数据的收集可以是书面或口头的问卷、电话或面对面的访谈,若有网站,也可以进行网上顾客满意度调查。调查中通常包含很多问题或陈述,需要被调查者根据预设的表格选择问题后面的相应答案,有时候调查时让被调查者以开放的方式回答,从而能够获取更详细的资料。能够掌握关于顾客满意水平的有价值信息。调查法使顾客从自身利益出发来评估企业的服务质量、顾客服务工作和顾客满意水平。

(六)科学分析

现在许多门店进行顾客满意度调查后,只简单地根据自己门店制定的测量和计算方法,计算一下平均值比较即结束了。其实如果我们进一步选用合适的分析工具和方法,顾客满意度测量结果可以给我们提供许多有用的信息。

针对顾客满意度调查结果分析,常用的方法有:方差分析法、休哈特控制图、双样本T检验、过程能力直方图和Pareto图等。因此为了客观地反映顾客满意度,企业必须确定、收集和分析适当的顾客满意度数据并运用科学有效的统计分析方法,以证实质量管理体系的适宜性和有效性,并评价在何处可以持续改进。顾客满意度数据的分析将提供以下有关方面的信息:

(1)顾客满意。
(2)与服务要求的符合性。
(3)过程和服务的特性及趋势,包括采取预防措施的机会。
(4)持续改进和提高产品或服务的过程与结果。
(5)不断识别顾客,分析顾客需求变化情况。

门店应建立健全分析系统,将更多的顾客资料输入到数据库中,不断采集顾客的有关信息,并验证和更新顾客信息,删除过时信息。同时,还要运用科学的方法,分析顾客发生变化的状况和趋势。研究顾客消费行为有何变化,寻找其变化的规律,为提高顾客满意度和忠诚度打好基础。

(七)改进计划和执行

在对收集的顾客满意度信息进行科学分析后,门店就应该立刻检查自身的工作流程,在"以顾客为关注焦点"的原则下开展自查和自纠,找出不符合顾客满意管理的流程,制订改进方案,并组织员工实行,以达到顾客的满意。

六、顾客满意度调查注意事项

(一)精心设计问卷

很多人认为任何人都能做问卷,这种想法大错特错,如果问卷设计得不科学,调查题目带有强烈的暗示性或情绪性,内容丢三落四,会使被询问顾客不知所云,或不用思考就能猜出选择什么。不科学的问卷设计,会使顾客满意度调查偏离真实的结果。

(二)不要指望出现顾客"百分百满意"

很难想象所有的被调查者一致对每个问题给予"非常满意"的答复。顾客在市场上的选择,信息的流通,期望值的不断提升,都决定了企业必须不断推出新举措,满足新期望。而满意度调查的设计也要不断改进,真正了解顾客的完整想法与感觉。

(三)影响顾客满意度因素的权重不同

一个企业的资源有限,不可能将任何影响顾客满意度的问题全部立刻解决,通常应当分出轻重缓急,在一段时间内重点解决那些影响重大的问题。

(四)顾客满意度高并不一定表明忠诚度也高

只有对自己购买和使用的产品满意,愿意一直使用或再次购买,而且推荐给自己的朋友,才是忠诚顾客。顾客的忠诚与否与行业的竞争强度大小有关。一般情况下,电信业就是一个低满意度而高忠诚度的领域,而电脑、汽车行业就是相对高满意度而低忠诚度的领域。

(五)期望值影响顾客的满意度

有的时候某些顾客表现出比较满意,并不一定是因为企业的表现优异,而是顾客没有经历过优质服务,没有比较过。例如,首次乘坐航班的旅客将飞机上的服务与火车上的服务相比较,大多会觉得非常满意。但乘客享受过多家航空公司的服务后,会有个横向的比较,就会提出不满意的地方。随着经济的发展与信息的流通,各地的顾客期望值都会不断上升。

(六)不要忘记"多走一步"的重要性

在设计问卷时不要仅限于常见的服务内容,同时应有开放式的问题,不要忘记咨询顾客重视而门店没有想到的情况。

(七)满意度调查后必须有改进行动

做顾客满意度调查不是形式,要有后续反应,除了企业内部需要制定改进举措外,还应当给被调查者足够的反馈,至少要对参与顾客表示感谢。门店要积极鼓励顾客提出意见,并且根据顾客的改进措施,做出相应的调整。

课堂阅读

顾客满意度调查理解误区

1.对顾客满意度调查缺乏正确的认识

进行顾客满意度调查工作,要本着科学认真的态度,但也不是高不可攀。我国目前已经有一些机构或个人从事顾客满意度调查,我们不否认有的顾客满意度调查做得很好。但是,对顾客满意度调查我国仍存在两种看法,一种是认为顾客满意度调查很容易做,另一种是认为顾客满意度调查很难做。认为顾客满意度调查很容易做的许多人,实际上并不能采取科学认真的态度来做,致使调查结果没有可信度,甚至对行业、企业和消费者产生误导作用。认为顾客满意度调查很难做的许多人,他们只看到顾客满意度调查需要大量的人、物、财力,调查的科学组织很难,因此消极对待。这两种看法都是片面的,都阻碍了顾客满意度调查在大范围进行和发挥其重要作用。

2.企业没有引起足够的重视

许多企业表现在理论上是很重视的,每天都在喊着"一切为了消费者的利益"和"顾客是企业的衣食父母"等口号,但在实际上却欺骗顾客、坑害顾客,根本不把顾客的想法放在心上。顾客满意度调查更是不能排上企业的工作日程,许多企业从主观上和客观上都不想开展这项工作,也没有开展这项工作。长期来看,这会毁坏企业的根基,影响企业的发展,危及企业的生存。在中国已经加入WTO的今天,绝不是危言耸听。

    3.测量因素选择不合适,测量方法有待改进

    企业在进行顾客满意度测量时,是根据自认为对顾客重要的标准来评估,而不是顾客的想法和感受。一些高级主管和客户服务专家足不出户,用他们的个人经验来定位测量顾客满意度的因素,例如,是否及时回复电话,是否准时发货等。他们并没有意识到,顾客对他们的评判还有其他因素,与企业系统地发展起来的高质量服务关系不大。对于企业所测量和评估的内容,特别是企业的日常业务,顾客会不以为意,这是因为顾客认为企业的工作本应该这么做。如果企业在顾客满意度调查中,长此以往将会麻痹自己,导致自己的工作没有任何改进,同样顾客也会形成这种观念,这容易导致顾客最终背叛他的企业。

案例分析

如何提高顾客满意度

    1.问候顾客就像问候自己的客人。沃迪·阿伦曾说,顾客光临生意就有80%的成功。客人来家做客时,我们会即时问候他们。一个顾客等了30秒,会觉得已经等了3分钟,即时友好的问候能让顾客在陌生的环境中放松心情。

    2.真诚地赞美。人人都喜欢听到别人真诚的赞美,花几秒钟对顾客说一些称赞的话,能有效地增加与顾客的情谊。

    3.用名字或姓氏称呼。在适当的时候,向顾客做自我介绍,并询问他们的名字。假如不便,可从信用卡、预订单或其他证件上获得顾客的名字。但也不要过于亲密,通常称"×先生、×小姐"比较保险,如果人们喜欢被直呼其名,便会告知。

    4.学会用眼神与顾客交流。在无法大声说话的情况下,你可以用眼神来交流,告诉顾客有关你愿意为他服务的信息。建议采用10秒钟规则。即使你在忙于招待另外一个人,也要在10秒钟内用眼神与顾客交流。你不必打断与顾客正在进行的服务。只是暂停一下和瞥一眼就能抓住新顾客,而大大减少顾客被冷落而引起的投诉与不满。

    5.说"请"和"谢谢"。要建立与顾客的密切关系和获取顾客的忠诚,"请"和"谢谢"是重要的词语,容易说并且值得我们重复。

    6.多听顾客的意见并经常问"我该怎么做"。很少有人能真正听得进别人的批评,听批评这种技巧提供了最好的超越期望值的机会,听取他人的意见很重要,因为一些好的想法源于他人对你的批评,要成为好的听众,首先要培养易于接受批评的态度及听取意见的方法。首先要判断人们所讲的内容,而不是计较他们说话的方式;要沉住气,在顾客没有讲完之前,不要马上做出判断;学会保持目光接触,学会听取别人的意见;防止干扰,始终将顾客作为你注意的中心;让顾客阐明情况,这样就能完全明白他们的需求。不要表现出敌意,要真诚地问问题。重要的是获取顾客的信息反馈,从而更好地评估他们的期望值。

    7.微笑必不可少。面带微笑,这个表情告诉顾客,他们来对了地方,并且处在友好的环境里。

    8.欣赏他人及人与人之间的多样性。在日常服务接待工作中,多数顾客在接触中都是令人愉快的,也有一小部分人是爱找麻烦的。每个人都有独特的个性。要学会接受这种差异,要知道只要我们善待顾客,定会让他们感到友好。

思考问题:
1. 以上的顾客服务技巧对你有哪些启发?
2. 除了热情周到的服务外,你还有哪些提高顾客满意度的途径?

能力训练

4~6人一组,选择一家连锁门店,自己设计问卷并展开调查,了解该店的顾客满意程度,并对收回的问卷进行分析,提出提高顾客满意度的措施。

任务三 熟知连锁门店运营绩效财务评价

财务绩效评价指标之间具有内在的校验关系,运用评价指标,对照行业评价标准,可以进一步评判企业的盈利能力,综合反映企业的经营成果,并通过对评价结果的进一步剖析,分析企业财务管理水平、诊断财务风险、揭示经营管理问题,从而促进企业财务监督工作的深化,提高财务监督水平。门店运营绩效的指标可以分为收益性评价指标、效率性评价指标和发展性评价指标。

工作任务

资料

沃尔玛的财务策略

《财富》杂志公布的世界500强排行榜中,美国零售大王沃尔玛公司曾以3 511.39亿美元的年营业收入跃居榜首。有关人士分析认为,沃尔玛利用快快收钱、慢慢付款的财务策略,获得了丰厚的营运资金,提升了企业竞争力。

会计学认为,衡量企业是否有足够的能力支付短期负债,经常使用的指标是流动比率。流动比率的定义是:流动比率＝流动资产÷流动负债。流动比率显示企业利用流动资产偿付流动负债的能力,比率越高,表示流动负债受偿的可能性越高,短期债权人越有保障。一般而言,流动比率不小于1,是财务分析师对企业风险忍耐的底线。多年以来,沃尔玛的流动比率保持在2.4左右,现在已经下降到0.9,但这不代表沃尔玛的流动资产不足以偿付流动负债。

据了解,消费者在沃尔玛超市用信用卡购买商品2~3天之后,信用卡公司就必须支付沃尔玛现金。但对于供货商而言,沃尔玛维持一般商业交易最快30天付款的传统。这种快快收钱,慢慢付款办法,为公司带来了丰厚的营运资金。由于现金来源充裕且管理得当,沃尔玛不必保留大量现金,并且能在快速增长的条件下,控制应收账款与存货的增加速度。

沃尔玛与供应商的关系,也有值得借鉴的地方。沃尔玛不仅不收取供应商的任何进场费,而且还带动供应商改进产品工艺,降低劳动力成本,甚至分享沃尔玛的信息系统。这种良好的亲商形象,伴随着其供应链体系的日趋成熟,越来越显示其价值。

要求：

1. 试分析本案例中沃尔玛的经营谋略从哪几方面提高了经营绩效？
2. 在本案例中，衡量沃尔玛超市经营发展的指标有哪些？

相关知识

一、收益性评价指标

收益性评价指标反映连锁门店的获利能力。评估的主要指标有营业额达成率、毛利率、营业费用率、净利额达成率、净利率、总资产报酬率和净值报酬率等。收益性指标的计算大都来自损益表，只有净值报酬率、总资产报酬率的计算要用到资产负债表里的净值、总资本。

（一）营业额达成率

营业额达成率是指连锁企业各个门店的实际营业额与目标营业额的比率。其计算公式为

$$营业额达成率 = (实际营业额 / 目标营业额) \times 100\%$$

连锁门店整体营业额达成率需进行评估，各部门其他营业额达成率的评估也不可缺少。

一般来说，营业额达成率的参考指标为100%~110%才符合标准，若高于110%或低于100%，都要查找原因。

（二）毛利率

毛利率是指毛利额与营业额的比率，反映的是连锁门店的基本获利能力。其计算公式为

$$毛利率 = (毛利额 / 营业额) \times 100\%$$

毛利率的参考标准为15%~20%。连锁门店的毛利率要达到18%以上才符合标准，最少也要16%，否则不太容易达到损益平衡。各商品类别的毛利率并不相同，一般来说，生鲜的毛利率较高，平均20%以上；一般食品、糖果、饼干的毛利率较低，平均不到18%；而烟酒及米的毛利率最低约为8%。

（三）营业费用率

营业费用率是连锁门店营业费用与营业额的比率。它反映的是每一元营业额所包含的营业费用支出。其计算公式为

$$营业费用率 = (营业费用 / 营业额) \times 100\%$$

该项指标越低，说明营业过程中的费用支出越少，门店的管理效率越高，获利水平越高。营业费用率的参考标准是15%左右。连锁门店的营业费用率应在18%以下，一般为15%~18%。占营业费用中最大比率的是人件费用，人件费用包括员工的工资、加班费、劳保费及伙食津贴。其计算公式为

$$人件费用率 = (人件费用 / 营业额) \times 100\%$$

一般来说,连锁门店的人件费用率要控制在10%以下,最好是在6%左右。

(四) 净利额达成率

净利额达成率是连锁门店税前实际净利额与税前目标净利额的比率。它反映了门店的实际获利程度。其计算公式为

$$净利额达成率=(税前实际净利额/税前目标净利额)\times 100\%$$

净利额达成率的参考标准是100%以上。所有员工要有强烈的意识来达成净利额目标。

(五) 净利率

净利率是指连锁门店税前实际净利与营业额的比率。它反映的是门店的实际获利能力。其计算公式为

$$净利率=(税前实际净利/营业额)\times 100\%$$

净利率的参考标准是2%以上。

(六) 总资产报酬率

总资产报酬率是指税后净利润与总资产的比率,表示投入资产产生的报酬率,用来评价经营当局的经营绩效、测评总资产的获利能力。其计算公式为

$$总资产报酬率=(税后净利润/总资产)\times 100\%$$

总资产报酬率的参考标准是20%以上。

(七) 净值报酬率

净值就是股东权益,净值报酬率是税后净利与净值的比率。它表示经营当局的经营绩效及理财绩效。其计算公式为

$$净值报酬率=(税后净利/净值)\times 100\%$$

二、效率性评价指标

效率性评价指标主要用于衡量连锁门店的生产力水平。在效率性评价中,总资产周转率、固定资产周转率的计算是来自资产负债表和损益表;商品周转率的计算来自商品周转率统计表;损益平衡点的计算来自损益表;单位面积效率、人均生产率的计算来自营业效率统计表。

(一) 盈亏平衡点

盈亏平衡点又称零利润点、保本点、盈亏临界点、损益分歧点、收益转折点,是指连锁门店实现盈亏平衡时的营业额。其计算公式为

$$盈亏平衡点时的营业额=固定费用/(毛利率-变动费用率)$$

以盈亏平衡点为界限,当销售收入高于盈亏平衡点时企业盈利,反之,企业就亏损。盈亏平衡点可以用销售量来表示,即盈亏平衡点的销售量;也可以用销售额来表示,即盈亏平衡点的销售额。毛利率越高,营业费用越低,则盈亏平衡点越低。一般情况下,盈亏平衡点越低,表示该门店盈利就越高。

(二) 经营安全率

经营安全率是指连锁门店的实际销售额减盈亏平衡点销售额的差与实际销售额的比率,它反映的是各门店的经营安全程度。其计算公式为

$$经营安全率=(实际销售额-盈亏平衡点销售额)/实际销售额×100\%$$

经营安全率数值越大,反映该门店的经营状况越好。一般来说,经营安全率在30%以上为良好;25%～30%为较好;15%～25%为不太好;10%～15%为不好,应保持警惕;10%以下则为危险。

经营安全率分为资金安全率和盈亏平衡点安全率。根据两个比率的不同集合情况,可以了解企业的经营现状,并寻求企业财务状况的改善方向。一般说来,当两个安全率指标均大于0时,企业经营状况良好,可适当采取扩张策略;当资金安全率大于0,而盈亏平衡点安全率小于0时,表示企业财务状况良好,但营销能力不足,应加强营销管理,增加企业创造利润的能力;当企业盈亏平衡点安全率大于0,而资金安全率小于0时,表明企业财务状况已露出险兆,应积极创造自有资金,开源节流,改善财务结构;当企业的两个安全率指标均小于0时,则表明企业的经营已经陷入危机境地,随时有爆发财务危机的可能。

(三) 商品周转率

商品周转率是商品从入库到售出所经过的时间和效率,表示为连锁门店的销售额与平均库存的比率。

衡量商品周转水平的最主要指标是周转次数和周转天数。

(1) 周转次数指一年中,库存(配送中心和门店)能够周转的次数,计算公式为

$$周转次数=销售额/平均库存$$
$$平均库存=(期初库存+期末库存)/2$$

(2) 周转天数表示库存周转一次所需的天数,计算公式为

$$周转天数=365/周转次数。$$
$$商品周转率=商品出库总和/平均库存数$$

商品周转率越高,表明商品的销售情况越好,该项指标的参考标准在30次/年以上。

(四) 交叉比率

交叉比率是指毛利率与商品周转率的乘积。它反映的是连锁门店在一定时间内的获利水平,其计算公式为

$$交叉比率=毛利率×商品周转率$$

商品除了要有合理的毛利率外,还要有较高的周转率。如果毛利率高而周转率低,则获利水平有限。因此,交叉比率越高,表示越是利润所在;交叉比率越低,表示越不是利润所在。该项指标越高,门店的获利能力就越强。

(五) 每平方米销售额

每平方米销售额是连锁企业各个门店的销售额与卖场面积的比率。它反映的是卖场的有效利用程度,其计算公式为

$$每平方米销售额=销售额/卖场面积$$

不同类的商品所占的面积、销售单价、周转率不同,其每平方米销售额也不同。例如,一般情况下,烟酒、畜产品、水产品的周转率较高,单价高,所占面积小,因此每平方米销售额也高;而一般食品的每平方米销售额则较低。

(六)人均劳效

人均劳效即人均劳动效率的简称,代表了一个企业、团队的劳动力程度。人均劳效是指连锁门店的销售额与员工人数的比值。它反映的是门店的劳动效率,其计算公式为

$$人均劳效 = 销售额/员工人数$$

一般的,大企业的劳动效率高,人均劳效高;小企业则相反。门店的人员越少,销售额越高,则人均劳效也越高,劳动效率也就越高。

(七)劳动分配率

劳动分配率指员工的人工费用与毛利额的比率,它反映的是人工费用对盈利的贡献程度,其计算公式为

$$劳动分配率 = (人工费用/毛利额) \times 100\%$$

公式中的人工费用包括员工的工资、奖金、加班费、劳保费及伙食津贴等。该项指标越低,表明员工的劳动效率越高,人工费用对盈利的贡献程度越高。劳动分配率的参考标准是在50%以下。

(八)总资产周转率

总资产周转率是指连锁企业的年销售额与总资产的比值。它反映的是连锁企业的总资产利用程度,其计算公式为

$$总资产周转率 = 年销售额/总资产$$

该指标越高,说明总资产的利用程度越好。一般来说,总资产周转率的参考标准为2次/年以上。

(九)固定资产周转率

固定资产周转率是指连锁企业的年销售额与固定资产的比值,它反映的是连锁企业的固定资产利用的效果,其计算公式为

$$固定资产周转率 = 年销售额/固定资产$$

该项指标越高,表明固定资产的使用效果越好,一般情况下,固定资产周转率的参考标准为4次/年以上。

业务指导

经营目标的制定

某连锁店,前期固定投资额15万元,月摊销额为2 500元。总部按统一零售价的55%供货,该店平均毛利率为45%,预计正常营业时月平均营业额8万元,月固定用度25 000元,变动用度率1%。其经营目标设定如下:

1. 投资回收期测算

(1) 月利润额 = 80 000 × 45% − (25 000 + 80 000 × 1%) = 10 200(元)

(2)月收益额＝10 200＋2 500＝12 700(元)
(3)投资回收期＝150 000÷12 700＝11.8(月)≈12(月)

2.制定投资回收期目标

根据本地情况，假设该店开业的保本过渡期为3个月，上述测算的投资回收期即为15个月。假如认定15个月的投资回收期，需要经由努力才可以达到，就可以将其定为目标，那么月营业额目标和月利润目标就按上述测算数，分别为8万元和1.02万元。假如通过分析，认定还有较大的潜力，可以把回收期目标缩短为13个月，那么可以根据13个月投资回收期目标，来计算制定月利润目标和月营业额目标。

3.根据投资回收期目标计算月目标利润额

月目标利润额＝150 000÷(13－3)－2 500＝12 500(元)

4.根据月目标利润额计算月目标营业额

(1)月目标营业额＝(25 000＋12 500)÷(45%－1%)＝85 227(元)
(2)月保本营业额＝25 000÷(45%－1%)＝56 818(元)

据上述计算结果，可得知该店保本营业额为5.68万元，并制定出经营目标：月营业额8.52万元、月利润1.25万元、投资回收期13个月。

三、发展性评价指标

发展性评价指标主要是指连锁门店的成长速度。发展性的评价主要是营业额增长率、开店速度、营业利润增长率、卖场面积增长率。

(一)营业额增长率

营业额增长率是指门店的本期营业额同上期相比的变化情况。它反映的是门店的营业发展水平。

$$营业额增长率＝(本期营业额/上期营业额－1)×100\%$$

一般来说，营业额增长率应该高于经济增长率，理想的参考标准是高于经济增长率的两倍以上。

(二)开店速度

开店速度是指连锁企业本期门店数与上期门店数相比的增长情况。它反映的是连锁企业连锁化经营的发展速度。

$$开店速度＝(本期门店数/上期门店数－1)×100\%$$

以连锁超市为例，超级市场在一般情况下，其连锁经营应在3年内达到基本规模。每月开业一家门店为快速开店，每2～3个月开业一家门店为一般开店速度。在确定开店速度时，一定要注意与本企业连锁化经营制度的建立、人才培养、后勤支援能力等相适应，否则，连锁化经营快速发展的风险是很大的。

(三)营业利润增长率

营业利润增长率是指门店本期营业利润与上期营业利润相比的变化情况。它反映的是连锁门店获利能力的变化水平。

营业利润增长率=(本期营业利润/上期营业利润-1)×100%

营业利润增长率至少应大于0,最好高于营业额增长率,因为这表示门店本期的获利水平比上期好。

(四)卖场面积增长率

卖场面积增长率是指连锁企业本期卖场面积与上期卖场面积相比的变化情况。

卖场面积增长率=(本期卖场面积/上期卖场面积-1)×100%

一般来说,卖场面积增长率至少应该大于0,最好低于营业额增长率,这表明营业额的增加高于卖场面积的增加,这样单位面积营业额才会增加。

案例分析

A连锁企业有各类门店数十家,以总店为例,有效流转商品达1万种,日均营业额80万左右。在分析商品构成问题时,发现平均5 000个单品实现了50万元左右的销售额。该地另一家B企业门店却出现了一个相反的现象:10%左右的商品实现了90%以上的销售额。

思考问题:

1. 上述案例,体现了哪些门店经营绩效评价的指标?
2. 这两家门店的商品构成有问题吗?如何进行自我诊断?

能力训练

4~5人一组讨论:怎样才能有效地实现门店所确立的各项指标?

任务四 改善连锁门店财务安全性

门店如果投资大,获利率不高,经营不善,就会导致巨大亏损。因此,门店必须保证有充足的自有资本。如果只想靠现金付款,或开长期支票,或靠借款来获取资金,对门店经营而言则存在相当的风险。因此门店还应该采用其他对策来改善其安全性。

工作任务

资料

加强坪效增加单店盈利

单体店铺的经营中,内部营业系统梳理是增进店面盈利的一项重要方式,除了员工培训与营销推广外,做好店面坪效优化也是经营者必须做好的工作。

坪效指的是单店营业面积内每平方面积上每天所创造的销售额,以公式来换算,如营业面积为100平方米,当天营业额为20 000元,则换算公式为:20 000元÷100平方米=200元;200元就是每平方面积的销售额。

留意一下,如果我们将平均坪效的销售额提高到220元,就意味着每平方米面积内增加了10%的销售额,所以说增加坪效也是立竿见影的提升店铺盈利的方式;

增强坪效有以下几种方法:

一、重新检查柜台商品,提高无边际商品淘汰率

很多店铺货架中,无边际(负毛利)产品占据了很大的陈列台面,这类商品的存在严重影响了正常商品的出货周转率,同时由于商品结构老化会减少顾客购物兴趣,就会导致所在坪效的低下,继而影响整个店面的销售情况,针对此类产品,要实行高淘汰率,使其不影响坪效的利润,增强顾客消费兴趣与信心。

对于边际产品,要根据顾客选购消费心理做好陈列展示,增加购物指示说明等,引导顾客消费,使每个单位面积都能产生销售回报。

二、合理利用供应商,增加营业外收入

店铺货架上端的墙面与部分空白墙面,可以作为一个营业外的收入来源,经营者完全可以与供应商进行洽谈,将部分闲置区域出租给供应商,为其做形象与产品广告,增加店铺每月的盈利收入。

三、检查店内,创造新的坪效

经营实体店中,很多店内都会或多或少地浪费一些营业面积,有的是作为休闲区,有的是在功能区划分上造成的空闲面积过大,经营者应该重新检查归整店面营业面积,减少无效的坪数,尽可能地使其转化为能产生效益的有效坪数。举例来说,休闲区的沙发与茶几上,都可以摆放一些随机产品来进行销售。在合理利用坪效上,我们可以向国内的KA店学习,货架两端、收银台等位置都摆满了产品来增加坪效,无形中就会增加整个店面的销售额。

增加产品货架陈列也是改进坪效的办法,可以通过动线的整顿,将货架陈列合理规划,使动线设计与坪效提升结合,再配合陈列区域内的营业氛围布置,增加有效坪效。

四、增加创益项目,多种经营增加利润

单体店铺以创造利润为主,在不影响主体经营的前提下,可适当考虑在合适的面积上增加其他经营项目,以多元化品种来增加整个店面的有效坪数。

例如,某特色饮品连锁店,在其下属加盟店空闲的柜台增加了当地的土特产展示售卖,平均每年为其带来了近五百万元的销售收入,完全有效地加强了坪效的利润机能。

经营者在整顿坪效或进行动线设计时,一定要对产品的利润贡献率进行详细核算,根据产品的利润贡献进行内部产品线梳理,以确保店内的有效坪效数目,全面增加销售额。

要求:

1.你认为坪效增加,销售额是否会取得显著的增加?

2.你认为还有哪些方法可以增加销售额,从而增加利润?

相关知识

一、改善收益

收益的常用关系式有：

$$净收益 = 营业利润 + 营业收入 - 营业外支出$$
$$毛利 = 营业额 - 进货成本 - 损耗$$
$$营业利益 = 毛利 - 销售费用及一般管理费用$$

由以上可知，改善收益的方法除了促进营业额的增长外，还有其他几种方法：

（一）降低进货成本

其主要方法有：

(1)通过集中采购或者与供应厂商议价的方式，降低商品的采购成本；

(2)直接引进，直接从国外进口也是一个比较好的方法；

(3)开发附加值高的有特色的产品，或者随市场行情调整商品结构等其他比较有效的方法。

（二）减少损耗

减少损耗主要针对这样几个环节：首先对商品采购、价格制定、进货验收、卖场演示、变价作业、退货作业、收银作业、仓储管理、商品结构等流程处理不当而引起的损耗进行处理；其次对生鲜品的技术处理、运送作业、品质管理、陈列量、商品结构的不恰当管理导致的损耗进行处理；再次对由于设备质量较差造成的商品损失也应及时处理。除此之外，财务中出现的诸如传票漏记、计算错误，顾客偷窃、员工偷窃，不当折价、高价低卖等其他管理不当造成的损失都是管理者需要注意的。

（三）减少销售费用及一般管理费用的支出

降低占门店大部分费用的人事费、折旧费、租金及电力费用等销售费用及一般管理费用的支出。首先，应提高人员效率以降低人事费，即将 EOS、POS 系统导入卖场，使作业流程计算机化，妥善安排营运计划，有效运用兼职人员节省人力、物力，简化管理部门；其次可以在不影响价格的前提下，减少投资以降低折旧费；此外导入专柜也可以分担部分租金；装备节电设备，可以节省电力费用；严格控制费用预算以减少其他额外费用也是一种直接有效的方法。

（四）增加营业外收入

门店常从这样几个方面增加营业外收入：如引进专柜、收取租金，或收取新品上架费等。由于引进新品上货架，必须以淘汰某项旧品下货架为前提，加上新品上货架通常也会增加门店的一些事务性工作，因此，一些门店对于厂商要进入连锁体系销售的新品收取上架费也是合理的。其次门店可以将店内墙壁、柱子出租给厂商或广告商，在不影响整体美观的情况下收取看板广告费；或者与商品供应商协商，在商品销售量或年度营业额达到某一水平时,收取不同比率的年度折扣。此外门店也可以在新开店、周年庆、节庆、平常促销向厂商收取广告赞助费。

(五)减少营业外支出

营业外支出主要指利息支出以及较少发生的投资损失、财产交易损失。所以谨慎做好投资评估,可以减少投资损失等导致的营业外支出。

二、改善销售

销售状况的改善有以下一些常用的方法。

(一)寻找优质商圈

首先分析该地区的消费者密度、顾客等级、发展潜力、收入水平以及消费能力,其次考察此地的道路设施、人口流量、交易网、交通线、停车方便性、交通安全性等交通条件。而后对本地区的竞争企业以及竞争力进行充分调查、比较、分析。

(二)商品力的提升

商品力主要表现为商品结构、品项齐全度、品质新鲜度、商品特色及差异化、价格竞争性等。

(三)销售力的强化

一般门店通过卖场演出或促销活动来强化销售力,其中卖场演出的具体形式还包括陈列的商品具有美感、量感、价值感,气氛热闹,叫卖,试吃等。

(四)提升人员效率

提升人员效率,首先要考虑人员效率及劳动分配率两个影响因素。换言之,提升效率需要对人员的素质和数量给予合理的重视。质量方面表现为制定各阶层、各部门人员的从业资格条件,并据此选人;制定奖励办法,有计划地培育人才,创造良好、易执行的工作环境,充分发挥员工的潜能。数量方面表现为制定各部门标准人员编制,严格控制员工人数,简化事务流程,使用简便、高效设备,训练并培养员工的第二专长、第三专长,使不同部门人员可相互支援,妥善运用兼职;同时宜采用连锁经营,各店的作业可在本部集中。

能力训练

4～6人一组,调查本地某大型门店,了解该门店有哪些经营绩效评估指标,针对经营绩效评估指标分析其经营现状并提出改善对策,每组要求提交小论文一篇。

综合案例分析

通过提高客单价提升门店销售额

门店收入=客单量×客单价。以这个公式为基础,如果你发现门店的收入不断地下降时,而又只能在提高客单量和客单价之间选择其一来作为整改措施,你会选哪项?

然而大部分的商家都是选择客单量,理由是有客单量,才会产生客单价。如果没有什么客流,客单价再高也没有什么用啊?但问题接着就出来了,你提高客单量是非常容易操作的,随便找些价格敏感度高的单品做特价和快讯就可以了,比方说鸡蛋2毛钱一个,猪肉8元一斤,还怕没有客流吗?但是这些手段你能用,竞争对手也能用。而且店长是有毛利指标考核的,这样操作之后的毛利指标绝对过不了考核关。所以我们不能指望靠这些低门槛、滥手段把客户拉回来,选择用什么方法来提高客单价呢?在这个时候我们只能苦练"内功",那么又如何苦练"内功"呢?

1. 抓住目标消费群的调研

对目标消费群的生活水平、月总收入、月平均生活支出、购物习惯和规律等做出详细的调查并予以分析。这也是我们的基本功,因为我们所有的工作都是为了顾客而做的。

2. 调整门店属性

包括对布局、客动线设计、商品定价策略、商品结构、商品陈列、促销活动、顾客服务、生鲜经验管理、氛围等这些方面进行调整。基于从这方面来提高客单价主要有两个目的:一是能提高来店顾客购买商品的单价;二是可增加来店顾客单次购买商品的单品数。

3. 拉好单品链和价格带

以定价来提高品单价已经是行业共识,但是我们还可以按照价格带来直接拉开单品链,然后在每个小分类中根据单品链的多少来导入高价高值单品数。

4. 主推高价高值商品来提高客单价

只要我们稍微注意一下大流通品牌,就可以发现他们的促销商品大部分都是集中在大包装、大规格的单品或者就是捆绑销售的商品,其实这些都是提高客单价的方法。还有就是好的货架位置、端架、堆头要尽量分配给高价高值高利的单品。

5. 提高来店顾客购买商品的单品数

上面我曾提到过靠拉单品链来把品单价提高从而提高客单价,虽然这种方法能够起到一定的作用,但是如果长期下去就可能导致来客数的减少。所以我们还得在顾客购买的单品数上面来想办法。如果你是一家每天来客数有2 000的门店,只要每个顾客多买2~3个单品,就等于每天又增加了几百甚至上千的客单数。具体操作是例如买商品送购物券活动、捆绑销售、买二送一等。

6. 用关联陈列来提高客单价

这是提高客单价的核心方法。它是根据商品之间的相互关联性和顾客的消费特点而进行的一种组合陈列。假如一个女性顾客进入门店,最初只想买些小银鱼、卤豆腐、瓜子等之类的休闲小吃,但是在选择的过程看见了饮料、水、纸巾,觉得吃了这些东西会辣,然后还要擦下嘴巴,于是顺手就买了一些,这样客单价是不是就可以提高了?所以我们应该尽量把一些相关联的商品陈列在一起,比如说面包架上陈列水、奶,粮油旁边陈列些调味盒,洗衣粉和沐浴露放在一块等。

综上所述,对目标消费群的调查是我们必须做的基础工作,门店属性的调整是经营管理的方向,拉好单品链和价格带是门店商品管理的手段,而商品的关联陈列是核心的技术方法。只要我们能够踏踏实实地把各项工作做细并执行到位,我相信离提升销售额的距离就不远了。

思考问题:

1.你认为通过采取这些措施消费客单价能得到有效提升吗?

2.你认为要大幅度提高门店消费客单价的措施还有哪些?

项目十

走近连锁门店店长

项目介绍

连锁企业门店店长是门店的最高负责人,店长作业化管理的质量好坏将直接影响到整个门店的营运效率。店长作业管理的重点是人、财、物和现代商业企业所需要的信息。他必须有效地利用和管理门店的人、财、物及信息资源,做好日常销售服务工作,最大限度地使顾客满意,最终实现预定销售计划和利润目标。

学习目标

知识目标:明确门店店长的作用与工作职责;了解店长应具备的资质;掌握店长作业化管理流程和作业管理重点。

能力目标:能根据门店实际情况制定作业流程;能对作业流程进行分析;能不断改进提高作业管理水平。

素养目标:培养开拓进取的精神和终身学习的职业习惯,形成与行业、企业共同发展的职业观,合理规划职业生涯;培养责任意识、诚实守信的工作态度及团队协作精神;提高创造性解决问题的能力。

任务一　分析连锁门店店长的角色和素质

随着连锁企业的快速扩张,这个经营实体如何良性发展以及如何在商业大潮竞争中立于不败之地,店长在其中扮演着一个举足轻重的角色。店长作为门店经营管理的核心领导者,无疑是唱主角的,是体现总部经营管理意图和维系终端顾客关系的重要实施者和保障者,其专业水平和综合素质的高低直接影响店铺能否真正步入专业化和规范化轨道,直接影响其所在门店的销售业绩和竞争能力。

工作任务

资料

店长心得

店长是一个门店的灵魂、是领头羊,店长的工作能力及领导能力直接影响整个门店的业绩。店长就是一个店的管理者。

我对自己的角色是这样认识的:一个店就像一个家,店长就是这个家的家长。家长要操心这个家的所有问题,人员、货品、卫生、陈列……方方面面都要照顾到,任何一个小的细节考虑不到,就有可能给销售带来不良的影响。

店长应该是一名优秀的导演,店面是一个表演的舞台,店堂内的硬件设施就是布景和道具,而公司一年四季不断变化的货品构成了故事的素材。店长要把这些素材组织成吸引人的故事,讲给每一位光顾的客人,故事讲得好不好,客人爱不爱听,全凭店长的组织、策划和安排。

无论哪种说法,都表明了一个观点,那就是店长是一个店的领导者,是产品文化信息传递的纽带,是公司销售政策的执行者和具体操作者;是企业产品的代言人,是店铺的核心。

店长需要站在经营者的立场上,综合地、科学地分析店铺运营情况,全力贯彻执行公司的经营方针。执行公司的品牌策略,全力发挥店长的职能。

作为一个店长,不能定位为促销员或领班,店长的心态就是老板的心态,如何培养这种心态,这跟公司的文化、体制有很大关系,这是管理艺术。

作为店长个人,既要有强烈的责任感、过硬的专业素质、出色的管理能力,还要有坚强的性格与较好的心理素质。

要求:

1. 根据以上店长心得,你认为一个连锁门店的店长在门店管理中担任了哪些角色?
2. 一个连锁门店的店长担负这么多的责任,他应该具备哪些能力?

相关知识

一、连锁门店店长的角色定位

微课
我是谁?谈店长的角色定位

连锁门店店长只有认清自己的角色定位,才能明确工作范围和职责所在,以便充分发挥才能。

店长角色有以下几种:

(一)代表者

店长是企业利益的忠实代表,以维护和争取企业利益的最大化为最重要的使命,以企业代表的身份和顾客、供应商及终端业务员直接接触。

店长是顾客利益最优秀的维护者,没有对客户利益的最好维护,就不会有企业的最大利益;店长是员工利益和需要的代言人,只有对员工利益和需要的良好把握和维护,才能确保企业利益和顾客利益的实现。

(二)经营者

店长应按照企业运营方针,对门店经营的各项数据以及市场走势进行准确的分析。店长代表老板、代表员工、代表品牌,是一店之主,是灵魂人物。店长要明确目标业绩,在满足顾客需求的同时创造一定的经营利润,并在职权范围内对各项工作做出正确的决策。

(三)管理者

店长管理店内各项事务,管理店内的各项营业活动并管理好门店实现预定的营业目标。对于相关业务或突发事件果断地作出决定。

(四)执行者

为确保为顾客提供稳定而优良的服务,确保零售管理平台的有序和高效,店长必须对公司的政策、工作方针、经营标准、管理规范、经营目标和任务忠实地执行。店长将公司的方针、计划、目标等,正确及时地传达给店员,这并不是简单地将方针政策复制之后传给大家,而是要把下达的方针政策分解成行为,责任到人。如果执行力不足会影响工作的进度或者直接影响到企业的利益。

(五)信息传达者

店长一方面要及时地将总部的经营方针、计划目标准确地传达给下级,另一方面要把员工的思想行为以及对企业的看法传达到总部,达到企业与一线员工沟通彻底、分享及时。

(六)协调者

所谓协调就是要将一切相关的资源通过沟通和有效的方法引导到完成既定的工作目标点。店长应具备处理店面运营中所涉及的各种问题的能力与技巧,解决和协调店内顾客、员工间出现的各种问题,使工作场所和工作秩序保持顺畅。协调分为内部协调和外部协调,内部协调指与上下级的沟通,如与员工、总部之间的协调;外部协调指与顾客的销售沟通、售后服务、投诉处理等,如与顾客、当地政府以及各种社会关系的协调等。店长在上情下达、下情上传和内外沟通的过程中,应表现得体,技巧相宜,以协调好各种关系。店长应全力处理店面所涉及的各类问题,成为问题的终结者。

在发生问题时,店长应以最快的速度调整解决问题,维护企业利益。店长作为协调者处理一些日常问题,也是对企业或门店的一种形象维护和宣传。

(七)保管者

店长保管着店内的所有资产不受损失,节约成本,保全无形资产,减少资产的浪费与流失。当好保管者是对店长责任心的考验。

(八)承担者

作为一店之长,要勇于承担责任,对上级提出的批评应虚心接受。店面的人、财、物、信息、知识产品的安全和保密工作,店长都应承担管理责任。

(九)培训者

员工的业务水平高低关系到门店经营的好坏,而员工70%的专业技能来自自己的直线上司,所以店长应让自己成为一个集专家和典范于一身的优秀团队教练,不仅要时时充实自己的实务经验及相关技能,更要不断地对所属员工进行岗位训练,提升员工整体素质,激励店员努力做好营业工作,为门店创造最大的效益。店长主要可通过早会、分享会、夕会等方式,培养优秀的员工队伍。

(十)指挥者

店长是"卖场"和"后场"营运的总指挥,负责安排好各部门、班次人员工作,执行计划,实现销售目标。作为卖场的指挥官,店长除了有效地分解目标、分配工作、指导员工以外,还要严格按照公司的营运计划,将最好的商品以最佳的陈列和最好的服务,呈现给消费者,以刺激顾客的购买欲望,提升销售业绩,实现门店的销售目标。

(十一)控制者

店长对门店的营运要素和流程要担起控制的责任。例如,人员、商品、现金、信息、促销等。店长既是门店业绩的把握者、经营目标的过程掌控者,也是门店各种费用,如人力成本、水电物料等的有效控制者,同时还是商品、信息、现金等方面工作的有效监控者。

(十二)分析者

店长要善于收集门店营运管理的相关信息,对其进行分析,并向总部汇报,以利于总部采取适当的应对措施。店长是费用、成本、毛利、销量、存货周转率、存货占用资金收益率、储存成本、缺货成本、利润、人均产能、店面平方产能、年离职率等销售数据和经营管理数据的掌握者和分析者,强烈的数据意识有利于管理细节的把握和对经营目标的关注,更有利于科学的决策。

(十三)激励者

真正的领导者是能给别人带来快乐、激励甚至帮助别人实现梦想的人。店长应时刻注意激励下属和员工的责任心、使命感和进取心,使之保持良好的工作心态、坚守卓越的工作品质。一名优秀的、有威信的店长,对下属的员工也要懂得大礼不辞小让,不仅在言行举止方面使自己有一定的影响力,同时也要提升自己的感召力、凝聚力和亲和力,使自己成为员工效仿的对象,让店员以归属的心理围绕在你身边,心甘情愿地接受以店长为核心的组织。

业务指导

店长怎样提高自身的执行力?

1.接受任务不走样。
(1)能体会上级意图。
(2)学会以复述的方式保证不走样。
复述三要点:
其一,不要假装听懂,没听懂没关系,问清楚再做。多向上级提问题提想法,反而说明你有想法;但如果没问清楚就做或凭一知半解就做,是肯定执行不到位的。

其二,在领导传达某项决策意向或工作时,用笔记录任务要点。

其三,及时向上级确认,如有疏漏或有理解错误的地方请上级做出补充。

2.四大方式提高执行力。

(1)拿不准的事情,问好再做。

(2)第一次做的事情,想好再做。

(3)再次做的事情,固化、优化后再做。固化就是总结上次做这类事情的时候,好的地方是什么,再做的时候继续保留;优化,就是指上次做的时候有什么缺点和不足,下次做的时候改进和避免。只有这样才能一次比一次做得更好,而不是低效率重复。

(4)多方面要求的事情,沟通协调后再做。

3.拒绝"推、拖、空、漏"。

(1)绝不推诿。

(2)绝不拖拉。

(3)绝不空浮。

(4)绝不遗漏。

二、连锁门店店长的素质要求

连锁门店店长是一种具有特殊性质的管理者,他拥有的是范围宽广的职务,既是门店的全面负责者,但又不是一个具有各方面决定权的决策者,因此,店长这一特殊职务必须具备的素质条件如下:

(一)身体方面

门店店长不仅能承受得住长期疲劳的考验,还要能够承受满负荷的紧张工作所带来的压力。

(二)品格方面

一个好的管理者其品质主要包括德、品行、人格作风等,优秀的品格会给领导者带来巨大的影响力。俗话说"榜样的力量是无穷的",好的品格可以成为模范,能使下属对领导者产生敬重感,从而吸引下属模仿。因此,品格是门店店长最基本的素质要求,是能力的基础,店长必须注意品格与修养。

(三)性格方面

(1)有积极的性格:从不会想到要躲避困难。

(2)有忍耐力:有活力地进行正常活动工作。

(3)有开朗的性格:用明朗的笑容开始一天的工作。

(4)有包容心:虽然对同事、部下的失败或错误要教育和批评,但是店长不可常常挂在嘴边。

(四)学识方面

学识与才能是紧密联系在一起的。学识是才能的基础,才能是知识的实践表现。一个人学识的高低,主要表现为其自身对客观世界认识的程度。学识是一个人最宝贵的财富,它本身就是一种力量。主要包含以下几个方面:

(1)具有关于连锁经营企业的历史、制度组织、理念的知识。

(2)掌握计算及理解门店内统计数值的知识。

(3)具有关于门店的计划决策方法的知识。

(4)具备洞察市场消费动向的能力和知识。

(5)具备销售管理等方面的知识。

(6)具有关于教育方法和技术的知识。

(7)掌握零售行业相关法律知识。

(8)具备关于零售企业经营技术及管理技术的知识。

(9)具备关于零售企业的变化及发展趋势的知识。

(五)技能方面

(1)拥有良好的商品销售技能。

(2)具有切实执行的能力。

(3)具备良好的处理人际关系的能力。

(4)具有自我成长的能力。

(5)拥有指导下属的能力。

(6)必须具备连锁企业门店管理的四种基本能力:人事组织能力、沟通能力、专卖店规划能力、信息分析能力。

案例分析 ▶▶▶

难题

元旦过后,客户张先生向店里订了一批年货,打算好好地犒赏他的员工。由于他是店里的常客,关系相当好,当场就把钱付清了,并约定10天后来取货。

那段时间正好是门店的销售旺季,店里的商品供不应求,就这样,张先生所订的商品发生了缺货,到了约定取货的一天,还是有几种商品凑不齐应交的数量。当天张先生一早就到店里,要将他所订购的商品运回公司。店里值班长很不好意思地告诉他,他所订的商品中有几样缺货,问他是否可以改用其他商品代替。张先生顿时勃然大怒,直说:"如此信任你们,为什么不事先通知。"由于值班长没有处理这类事情的经验,不能立刻让张先生获得满意的答案,于是火爆的场面一直僵持不下,值班长只好打电话向店长求救。

店长立即赶到店里,表明自己的身份,并且希望能以同类商品代替,让张先生顺利将商品带回去。虽然那些商品价格都比张先生原来所订的要高,但店长还是以原来所订的那种商品价格给他。由于店长的态度诚恳,再加上处理很果断、迅速,马上就把东西配齐。张先生终于不再坚持。

思考问题:

1.该案例中店长起了什么作用?

2.作为一名店长,应具备什么样的能力?

能力训练

选择几种不同业态的门店,了解门店店长的工作职责和管理内容,比较有哪些异同点。

任务二　熟知连锁门店店长的岗位职责与工作流程

作为一个有责任心的店长,对于每天的工作细节都要留心,包括员工仪表、店面库存盘点、产品销售和包装、货品陈列、安排生产、账务核查、店面安全防火等。

工作任务

资料 ▶▶▶

店长的岗位与权力

一般说来,经营小的店铺主要依靠企业内部发达的物流和信息系统支持,而大店铺则更依赖人力资源,特别是店长的作用。因此,以大卖场为主要业务的家乐福非常重视对店长的选拔和管理。家乐福在严格管理的同时,也赋予各个分店店长足够的权限。其独特的店长权限体制使得家乐福提高了应对竞争对手的灵活性。家乐福认为,只有门店的经营者最了解该地区的消费者,货架上该上什么商品最清楚,知道如何使自己门店的商品、经营特色更贴近消费者。因此,家乐福在不改变其整体风格的基础上,把以前集中在总部的权力下放到了各分店,赋予各店长足够多的权力,如商品组合结构的决定权、价格变动权、产品促销权等。

家乐福店长主要有以下几大方面的权力和责任:

1.采购权。家乐福采用的是部分采购权形式。家乐福设置一个统一采购部门,该部门负责统一采购,同时,各个分店掌握一定的有关采购的其他权力。例如,中国家乐福门店的采购权全部集中在上海总部的商品部,各分店的店长并没有采购权,各个分店中也没有采购部门。但是分店有谈判的权力,家乐福的每个店长可以决定各自的"上架费"(由供应商提供的上架费用)、促销费以及某种商品在货架上的存放时间。所以,家乐福在采购上比其他中央集权制的竞争对手更具有灵活性。

2.负责保证顾客满意。家乐福的各分店店长要对家乐福的顾客全权负责,也对如何实施一系列维护顾客满意度的政策具有决定权。例如,店长可以针对顾客满意度开设800热线;可以在每天早晨召开一级主管的晨会,探讨如何增加顾客的满意度;可以经常召开顾客圆桌会议,了解顾客是否满意;还可以针对顾客是否满意展开市场调查等。

3.决定分店的资产政策。家乐福分店的资产决策主要由店长把握。例如,店长可以决定分店的一般花销,只有大额的如几十万元的花费才需要由上级审批。店长要具体了解店内资产的损害程度,每年年底给区域总经理做年度资产投资的预算。

4.决定人事系统。在人事上,家乐福各分店店长所起的作用是决定性的,他对于自己属下的各部门处长、科长有绝对的任免权。虽然分店中每个部门在家乐福区域分部和总部都有相对应的上级部门,但这些上级部门无权决定店内下级的去留,任何人事变动必须通过店长。因此,店长必须控制好人事成本,控制好每个分店人员每小时的效益,并使管理层的流动率保持在5‰以下。

5.决定商品定价。家乐福各分店店长可以决定他所在门店的商品价格,这最能体现家乐福店长的权力。

这样在赋予分店店长权力的同时,店长和管理人员的经营指标责任也非常细化地落实了。不仅极大地减少了人事管理的成本,减少了不必要的管理机构;而且,由于给予了店长充分的权力,有效激发了店长的工作热情。同时,一旦分店运营过程中遇到特殊情况,这种店长负责的制度还有利于店长及时采取灵活的应对措施。

要求:

1.根据上面的资料,你认为一个连锁门店的店长作用有哪些?

2.一个连锁门店店长拥有这么多的权力和责任,他应该具备哪些素质才能保证用好这些权力,担起这些责任?

3.门店店长作业化管理的重点是什么?

相关知识

一、连锁门店店长的岗位职责

连锁门店店长的具体岗位职责主要包括:

(1)制定经营目标与方针,主要是商品的促销计划、商品的定位和商品的组合、费用目标和利润目标等。

(2)依据经营方针和目标来制订门店的各个时段的计划,如日计划、周计划、月计划,并负责其贯彻、落实。

(3)制定门店的各项规章制度并负责其贯彻、执行。

(4)维持店内整齐生动的陈列和清洁舒适的购物环境。

(5)监督检查各部门服务人员的日常工作情况,维持门店良好的顾客服务水平。

(6)对门店员工进行业绩评估和岗位教育与培训,并向公司总部直属主管提供晋升建议,为公司的发展培训运营人才。

(7)对销售情况做好分析、总结、预测工作,采取相应的经营对策,维持门店良好的销售业绩、毛利业绩。

(8)审阅各种报表、单据、文稿。

(9)负责门店的人员、商品、设备、现金、账务、安全等管理工作,使店铺业务能正常运行。

(10)沟通门店和公司总部的关系,维护与供应商的关系。

(11)迅速处理门店发生的各种紧急突发事件,如火灾、水灾、停电、抢劫、盗窃等。

二、连锁门店店长的工作流程

连锁门店长工作流程分日流程、周流程、月流程和年流程。连锁门店店长必须在有限的时间内把握住门店营运与管理的重点,严格执行工作流程。

(一)日流程

1. 营业开始前

(1)检查当班人员签到情况。
(2)自我检查、检查当班人员仪容仪表:工作服的整齐着装/胸牌的正确佩戴。
(3)分配、安排人员进行卫生的打扫、货架的整理。分配完工作后,检查电话线、传真机、POS机、音响、照明灯工作是否正常;检查收银区的准备情况,如小票、塑料袋、会员卡、促销品等是否准备好。
(4)查看库存,查看是否还有未审核的单据。
(5)检查店员的卫生完成情况和货架整理情况,提出不足之处并要求其进行改善。
(6)组织晨会的召开。
①检查人员到班情况。
②传达公司文件:包括通知、促销活动操作方法、其他情况。
③宣布昨日营业额、进店顾客达成率、今日营业指标。
④分配今日人员的工作项目与主要职责。
⑤对店员进行相关的工作安排及讲解。

2. 营业期间

(1)记录当天晨会日志。
(2)时刻检查货架上有无空缺商品,提醒店员及时补上。
(3)监督促销活动应用及实行。
①关注促销活动的进展,提醒店员及时向顾客做好宣传介绍。
②促销商品的摆放醒目,价格标牌的摆放醒目。
③促销商品及时补货上架。
(4)处理营业中顾客投诉。
①端正自己的心态,认真听取投诉情况。
②不与顾客抵触,始终保持微笑并认真讲解。
③不要轻易向顾客做出承诺。
(5)对新员工进行相应的指导与培训,包括日工作流程、礼仪、商品基本知识等。
(6)接收货品,点货验收。
①查看箱子外包装无破损后方可收货。
②查看箱子外包装封箱带,封箱带正常方可收货。
③店内点货按箱中出库清单,逐一清点,如有差异及时联系总部。
④记录商品到货数量,按时录入POS。
(7)时刻维持门店的卫生。

3.高峰期过后

(1)查看截止销售额。

①关注目前为止的销售情况,离今日营业指标还有多少。

②将情况通知店员激励店员再接再厉。

(2)为高峰期做准备。

①空缺商品再次检查并补货。

②促销活动资料的分发,活动情况的宣传。

③营业礼貌用语的时刻监督与提醒。

(3)收集顾客信息反馈,并及时记录。

(4)对周边信息的收集:了解其他专柜的商品情况、促销情况、及时反馈情况、提出对策意见。

4.营业结束

(1)安排卫生的打扫。

(2)检查当日销售数据的 POS 录入、数量账入账情况。

(3)如店长第二天休息,店长应提前安排人员代理,并做好相应交班工作。

(4)做好 POS 操作,关闭电脑。

(5)关闭总开关。

课堂阅读

某门店店长一天的工作安排

一般卖场的营业时间为 8:30～22:00,为了确保门店开门正常营业,店长通常采取早班出勤方式,上班时间为 7:30～18:30,通常一天还会安排一个值班店长换班,店长卖场的检核项目以及检查时间可做安排,见表 10-1。

表 10-1　　　　　　　　店长卖场日常工作表

时间	工作要点
9:00 之前	开店前的各项准备工作: 1.监督早班员工到岗、刷卡情况 2.检查员工工卡、工服是否整齐、整洁 3.检查收货部员工是否已经做好收货准备 4.检查员工开店前卫生清洁作业、商品补货及理货作业状况,商品陈列是否排面丰满、整齐 5.检查各部门、部组负责人以及主管到岗情况 6.检查生鲜部门商品准备状况,自制商品开店前是否已经做好准备,开店后是否能够正常销售 7.检查营运部组开店前准备情况,检查、询问、督核各部组商品促销活动现场布置、变价、价签更换、POP 撤换等作业是否在开店前全部完成 8.检查客服部门(服务中心、收银台)开店前工作准备状况,是否及时到位 9.检查防损部内保、外保各相关岗位人员是否已经准时到位,并准备迎接开店 10.检查、督核防损部门准时开店迎接顾客入店 11.巡视店铺人员工作状况以及全店卫生清洁状况 12.昨天营业情况确认:营业额、来客数、客单价、客品数、品单价等

(续表)

时间	工作要点
9:00—9:30	主持召开当日主管晨会： 1.通报前1日销售额 2.通报昨日督核检查记录 3.通报早晨巡检情况 4.确认部组计划重点，布置主要作业事项
9:30—10:00	营业问题点追踪： 1.检查昨日经营中的问题，现场督促整改 2.对昨日营业额未达到目标的部门进行分析，提出改善建议 3.通过电脑数据报表的数据分析，提出改善建议和改善期限
10:00—12:00	1.检查门窗玻璃、主通道、门帘、卫生间等是否整洁、卫生，保洁人员是否已做完清洁作业 2.检查生鲜食品设施设备的运行状况、商品陈列方式 3.检查重点商品、季节商品、促销商品的陈列与展示 4.检查门店库房整齐、清洁状况，是否已安排人员进行整理 5.检查收货工作是否正常进行 6.检查各部门是否有缺岗现象 7.检查督核前台收银情况，收银台人力安排是否得当，并及时调整
12:00—13:30	早、晚班值班店长轮流午餐，并分别检查、督核各部组的员工换班午餐是否正常，是否存在脱岗现象，各部组、区域是否有人当值巡视
13:30—14:00	检查各部组主管是否准时回店，并且已经进入工作状态，同时检查各部组是否在进行商品整理作业
14:00—16:30	1.竞争店调查分析： 比较竞争店与本店的活动和营业状况，提出应对对策 2.部门会议： (1)讨论各部门所需协调的事项 (2)各部门计划执行情况，讨论如何实现经营目标 (3)顾客意见通报与整改措施 (4)经营计划讨论 3.培训： (1)新进人员的培训 (2)在职人员的定期培训 (3)节庆等特殊活动的培训 4.各种计划、报告的撰写
16:30—18:30	1.各时段、各部门营业目标完成的情况 2.巡视、检查整个卖场的人员，对高峰期促销活动的人员和收银人员进行调配，保证有效运行 3.重点检查商品，保证商品的齐全和量感化 4.检查各部组是否在开交接班会，检查早晚班员工交接班情况 5.检查设施设备的运行及环境的清洁、卫生、安全等的状况 6.了解专柜的运行和配合状况 7.指示副店长或值班店长接班注意事项

(二)周流程(超市门店店长一周作业流程表)

周一，上午工作总结，检查卫生；下午参加总经理例会。

周二，安排总经理例会的工作安排，检查商品陈列、保质期。

周三，分析市场调查结果，以顾客满意、价格为重点。

周四，查缺货率，市场调查以竞争对手的促销、卖场布局为重点。

周五，检查周日备货情况，协调与其他各部门的工作，重点检查服务。

周六，作库存分析。

周日，总结一周经营、管理情况，制订下周工作计划，重点检查服务。

（三）月流程（超市门店店长一月作业流程表）

1日～15日，向总经理汇报工作，与各部门协调工作安排。

16日～20日，作经营情况分析（促销敏感商品转换）。

23日，与防损组、作业组组长作库存分析。

24日，绩效考核总结分析报人力资源部。

25日，市场调查总结及竞争对手月末分析。

26日～30日，总结本月工作，制订下月工作计划。

（四）年流程（超市门店店长一年作业流程表）

3月～4月，进行员工培训，组织"3·15"活动。

5月，组织"五一"促销活动。

6月～7月，组织"六一"促销活动，并进行商品结构调整。

8月～9月，竞争对手调查，组织中秋节促销活动。

10月，组织国庆促销活动。

11月～12月，营造冬季卖场气氛；进行春节销售调查与备货。

1月～2月，营造元旦、春节卖场气氛；组织元旦、春节、元宵节促销活动。

知识拓展

"店长执行力"如何不走样

在北京的各居住小区，只要你走进北京福奈特洗衣服务有限公司的门店，都会享受到标准统一的服务。在北京众多服装清洗行业品牌中，这已经成为福奈特的标签之一。而统一的背后，是独特的"店长执行力"培训系统在支持。在福奈特的门店里，核心队伍不仅有投资的老板，更有负责"上传下达"的店长，后者才是门店执行力的灵魂人物。

与传统的门店收活、中央工厂集中清洗的洗衣店不同，福奈特在经营中全部采用"前店后厂"透明式经营，平均每家店的投资额在60万元以上。福奈特总部的工作重心之一就是在规范化标准的制定和与加盟商的沟通上，让加盟商接受这种理念并能完全按照统一的标准去执行。

在商战中，忽略每一个细节，就意味对整体的放弃，这就要求店长在具体面对客户时做到细节的高度统一。例如，有的顾客送来干洗的西裤后兜上的纽扣掉了一颗，他们就会帮忙把前面带有品牌的LOGO的那颗纽扣移过来，然后在前面配上一颗形状接近的其他纽扣。这样，露在外面后兜上的两颗纽扣就一样了。细节处的用心，总让顾客觉得物有所值，这样便形成了福奈特在洗衣界较高的美誉度。

位于北京市西城区的福奈特总部二层，可容纳100多人的住宿培训室，很少有空铺腾出。初级班、中级班、高级班、前台班、技术班、技术提高班、店长班，每年，有近千人次的培训在这里进行，他们来自各个加盟店或直营店。在"店长特训营"里，他们讲课用的PPT

中,有面对顾客时的"马斯洛需求分析",有"学习海底捞的服务",有福奈特自己的培训师和店长探讨究竟该雇佣一个"话多还是话少"的普通店员……

福奈特鼓励店长成为洗衣店的多面手,在人员不足或活多的情况下,可以用来补缺。同时,还倡导在员工中引入竞争与晋级机制,每年利用淡季时间,开展形式多样的技术比武大赛、中级技师提高班等,帮助他们自我价值的实现,鼓励了员工的上进心,也增强了他们在技能上的执行力。

能力训练

选择所在城市一家大型门店,调查门店店长一天的工作流程。

任务三　掌控连锁门店店长作业化管理重点

连锁门店店长必须有效地利用和管理门店的人、财、物、信息资源,做好日常销售服务工作,最大限度地使顾客满意,最终实现预定销售计划和利润目标。

工作任务

资料 ▶▶▶

北京家乐福店长成长记录

在家乐福中国区,像秦虹一样的店长有80位。这些一直被业内认为"权力很大"的店长为家乐福几十年来在华圈定零售版图立下了汗马功劳。而这一位位天天"游走"在店内的店长们也因此被披上了神秘色彩。用秦虹的话讲,他们像管家一样做着很多繁杂而具体的工作,她很多时候感觉自己唠叨得像"唐僧"。

1."位高权重"的神秘角色

在通州九棵树的瑞都国际购物中心底层,记者在家乐福卖场的装修现场找到了正在安排工作的秦虹。在摆放了一些货架,还有些许凌乱的卖场中,秦虹手拿着对讲机,跟相关负责人敲定装修工作。对于担任过三家店店长的秦虹来讲,接手筹建一家新店还是第一次。"新的挑战挺令我兴奋的",虽然筹建通州店的过程中工作时间经常达到12小时,但是这样的工作让她"有激情"。

进入中国几十年的家乐福,被业内认为是在华发展本土化策略贯彻较好的外资零售企业。符合中国老百姓习惯的"生鲜早市",像农贸市场一样叫卖声迭起的卖场环境等都受到好评。而一直被业内认为"权力过大""位高权重"的家乐福店长也被认为是执行本土化策略的神秘角色。

"家乐福的店长确实有自己的一定权限,而这种店长掌有的灵活性也是家乐福在中国能够快速发展的重要因素。"秦虹介绍,家乐福店长的权力相比其他外资零售企业确实要大。例如,店内的毛利和营业额可以归单店支配,一些市场营销方面的投入和店内的投资、修整可以由单店自己来做等,这样店长可以根据自己店内的实际情况来调整门店的运营策略,更得心应手。但秦虹介绍说,发展到现在,总部正在慢慢回收一部分权力,致力于门店的标准化。

2."开关"一样的店长脑袋

在业内人士看来,家乐福的店长有着重要的实权,而权利和义务是对等的。事无巨细、像管家一样的工作,令店长有着像"开关"一样的脑袋。

"每天早上的巡店是很关键的,看一看生鲜准备得如何,消防措施做得如何,开业前的准备工作做得好会使得门店在这一天迎来一个很好的销售业绩",秦虹描述着她的工作,"在早上的晨会上,会向店内十几个部门的管理人员布置工作任务,而有一些亟待解决的问题也会在会上提出。之后,还会处理一些各个部门的杂事。"

在家乐福店长管理的十几个部门中,既包括生鲜、百货等业务部门,也有工程、人事等职能部门,而来自各个部门的所有的细枝末节都由店长处理。

"我的脑袋经常像开关一样",秦虹开着玩笑说,开完晨会后,经常是一个部门的主管进来商讨工作,而刚刚处理完这项工作,另一个部门的主管又推门进来,又要处理另一个领域的事情,自己的大脑就像开关一样,马上要切换到相应的频道做出反应,反反复复不停地说,辛苦就不说了,经常觉得自己像"唐僧"一样唠叨。

思考问题:

1.为什么说店长是连锁门店的核心?

2.可以看出,店长的工作零碎而烦琐,你认为一个合格的店长应具备什么样的素质?

3.你能从中分析出店长作业化管理的重点吗?

相关知识

一、对人的管理

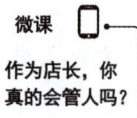

门店对人的管理主要是对本店员工及来店购买商品的顾客的管理。

(一)对员工的管理

员工管理的目标就是根据门店运营对人力的需要,合理地确定岗位的人数和安排员工的岗位,并最大限度地发挥员工各方面潜力,齐心协力实现门店的经营目标。员工管理主要包括以下几个方面:

1.合理排班

要分析顾客的休息日、节假日以及一天中各时段客流量变化的规律和消费的规律,并对相应时段工作量进行测算,以此合理、经济地配置好各作业部门的工作人员,制定出月、周、日出勤安排表,使每一个岗位达到效率化。

2.出勤管理

制定员工的考勤制度并进行严格出勤管理是门店正常运行的基本保障。店长和各部组负责人员应严格按照考勤制度进行考勤,并执行相应的考勤奖惩制度,同时做好休假、病假与事假等临时性的调班,保证各岗位的人员齐备,维持较好的营业状态。

3. 服务标准化管理

对员工的管理重点还体现在对员工服务水准的管理和控制上。高水准服务是企业市场竞争的优势,店长和部组负责人要对员工进行服务标准化的培训,对他们的服饰、仪容、礼貌用语和态度等按服务标准进行日常监督,并且随时留意顾客的投诉及意见反映,不断改进服务方式、提高服务水平。

4. 服务效率管理

店长要确保商店的工作效率,使人事费用得到控制。一般人事费用在企业门店成本核算中所占的比率最高,往往会超过月营业额的6%,故应经常调查各部门作业人员工作状况,寻找提高服务效率的措施。

业务指导

六个困扰门店店长的问题

1. 上司的亲戚,不服管怎么办?

把这样的情况反映给你的上司,向其说明该员工的工作情况,并要强调如果该员工不能改善,其他员工的意见会很大,也会使自己的工作难以开展,询问一下上司这事该如何处理。

如果上司对此事置之不理,你也不可因为该员工有特殊关系就特殊照顾,应行使你作为店长的权力公平公正处理。应鼓励他积极上进,充分把自己的能力展现出来,这样既可以让亲戚有面子,自己也可以获得更大发展。

2. 员工不愿意调岗或去其他门店怎么办?

作为店长,应与被调动的员工充分沟通,告诉他随着公司发展,员工会进行轮岗,不可能永远待在一家店工作。

但有一点须注意,千万不能给员工承诺,比如"过段时间人手充足了就调回",一旦无法实现,就会让员工觉得自己受到欺骗,也会对工作产生抵触。

3. 经常替员工承担责任是否正确?

如果是员工的错误,作为店长应先承担失职的责任,毕竟员工是自己的属下,属下犯错就是自己的失职。然后待弄清事情的真相后,再来决定是处罚还是批评员工。责任的承担也应区分具体情况,不可以经常帮员工承担责任,这样会让员工有依赖思想,让员工承担应有的责任能让他吸取教训,有助于他的成长。

4. 跟员工一起干,还是指挥员工干?

喜欢参与员工工作的店长,很有亲和力,能让员工产生并肩作战的依赖,也容易和员工打成一片。但过多的参与会带来一些负面影响,店长的亲力亲为也会让员工失去锻炼的机会,员工会习惯袖手旁观地看店长做,这样会被误解为缺少领导能力。

喜欢动口不动手的店长看似有威信,但在员工看来却是个只会说不会做的"指挥家",而且不容易得到员工信任。

作为店长,应擅长协调和安排人员,在必要时亲自动手,或经常给员工做示范,这样不但能让员工心服口服,而且也能给员工带来工作的动力。

5.和员工走得太近,是否会导致员工不服从安排?

一个好店长,应该是公私分明的。和员工走得近可以,但只能在生活中,要让员工分清工作与生活的区别。工作时执行力要强,服从安排是第一位的要求。

6.让员工怕自己,有效吗?

作为门店管理者,首先要明白,让员工怕自己的目的是什么,无非是想让员工好好工作,对自己绝对服从,但一个怕领导的员工是不可能踏踏实实认真工作的。原因很简单,他时刻处在一种戒备状态,生怕挨骂,一心不可二用,怎能认真工作保证工作效率呢?

所以,要想管理好员工,树立好自己的威信才是最重要的,要让每位员工都尊重你、依赖你,团结在你周围,任何时候都能全身心投入工作才能保证工作效率。

业务指导 ▶▶▶▶

店长排班管理技巧

对于员工较多的门店来说,排一个合理有效的班次,对于整体的销售业绩提升会有一定的帮助。

1.根据人流量大小时间段分批排班,人流量大的时间段多安排些员工。

2.促销活动、节假日、会员日等时间段多安排些员工。

3.新老员工搭配。新员工刚来,对门店的情况、商品的情况还不是很了解,因此在排班的时候需要搭配一位经验丰富、处事沉稳的老员工,帮助提醒新员工。防止工作中因工作内容不明、产品知识不明而出现的问题,同时也起到传帮带的作用。

4.工作表现积极的员工与表现相对差点的员工搭配。这种搭配,一方面让优秀员工帮助较差的员工,感染和影响这样的员工提高执行力,形成潜在竞争机制;另一方面也让较差的员工认识到自己的不足,督促自己自觉进步,从而帮助员工提高工作积极性,并逐步影响这部分员工养成积极正面的心态,达到全面提高士气的目的。

5.不宜将老乡、同学关系的员工安排在一起。因为这些员工的关系密切,在工作中容易出现不诚实行为或出现非正常事件时无人监管、提醒或防范。都做老好人,不监督,不管事,甚至上班时间谈笑风生。

6.不宜将两位平时表现都好或者都不好的员工安排在一起。优秀是一种习惯,两位表现好的员工在一起会造成资源浪费,也没有真正让员工发挥他们"榜样"的影响价值。两位表现不好的员工在一起工作,就可能出现因对工作内容不明、产品知识不明、销售技能不强等而影响门店整体销售,出现漏洞,就会造成隐患或风险。

(二)对顾客的管理

对顾客的管理主要涉及以下三个方面:

(1)要以积极的心态认识、看待顾客的抱怨、投诉,要耐心倾听,不要争辩,认真核查事实,从顾客的角度处理事情;不搪塞拖延,有效快速地处理投诉。

(2)建立顾客与公司良好的关系。北京有家商场推出了大件商品回访制度,顾客只要购买大件商品,商场就为顾客建立档案,并在三个月内派专业人员了解使用情况,解决出现的问题,此后则每年回访一次。这家商场的做法解除了消费者的后顾之忧,引来了大批回头客。这不仅真正体现了服务意识,同时也是为自己赢得市场的好办法。

在上海,有家饭店把友情追踪作为促销手段,把凡来过该店办过宴庆的顾客情况收集起来建成档案。每当顾客的喜庆日子来临,店家就送上贺卡、鲜花等礼物以示祝贺。于是,顾客对该店产生了好感,也心甘情愿地成了他们的回头客。

(3)建立顾客联系档案,以便更好地服务顾客。经商的过程实际上是与人打交道的过程,人是有感情的,以诚待人、以情感人是生意兴隆的因素之一。商家建"顾客档案"的做法,给人以有益的启示:

其一,经商即经营人心。经商的最高境界就是得到和占有顾客的心,得人心者得顾客,得顾客者得市场。

其二,服务是永无止境的。在市场竞争日益激烈的今天,创"名牌服务"已成为摆在商家面前的一个非常现实而又十分紧迫的课题。商家应该尽快投入人力、物力、财力,大力营造服务品牌,通过细致周到、体贴入微、个性鲜明的服务方式,到市场上争夺更多的顾客,从而夺取商战的胜利。

案例分析 ▶▶▶

顾客永远是对的

有一次,一位身材丰满的女顾客在门店购买裙子。要求营业员帮助她测量腰围,测量结果是32,于是帮她找腰围是32的裙子,但是这位女士坚持自己的腰围是26,与营业员发生冲突,最后哭着走了。

此时店长提出了一个重要的观念:服务就是要让顾客有舒服的感觉,有被尊重的感觉。于是店长作出了一个决定,马上让营业员把所有32腰围的裙子标价牌拿掉,全部改挂26腰围的标价牌,一面叫人追那位女士,让她买一条腰围"26"的裙子,女顾客高兴离去。

思考问题:
1. 这位店长为什么作出这样的决定?
2. 作为店长,该如何进行顾客管理?

二、对物(商品)的管理

(一)对商品质量的管理

(1)陈列时间控制。应使商品在货架上的陈列期控制在保质期的三分之二以内。

(2)鲜度管理。一是根据商品的特点使用正确的陈列设备和陈列方法,如冷冻设备、冷藏设备;二是保证不同的商品在其正确的保鲜温度下陈列以及保证设备正常运行使温度控制在有效的范围内;三是对陈列时间的控制,在先进先出的陈列原则下,正确运用价格的调整来加快商品周转,使之在保质期前能销售完,减少商品的损耗。

(二)对缺货的管理

缺货是"营业的最大敌人"。零售门店商品缺货会使顾客的需要无法得到满足,导致顾客流失,而促销商品的缺货还会导致企业信誉的下降,最终降低门店的竞争力。门店要加强商品销售信息的管理,一方面运用现代的信息管理技术如 POS 系统和 MIS 系统,提高管理的效率和有效性;另一方面店长和部组的主管要时时了解卖场商品的销售状况,及时与供应商联系,把缺货率降至最低水平。

(三)对商品的陈列管理

商品陈列是连锁企业商品促进销售的利器,店长对其管理的要点是:

(1)商品是否做到满陈列。只有满陈列才能最有效地利用卖场空间,要把陈列货架理解为卖场的实际面积,予以高度重视。

(2)商品陈列是否做到关联性。关联性能使顾客增大购买量,活性化则能给顾客一种强烈刺激,促成购买。

(3)商品陈列是否做到与促销活动相配合。由于季节和节庆假日往往成为连锁企业门店销售高潮,因此配合这些促销活动搞好商品的特殊陈列,是大幅度增加门店销售额的重要环节。

(4)商品补充陈列是否做到先进先出。商品在货架上陈列的先进先出,是保持商品品质和提高商品周转率重要的控制手段。

(四)对商品的损耗管理

由于商品的破包、变质、失窃等因素可能造成较高的损耗率,损耗率的高低成为获利多少的关键之一。往往一个商品的损耗,需要 5～6 个商品的销售毛利才可弥补,因此店长对商品损耗管理就成为门店节流创利的重要环节。店长对商品损耗管理的主要事项是:

(1)商品标价是否正确。

(2)销售处理是否得当(如特价卖出,原售价退回)。

(3)商品有效期管理不当引起损耗。

(4)价格变动是否及时。

(5)商品盘点是否有误。

(6)商品进货是否不实,残货是否过多。

(7)职工是否擅自领取自用品。

(8)收银作业是否因错误引起损耗。

(9)顾客、员工的偷窃行为引起损耗。

三、对财(现金)的管理

店长对现金的管理主要包括对收银员的管理和对进货票据的管理。

连锁企业的直接盈利来自各分店的销售收入,由于采取统一结算的方式,管理重点就是收银管理。店长对收银员的管理,重在降低收银差错率,限制收银员折扣收银、处理特殊情况的权限,对收银工作进行监控。

店长对进货票据的管理是不可忽视的环节。进货票据是付款的凭证,是门店款项支出的依据,这一点对总部送货或厂商送货都是如此。店长对进货票据的管理还要体现在进货票据验收、登录和会计报表等作业环节上,因此,每日亲自检查核实进货的数量、质量和价格是必要的。

四、对现场的管理

终端卖场销量的提升主要取决于服务与品牌,推行5S现场管理就是提升服务水准的一个重要措施。5S是现代零售企业现场管理的一种方法,5S是指整理(Seiri)、整顿(Seiton)、清扫(Seiso)、清洁(Seiketsu)、素养(Shitsuke)。通过终端卖场推行5S管理可以为顾客和员工提供一个整洁、高效的环境。通过改善员工工作环境、提升员工团队精神、提升服务水准及品牌形象,从而赢得顾客信赖。

微课

7S,店长现场管理的利器

5S现场管理的具体内容为:

(1)整理。将卖场内的物品分类,把不用的物品及过期的营销广告坚决清除掉;把计算器、销售表单、宣传单等经常用的东西放在容易取到的位置。及时更新价格标签、海报以及产品,给顾客创造一个整洁优雅的购物环境。

(2)整顿。将卖场内有用的物品分类整理摆放好,进行标识。特别是样品、价格牌、POP、销售表单等物品要摆放整齐、美观大方,杜绝乱堆乱放,确保为顾客提供及时周到的服务。

(3)清扫。卖场内的天花板、墙面、地面、柜台及商品必须及时清扫干净,破损的东西必须及时维修或更换,不得播放不文明的音像制品。要求员工保持个人卫生,衣着整齐得体,保持良好的形象和精神状态为顾客服务。

(4)清洁。维持整理、整顿、清扫这三项工作,定期与不定期自我检查或相互检查,每天上下班花几分钟的时间做好5S工作。

(5)素养。公司定期对员工进行培训,使每个员工养成良好的生活及工作习惯,自觉遵守规章制度,积极学习各种业务知识,确保员工为顾客提供优质高效的服务。

五、对信息的管理

(一)门店信息管理

1.商品销售日报表

根据销售日报表可以了解日常销售工作的动态、进度,及早发现销售活动中所出现的异常现象及问题,并立即解决。

2.商品销售排行表

现在大部分门店的销售系统与库存系统是连接的,后台电脑系统都能够整理出门店的每天、每周、每月的商品销售排行榜。从中就可以看出每一种商品的销售情况,调查其商品滞销的原因,如果无法改变其滞销情况,就应予以撤柜处理。

3. 损耗排行榜

这一指标是不容忽视的。它将直接影响商品的毛利。例如,日配商品的毛利虽然较高,但是由于其风险大、损耗多,可能会是赚的不够赔的。曾有一家卖场的涮羊肉片的销售在地区占有很大的比例,但是由于商品的破损特别多,一直处于亏损状态,最后唯一的办法是提高商品价格和协商提高供货商的残损率,不然就将一直亏损下去。对于损耗大的商品一般是少订货,同时应由供货商承担一定的合理损耗,另外有些商品的损耗是因商品的外包装问题引起的,这种情况应当及时让供货商予以修改。

4. 盘点记录表

从门店在本次盘点的盈亏状况中得知损耗较大的商品,进而加强管理,控制损耗;发掘并清除滞销品、临近过期商品,整理环境,清除死角;控制存货,以指导日常经营业务。

除此之外门店店长还要对促销效果表、费用明细表、顾客意见表等进行分析研究;通过对这些信息表的分析研究,总结经验教训,做出改进经营的对策,提高门店管理水平。

(二) 竞争信息管理

店长要将竞争店的促销情况、正常销售的价格情况、广告宣传情况以及销售情况等信息情报搜集后汇报给总部;并将有关商圈的动向、竞争情报、顾客情况等各种信息搜集后汇报给总部并及时采取对策。

案例分析 ▶▶▶

店长如何进行时间管理

S是浙江某地级市一家大卖场的店长,该卖场经营面积为五六千平方米,此前一直是当地最大的卖场,直到前不久才被一国内巨型连锁企业的大卖场所超越,压力比以前大了许多。

一直以来S店长总感觉自己的时间不够用,好像每天都有做不完的事情,看上去,不仅是门店,甚至整个公司都属她最忙。虽然是超长时间工作,还是有许多事情照顾不过来,经常贻误时机,造成经营管理上的困难。

为此,S店长感到非常苦恼,总是反省自己是不是还不够努力,是不是自己的责任心还不够,是不是自己的领导能力不行才造成了工作这样被动?

S店长大事小事一把抓,门店里大大小小的事情都是由她来做主,她也很享受这种令人尊敬的感觉,她一直认为做店长就是抓细节的,店与店之间的差距都是在细节上,所以,她格外地关注细节,常常带领下属们直接到现场办公指挥。

即便如此,她还是非常失落地发现总是有越来越多的重要的事情没有去做或者来不及做完,严重影响了门店的经营工作。所以,随着经营业绩的下滑,S店长的苦恼也越积越多。

思考问题:

1. S店长总觉得时间不够用,请分析他在时间的掌控和安排上存在哪些问题?

2. 你认为 S 店长应该如何改进工作方式,才能改变现状?

能力训练

资料

连锁门店运营常见问题

第一,门店日常管理无序,服务质量无法保证。作为消费者,可能我们中的大多数人都曾遇到过这种情形:你到了一家饭店,迎宾小姐很漂亮,一声"欢迎光临"把你请进餐厅,可是到了餐厅,一片紧张之势,服务员各个东奔西跑,就是没人理你。站了半天,看了好久,终于找了一个位置坐下,守着一桌子的残羹冷炙无人收拾,你不断招手:"服务员!服务员!"终于一个漂亮小姑娘过来了,态度很好:"不好意思,先生。让您久等了,请问要买单吗?"当即你就傻眼,看着服务员,你实在无法跟她理论你还没吃呢。这就暴露出门店日常管理的混乱。正是这种无序的管理,才使得顾客离我们而去,也使得持续盈利无从谈起。

第二,员工缺乏技能训练,工作手忙脚乱,差错不断。没有经过良好的训练,别人干起来很轻松的事情,新手干起来却是麻烦不断。在导购环节更是,没有经过训练的导购是在不断赶走你的客人。

第三,门店团队凝聚力不强,员工协作不顺畅。一件事情,甲认为该这样做,乙认为该那样做,没有一个衡量的标准,自然无法达成一致,相互协作也就很容易出现问题。例如,很多餐厅都会遇到这样的问题:大堂经理和厨师长不和。为什么不和呢?大堂经理抱怨说我们好不容易推销给顾客点的菜,后厨经常说没有准备食材,弄得我们给客人道歉,就不会多进点食材啊。厨师长也满腹牢骚:我们有的菜积压很多,你们大堂却不推销,很多材料都浪费了,还让多进?

第四,工作情绪不高,倦怠感增多。常常是员工刚开始工作时干劲十足,工作效率也高,过一段时间却发现,工作经验是长进了不少,但工作效率却降低了。

第五,店长常常疲惫不堪,却很难提升门店业绩。很多店长出身一线,认为管理就是以身作则,万事一马当先。结果呢,发现每天累得要死,员工的水平还是和以前一样没提高,原因是缺失科学的方法,自己天天忙于琐事,门店业绩反而下降了。

第六,门店运营缺乏流程、规范、表单,导致门店管理无章可循,管理难度加大。没有系统的标准化管理工具,每出一件事情,店长都动半天脑子想该怎么办,每天的事情看起来都不同,却有很多相同之处,这就像一个人每天都过同一条河,每天都要游过去,却没想到要造一个很简单的小竹筏一样。管理本来可以很简单,却在工具缺失的情况下变得难上加难。

第七,门店运营标准本身存在缺陷,难以执行落实到位。很多门店以为看其他企业的很多规范,搞到别人的资料,抄一抄、改一改就行了。结果不符合企业实际情况或所处阶段,有手册没标准,常常是写出来的没有做,做的却没有写,做了一大堆资料束之高阁,甚至员工每天花在填报表、写总结的时间比做本职工作还要多。

第八,门店服务缺少连贯性,不能保持良好的品质,较难维持顾客的长期认同。这是由于督导机制缺失,规范标准无法全面、持续、有效地贯彻。有了标准,关键还是要有人执行。但很多连锁门店根本没有督导检查的机制。

要求:

针对门店运营出现的上述问题,给出改善的建议。

综合案例分析

是金牌导购,不是合格的店长

一家家纺品牌曾经拥有一个很厉害的金牌导购员,做导购做到了何种程度:你说哪一款产品不好卖,我卖给你看;你说那个店业绩不好,我去就能翻一番。这就是她的实力。随着时间的流逝,她也到了该嫁人的年龄,就想着要回家,这家企业的老板爱惜人才,他不想这样一名优秀的员工就此失去,便让她去做家乡一个门店的店长。

原以为这样就留住了人才,原以为这样就可以继续发挥金牌导购的实力和威力,可以在新的舞台上大展宏图,这位企业的老板对她抱了很高的期望。俗话说得好,希望越大,失望越大,这位一度被传为传奇的金牌导购再也续不起她曾经创造的神话。在她的打理下,第一年,店面业绩下降50%,第二年,又出现了大幅度下降,很快,这些店便失去了局面,再也经营不下去了。

大家都困惑,这是为什么?你能说这位店长是位庸才吗?你能说这位店长没有能力吗?不能。那么,到底是什么原因导致了她前后业绩的天壤之别?我们来为她的失败做一下总结:

首先,能力要求有所不同。原来,她做导购,唯一的工作就是卖东西,而现在,她的工作不再仅仅是卖东西这么简单了,她需要挑起的是整个店铺,她在导购这个职位上,是人中龙凤,然而,做店长,却有所欠缺。

其次,这位金牌导购不会管理人。在她做导购的时候,同事对她就有这样的评价:此人性格高傲,从不与人友好交往,别人对其示好亦不予理睬。这真的可谓是"卓尔不群"了,很显然,她的性格很难赢得朋友、赢得众人的心,可是,她的确很厉害,所以大家对她也从心底的佩服,可是不可逾越的距离却从未有过变化。很显然,她不会经营和谐的人际关系,一个巴掌拍不响,不管她再优秀,没有人愿意为她卖力,她依然难逃孤掌难鸣的悲剧。

最后,她已经没有做导购时的心态了。以前,服务好顾客是她提升业绩的必要条件,如今,她做了店长,再也不能弯下腰来为顾客服务了。

思考问题:

1.分析导致这位昔日的金牌导购不能蜕变成合格店长的原因。

2.你认为一位合格的店长应该具备什么样素质和能力?

3.如果这家企业的老板把整个省(市)的店全部送给你,你会如何经营你的门店?

参考文献

[1] 李志波,党养性. 连锁企业门店营运与管理[M]. 北京:清华大学出版社,北京交通大学出版社,2010.

[2] 李卫华,张明明. 连锁企业门店营运与管理[M]. 北京:电子工业出版社,2009.

[3] 胡启亮,霍文智. 连锁企业门店营运与管理[M]. 北京:科学出版社,2012.

[4] 张洪满,温习章. 连锁企业门店营运管理[M]. 西安:西安交通大学出版社,2010.

[5] 张倩,杨晓刚. 连锁企业门店营运管理[M]. 成都:西南财经大学出版社,2010.

[6] 蔡忠焕. 连锁企业门店营运实务[M]. 重庆:重庆大学出版社,2011.

[7] 范征. 连锁企业门店营运管理[M]. 2版. 北京:电子工业出版社,2013.

[8] 符蕾. 门店运营与管理[M]. 北京:化学工业出版社,2010.

[9] 杨叶飞,王吉方. 连锁门店开发与设计[M]. 北京:机械工业出版社,2008.

[10] 杨高英. 连锁企业经营管理理论与实务[M]. 北京:化学工业出版社,2012.

[11] 张琼. 连锁门店营运实务[M]. 北京:中国人民大学出版社,2012.

[12] 龚震波. 零售终端实战培训手册[M]. 北京:中国经济出版社,2009.

[13] 万融. 商品学概论[M]. 4版. 北京:中国人民大学出版社,2010.

[14] 黄国雄,肖怡. 现代零售实务[M]. 北京:中国物资出版社,2007.

[15] 周佳. 门店运营与管理[M]. 北京:中国经济出版社,2013.